Llewellyn 2008
HORÓSCOPOS
Y PREDICCIONES

Kris Brandt Riske

Edición y coordinación: Edgar Rojas
Diseño: Sharon Leah
Diseño de la portada: Kevin R. Brown
Traducción al Español: Héctor Ramírez y Edgar Rojas

Derechos Reservados 2007
Llewellyn Español
Una división de Llewellyn Worldwide, Ltd.
ISBN-13: 978-0-7394-8764-8 Woodbury, Minnesota
Impreso en U.S.A.

2007

ENERO

D	L	M	M	J	V	S
	1	2	3	4	5	6
7	8	9	10	11	12	13
14	15	16	17	18	19	20
21	22	23	24	25	26	27
28	29	30	31			

FEBRERO

D	L	M	M	J	V	S
				1	2	3
4	5	6	7	8	9	10
11	12	13	14	15	16	17
18	19	20	21	22	23	24
25	26	27	28			

MARZO

D	L	M	M	J	V	S
				1	2	3
4	5	6	7	8	9	10
11	12	13	14	15	16	17
18	19	20	21	22	23	24
25	26	27	28	29	30	31

ABRIL

D	L	M	M	J	V	S
1	2	3	4	5	6	7
8	9	10	11	12	13	14
15	16	17	18	19	20	21
22	23	24	25	26	27	28
29	30					

MAYO

D	L	M	M	J	V	S
		1	2	3	4	5
6	7	8	9	10	11	12
13	14	15	16	17	18	19
20	21	22	23	24	25	26
27	28	29	30	31		

JUNIO

D	L	M	M	J	V	S
					1	2
3	4	5	6	7	8	9
10	11	12	13	14	15	16
17	18	19	20	21	22	23
24	25	26	27	28	29	30

JULIO

D	L	M	M	J	V	S
1	2	3	4	5	6	7
8	9	10	11	12	13	14
15	16	17	18	19	20	21
22	23	24	25	26	27	28
29	30	31				

AGOSTO

D	L	M	M	J	V	S
			1	2	3	4
5	6	7	8	9	10	11
12	13	14	15	16	17	18
19	20	21	22	23	24	25
26	27	28	29	30	31	

SEPTIEMBRE

D	L	M	M	J	V	S
						1
2	3	4	5	6	7	8
9	10	11	12	13	14	15
16	17	18	19	20	21	22
23	24	25	26	27	28	29
30						

OCTUBRE

D	L	M	M	J	V	S
	1	2	3	4	5	6
7	8	9	10	11	12	13
14	15	16	17	18	19	20
21	22	23	24	25	26	27
28	29	30	31			

NOVIEMBRE

D	L	M	M	J	V	S
				1	2	3
4	5	6	7	8	9	10
11	12	13	14	15	16	17
18	19	20	21	22	23	24
25	26	27	28	29	30	

DICIEMBRE

D	L	M	M	J	V	S
						1
2	3	4	5	6	7	8
9	10	11	12	13	14	15
16	17	18	19	20	21	22
23	24	25	26	27	28	29
30	31					

2008

ENERO

D	L	M	M	J	V	S
	1	2	3	4	5	
6	7	8	9	10	11	12
13	14	15	16	17	18	19
20	21	22	23	24	25	26
27	28	29	30	31		

FEBRERO

D	L	M	M	J	V	S
					1	2
3	4	5	6	7	8	9
10	11	12	13	14	15	16
17	18	19	20	21	22	23
24	25	26	27	28	29	

MARZO

D	L	M	M	J	V	S
						1
2	3	4	5	6	7	8
9	10	11	12	13	14	15
16	17	18	19	20	21	22
23	24	25	26	27	28	29
30	31					

ABRIL

D	L	M	M	J	V	S
		1	2	3	4	5
6	7	8	9	10	11	12
13	14	15	16	17	18	19
20	21	22	23	24	25	26
27	28	29	30			

MAYO

D	L	M	M	J	V	S
				1	2	3
4	5	6	7	8	9	10
11	12	13	14	15	16	17
18	19	20	21	22	23	24
25	26	27	28	29	30	31

JUNIO

D	L	M	M	J	V	S
1	2	3	4	5	6	7
8	9	10	11	12	13	14
15	16	17	18	19	20	21
22	23	24	25	26	27	28
29	30					

JULIO

D	L	M	M	J	V	S
		1	2	3	4	5
6	7	8	9	10	11	12
13	14	15	16	17	18	19
20	21	22	23	24	25	26
27	28	29	30	31		

AGOSTO

D	L	M	M	J	V	S
					1	2
3	4	5	6	7	8	9
10	11	12	13	14	15	16
17	18	19	20	21	22	23
24	25	26	27	28	29	30
31						

SEPTIEMBRE

D	L	M	M	J	V	S
	1	2	3	4	5	6
7	8	9	10	11	12	13
14	15	16	17	18	19	20
21	22	23	24	25	26	27
28	29	30				

OCTUBRE

D	L	M	M	J	V	S
			1	2	3	4
5	6	7	8	9	10	11
12	13	14	15	16	17	18
19	20	21	22	23	24	25
26	27	28	29	30	31	

NOVIEMBRE

D	L	M	M	J	V	S
						1
2	3	4	5	6	7	8
9	10	11	12	13	14	15
16	17	18	19	20	21	22
23	24	25	26	27	28	29
30						

DICIEMBRE

D	L	M	M	J	V	S
	1	2	3	4	5	6
7	8	9	10	11	12	13
14	15	16	17	18	19	20
21	22	23	24	25	26	27
28	29	30	31			

2009

ENERO

D	L	M	M	J	V	S
				1	2	3
4	5	6	7	8	9	10
11	12	13	14	15	16	17
18	19	20	21	22	23	24
25	26	27	28	29	30	31

FEBRERO

D	L	M	M	J	V	S
1	2	3	4	5	6	7
8	9	10	11	12	13	14
15	16	17	18	19	20	21
22	23	24	25	26	27	28

MARZO

D	L	M	M	J	V	S
1	2	3	4	5	6	7
8	9	10	11	12	13	14
15	16	17	18	19	20	21
22	23	24	25	26	27	28
29	30	31				

ABRIL

D	L	M	M	J	V	S
			1	2	3	4
5	6	7	8	9	10	11
12	13	14	15	16	17	18
19	20	21	22	23	24	25
26	27	28	29	30		

MAYO

D	L	M	M	J	V	S
					1	2
3	4	5	6	7	8	9
10	11	12	13	14	15	16
17	18	19	20	21	22	23
24	25	26	27	28	29	30
31						

JUNIO

D	L	M	M	J	V	S
	1	2	3	4	5	6
7	8	9	10	11	12	13
14	15	16	17	18	19	20
21	22	23	24	25	26	27
28	29	30				

JULIO

D	L	M	M	J	V	S
			1	2	3	4
5	6	7	8	9	10	11
12	13	14	15	16	17	18
19	20	21	22	23	24	25
26	27	28	29	30	31	

AGOSTO

D	L	M	M	J	V	S
						1
2	3	4	5	6	7	8
9	10	11	12	13	14	15
16	17	18	19	20	21	22
23	24	25	26	27	28	29
30	31					

SEPTIEMBRE

D	L	M	M	J	V	S
		1	2	3	4	5
6	7	8	9	10	11	12
13	14	15	16	17	18	19
20	21	22	23	24	25	26
27	28	29	30			

OCTUBRE

D	L	M	M	J	V	S
				1	2	3
4	5	6	7	8	9	10
11	12	13	14	15	16	17
18	19	20	21	22	23	24
25	26	27	28	29	30	31

NOVIEMBRE

D	L	M	M	J	V	S
1	2	3	4	5	6	7
8	9	10	11	12	13	14
15	16	17	18	19	20	21
22	23	24	25	26	27	28
29	30					

DICIEMBRE

D	L	M	M	J	V	S
		1	2	3	4	5
6	7	8	9	10	11	12
13	14	15	16	17	18	19
20	21	22	23	24	25	26
27	28	29	30	31		

Tabla de contenido

Deslumbrado por el Sol

Cada signo solar es una forma para expresar todo lo que significa ser un ser humano —lo positivo, lo desafiante, lo tonto y lo estrafalario. Por lo tanto, tiene sentido que cada individuo tenga una parte oculta que no siempre es evidente para ellos porque están totalmente absortos en ser ellos mismos. No siempre es fácil ser objetivo mientras está explorando todos los escondrijos de su signo solar. Después de todo, usted no nació sabiéndolo todo, hasta ahora está aprendiendo, y esto es parte del entrenamiento básico.

Aries: Todo en la vida no es una batalla. Puede luchar todo lo que quiera, pero todos no están interesados en ser el blanco para que pruebe cuán fuerte y valiente es. La vida necesita más que adrenalina; a veces requiere una respuesta más equilibrada. Buscar obstáculos para superar o tratar de ponerse a prueba todo el tiempo puede ser un poco agotador. No puede siquiera reconocer que ha fallado. Nunca quiere verse perdiendo, y siempre está buscando algo nuevo. Su debilidad: aceptar que se empuja y prueba a sí mismo al extremo, y que a veces caerá. No lo olvide, usted tiene el talento más grande para recuperarse, y deje de preocuparse por estar equivocado. Cuando se es un aventurero, la vida no es para acertar, es para correr riesgos.

Tauro: Sin importar cómo la vea, la rutina es la rutina. Pero, usted la adora, y de esa forma, se siente seguro. En realidad, el cambio es inevitable y por lo tanto tiene una elección: salir de la rutina, aceptar la incertidumbre, sabiendo que puede confiar en sí mismo y en su capacidad innata de realizar todas las cosas que la vida le presente. Usted puede sobrevivir y crear seguridad de la nada. Lo hizo una vez o varias veces, y quizás perdió la cuenta. Su debilidad es no reconocer que puede hacerlo una y otra vez. Así, deje de pensarlo tanto, abra los ojos y mire a su alrededor. La vida está llena de oportunidades, no de desastres.

Géminis: Le gusta andar de un lado a otro, ¿pero se detiene para apreciar la experiencia? Una cosa es tener la experiencia, otra es saber de qué se trata —apreciarla—. La información no es conocimiento —usted es el reportero del zodiaco—, pero su temor al aburrimiento a menudo significa que está tan ocupado absorbiendo hechos e información, que no ve, por sí mismo, que saber cosas no sustituye a hacer algo con lo que ha aprendido. Necesita estar estimulado mentalmente. Su debilidad es que cambia sus pensamientos sólo para ver cómo es el otro lado de la moneda, sin darse cuenta de que está confundiéndose a sí mismo y cualquiera que lo conozca. No quiere ser inconsistente, pero puede serlo, y es en parte porque cree que vale la pena intentar cualquier cosa al menos una vez.

Cáncer: Puede sentirse acorralado en su propio espacio, aún cuando se encuentra allí solo. Lo que a veces no reconoce —su debilidad— es que cuando se aleja, también está alejándose de sí mismo. No le gustan los sentimientos que las personas despiertan en usted. No le gustan los sentimientos de ellos, y tampoco los suyos, así que va a buscar su zona de comodidad. El sentimentalismo nunca es sustituto de los verdaderos sentimientos, es sólo un camuflaje para no tener que expresar todas esas emociones incómodas que se esconden en las profundidades. ¿No sería más fácil fingir que todo es agradable y atractivo? Libérese ya; no porque sea malo aferrarse a cosas, sino porque obstruye su camino.

Leo: Es difícil creer que usted tiene una debilidad. Podría ser que está tan deslumbrado por su propia brillantez, que no piensa que otros pueden no estar tan enamorados de usted como lo está de sí mismo. No es que pretenda ser arrollador, pero a veces puede serlo. Toda esa nobleza, encanto y confianza pueden alterar los nervios de los simples mortales que lo rodean. Ellos tratan de imaginar cuál es su secreto, pero usted no cree que haya alguno. ¿Cuál es el problema con gustarse a sí mismo? ¿No lo hace todo el mundo? Bueno, en realidad no. Sea generoso y hágales saber que también tiene defectos. Seguro que los tiene; puede encontrarlos si se esfuerza en buscarlos.

Virgo: ¿Su lema? Estar siempre preparado. Su debilidad es negarse a reconocer que veinticinco reuniones al mes sobre "por si acaso" no hacen que la vida fluya en armonía. Todo tiene un propósito, incluso las cosas desagradables. Usted tiene el talento para lidiar con lo difícil. Lo más irónico es que responde bien en momentos de crisis. No le gusta pero así es. La pregunta es: ¿arregla las cosas para que luzcan bien, o encuentra una forma de integrarla a su vida para que simplemente funcionen mejor? Es el momento de sustituir eficacia por eficiencia.

Libra: Mientras estuvo ocupado relacionándose con el mundo, ¿notó si tuvo una relación consigo mismo? Sí, usted también es una persona, y digna de tiempo y atención. Su debilidad: cree que si se hace cargo de todos, le devolverán el favor. Se frustra cuando no sucede así. Cree que no hizo lo suficiente y redobla sus esfuerzos buscando reconocimiento. Cuando no llega, se torna frágil y antipático. La solución es obvia. Valórese a sí mismo. Reconozca que usted es lo más importante en su vida. Las personas lo reconocerán. Si no lo hacen, sáquelos de su círculo.

Escorpión: Mientras sienta que no necesita algo o a alguien, cree que está seguro. Pero no tiene en cuenta el deseo —lo que mueve su naturaleza—. Si no lo reconoce y usa la pasión constructivamente, se desbocará en su mundo y se preguntará por qué las cosas no son en blanco y negro. Puede ver la complejidad en otras personas; pero cuando se trata de usted, es una historia diferente. La vida debe ser sencilla, simple, y sin misterios. Cree que lo tiene todo controlado porque su conocimiento y su perspicacia fluyen profundamente. Su debilidad: olvida que su esencia es la emoción. Está atrapado, sin importar cómo lo disfrace. No trate de controlar ese volcán de pasión. Disfrute de la vida.

Sagitario: Prepárese para el golpe de su vida: no hay libertad sin responsabilidad. Su temor de ser atrapado lo impulsa a alejarse de algo que podría ser significativo e importante. ¿No es eso lo que está buscando? Tiene que dejar de creer que todo en la vida fue diseñado para atarlo e impedir que experimente lo que la vida ofrece. Su debilidad: no reconoce que la vida requiere cierta estructura y enfoque. Sin estructura, las cosas pueden no tener sentido porque no hay un contexto en el cual poner algo. Huir de las cosas puede ser tan limitante como estar inmovilizado. En este caso, está atándose a sí mismo. La clave es redefinir qué es ser un adulto, en lugar de tratar de escapar eternamente.

Capricornio: Lo primero que necesita hacer es descansar. ¿Ha considerado que todo en la vida no debe ser una lucha? Sin duda, supera retos y alcanza objetivos. Su debilidad: no valora esperar y dejar que las cosas tomen un curso. No tiene que estar manejando, dirigiendo, o controlando todo. Esto es debido a una carencia básica de confianza. Es muy difícil disfrutar algo cuando el miedo es su mantra. Esto conduce a que termine cargando todo —siendo indispensable porque alguien tiene que serlo—. El peligro está en no reconocer que la vida en realidad sucede de adentro hacia fuera y que todas esas exigencias externas que se impone, no adicionan conocimiento ni dimensión a su vida. Simplemente ocupan más espacio.

Acuario: Mientras está ocupado rebelándose, ¿ha notado cuántas veces ha actuado en su propia contra? En algún momento tiene que notarlo. Hay una diferencia entre defender sus ideales y negarse a aceptar que alguien más tiene un cerebro con conocimiento inteligente. Se resiste una y otra vez, hasta que no queda nada de qué resistirse. Luego, tal vez se rinde —de mala gana—. ¿Y si nadie estaba diciéndole qué hacer? ¿Y si sólo tenían una magnífica observación que podría hacer que su vida fuera mejor? Su debilidad: a veces está muy ocupado mirando hacia el exterior, porque después de todo sabe que lo que hay dentro es previsible, que olvida que lo probado a menudo es útil. Ser rebelde no es una ocupación, sin importar lo que crea, y puede impedir que haga algo con todas esas ideas no muy usadas.

Piscis: El matiz rosa de la realidad puede ser tan limitante como nunca tener un sueño. El reto de vivir en la tercera dimensión —y sí existe— es cimentar esos sueños, y no vivir en una realidad alterna que a fin de cuentas es insustancial. La vida puede ser dolorosa para usted porque está sintonizado con una frecuencia que nadie más parece conocer, mucho menos estar conectado a ella, y necesita un refugio especial donde todo lo que es posible está vivo, vibrante y sólo a un paso de la realidad. Pero vivir ahí y no revelar su fe, optimismo y creatividad todos los días en el aquí y ahora físico, puede dejarlo tan desesperado como abandonar esas fantasías preciadas. Su debilidad: no ver que necesita vivir sus sueños, en lugar de sólo tenerlos. De otra manera va a la deriva sin una dirección particular ni un destino específico.

Una ojeada al año 2008

Los planetas se mueven a través del cielo a diferentes velocidades, interactuando entre sí muchas veces al año o, en el caso de los planetas exteriores lentos, sólo en ciertos siglos. Por ejemplo, la Luna transita cada signo cada 28 días. El tiempo de Plutón en un signo es medido en décadas, y todos, menos el Sol y la Luna, tienen períodos retrógrados, donde parecen detenerse, moverse hacia atrás, hacer una pausa de nuevo, y luego seguir hacia adelante. El más conocido de éstos es Mercurio, que es retrógrado tres o cuatro veces al año.

Debido a estas diferentes velocidades, es imposible para todos menos los planetas más rápidos —el Sol, la Luna, Mercurio, Venus y Marte— entrar en contacto con cada uno de los planetas exteriores —Júpiter, Saturno, Urano, Neptuno y Plutón— todos los años. Cualquier año en el que Saturno, Urano, Neptuno y Plutón entren en contacto entre sí, es un período importante de algún modo. Y eso es exactamente lo que hace a 2008 un año astrológico muy inusual.

En este año hay una configuración que involucra tres de los planetas exteriores —Júpiter, Saturno y Urano—. Júpiter, que es el punto focal de esta configuración, entrará en contacto con Saturno y Urano, que se contactarán entre sí, formando un triángulo escaleno en el que los tres lados son 60 grados, 120 grados y 180 grados. Es raro que tres planetas exteriores se alineen de esta forma. La última vez que estos tres formaron esta configuración fue en 1829, y la siguiente será en 2146.

Júpiter es expansión, Saturno es contracción, y Urano representaba lo inusual y lo inesperado. Cuando toda esta energía está activa, como lo estará en noviembre de 2008, ocurrirán acontecimientos importantes en el mundo, en su vida personal y en las vidas de quienes lo rodean. Júpiter formará un contacto favorable con Saturno que es una mezcla positiva de expansión y restricción; una equilibra a la otra, y cada una controla a la otra —una buena mezcla de optimismo y pesimismo—. También formará un contacto favorable con Urano —de oportunidad y suerte—. La casa —y lo que representa— donde está Júpiter en su carta solar de 2008 —o carta calculada— es donde usted se encontrará moviéndose en nuevas direcciones para aprovechar el potencial de crecimiento de Júpiter a través de las casas de Saturno y Urano.

Una nota de precaución: piense y actúe con cuidado; las medidas tomadas este año quizás serán irreversibles.

Significados de los planetas

El Sol: Indica la predisposición psicológica que dominará sus acciones. Lo que vemos, y por qué, está dicho en la lectura de nuestro Sol. También muestra los patrones de energía básicos del cuerpo y la psique. De muchas formas, el Sol es la fuerza dominante en su horóscopo y su vida. Otras influencias, en especial de la Luna, pueden modificar la influencia del Sol, pero nada hará que nos apartemos del patrón solar básico. Siempre tenga en cuenta la influencia básica del Sol y recuerde que las otras influencias deben ser interpretadas en función de él, especialmente cuando juegan un papel visible en su vida. Podemos pensar, soñar, imaginar y esperar mil cosas de acuerdo a la Luna y otros planetas, pero el Sol es lo que somos. Ser la mejor persona en términos del Sol es hacer que las energías actúen a lo largo del camino en el que tendrán la máxima ayuda de las vibraciones planetarias.

La Luna: Indica el deseo de la vida. Cuando sabemos lo que queremos decir pero no podemos expresarlo por medio de palabras, es la Luna la que lo sabe y el Sol el que no puede decirlo. El éxtasis sin expresión, el dolor mudo, el sueño secreto, el cuadro esotérico de nosotros mismos que no podemos transmitir al mundo o que éste no comprende o valora —éstos son los productos de la Luna—. Cuando nos entienden mal, es nuestra naturaleza lunar, expresada en forma errónea a través del signo solar, la que se siente traicionada. Lo que sabemos sin utilizar el pensamiento —intuiciones, presentimientos, instintos— son los productos de la Luna. Los modos de expresión que sentimos, en realidad reflejan que su más profundo ser pertenece a la Luna: arte, letras, trabajo creativo de cualquier tipo; a veces amor y a veces oficio. Lo que siente como lo más profundo, es el producto de su Luna y del signo que ésta ocupó en el momento de su nacimiento.

Mercurio: Es la antena sensorial del horóscopo. Su posición por signo indica sus reacciones a visiones, sonidos, olores, sabores e impresiones táctiles, dando una clave para la actitud que tiene hacia el mundo físico que lo rodea. Mercurio es el mensajero a través del cual el cuerpo físico y el cerebro —regidos por el Sol— y la naturaleza interior —regida por la Luna— son mantenidos en contacto con el mundo exterior, que aparecerá ante nosotros de acuerdo al índice de la posición de Mercurio por signo en el horóscopo. Este planeta gobierna la mente racional.

Venus: Es la antena emocional del horóscopo. A través de este planeta, las impresiones nos llegan del mundo exterior, al cual reaccionamos emocionalmente. La posición de Venus en el momento del nacimiento, determina la actitud frente a estas experiencias. Mientras Mercurio es el mensajero que conecta las impresiones sensoriales —visión, olor, etc.—

con la naturaleza básica del Sol y la Luna, Venus es el mensajero que conecta las impresiones emocionales. Si Venus se encuentra en el mismo signo que el Sol, las emociones cobran importancia, y tienen una relación directa con nuestras acciones. Si está en el mismo signo que la Luna, se relacionan directamente con la naturaleza interior, aumentan la confianza en sí mismo, nos hacen sensibles a las impresiones emocionales, y con frecuencia indican que tenemos más amor en nuestro corazón que el que podemos expresar. Si Venus está en el mismo signo que Mercurio, las impresiones emocionales y sensoriales trabajan juntas; tendemos a idealizar el mundo de los sentidos y sensualizar las emociones para interpretar lo que vemos y oímos.

Marte: Es el principio energético en el horóscopo. Su posición indica los canales en los cuales la energía será dirigida más fácilmente. Es el planeta a través del cual las actividades del Sol y los deseos de la Luna se expresan en acción. En el mismo signo que el Sol, Marte da abundante energía, a veces dirigida erradamente en temperamento, ira y disputas. En el mismo signo que la Luna, da una gran capacidad de hacer uso de los propósitos más íntimos, y hacer que los deseos interiores sean claros y prácticos. En el mismo signo que Venus, acelera las reacciones emocionales y nos hace actuar sobre ellas, incita pasión en el amor, y estimula una conciencia mundana de las realidades emocionales.

Júpiter: Es la antena para las oportunidades. Pone en consideración las oportunidades de acuerdo a la naturaleza básica del Sol y la Luna. La posición de Júpiter indica los lugares donde se buscarán, cómo se utilizarán, y la capacidad que se tiene para reaccionar y beneficiarse de ellas. Júpiter suele ser llamado erróneamente el planeta de la suerte. Es "suerte" en cuanto a que es el índice de oportunidad, pero su suerte depende menos de lo que le llega que de lo que hace con ello. En el mismo signo que el Sol o la Luna, Júpiter da una respuesta directa y por lo general efectiva a la oportunidad, y es probable que se manifieste como "suerte extrema". Si está en el mismo signo que Mercurio, las impresiones sensoriales son interpretadas oportunamente. Si se encuentra en el signo que Venus, interpretamos las emociones de tal forma que las dirigimos a nuestro favor; los sentimientos trabajan en armonía con las oportunidades para el progreso que el mundo ofrece. Si está en el signo que Marte, seguimos la oportunidad con energía, empuje, entusiasmo y valor. Aventúrese y ponga sus cartas sobre la mesa.

Saturno: Indica la dirección que será tomada en la vida por el principio de conservación que, en su más alta manifestación, deja de ser puramente defensivo y se torna ambicioso. Nuestra defensa o ataque contra el mundo es mostrado por la posición de Saturno en el horóscopo del nacimiento. Si Saturno está en el mismo signo que el Sol o la Luna, predomina la defensa, y hay peligro de introversión. Entre más lejos esté Saturno del Sol, la Luna y el ascendente, mejor será para objetividad y extroversión. Si Saturno está en el mismo signo que Mercurio, hay una reacción seria y profunda frente a las impresiones sensoriales; generalmente esta posición acompaña a una mente profunda y eficaz. Si está en el mismo signo que Venus, una actitud defensiva frente a la experiencia emocional crea una aparente frialdad en el amor y dificultad con las emociones y relaciones humanas. Si se encuentra en el mismo signo que Marte, la confusión entre impulsos defensivos y agresivos puede crear una persona indecisa —o, si el Sol y la Luna son fuertes y la personalidad total está bien desarrollada, puede indicarse una persona equilibrada y tranquila de juicio y acciones moderados—. Si está en el mismo signo que Júpiter, la reacción frente a la oportunidad es moderada y equilibrada.

Urano: Se relaciona con creatividad, originalidad o individualidad, y su posición por signo en el horóscopo indica la dirección en la cual buscará expresarse. En el mismo signo que Mercurio o la Luna, Urano sugiere una conciencia aguda, una reacción rápida a las impresiones y experiencias sensoriales, o una mente activadora. En el mismo signo que el Sol, señala gran actividad nerviosa, una naturaleza impresionable, y una personalidad original, creativa o excéntrica. En el mismo signo que Marte, indica una actividad rápida, gusto por el movimiento veloz, o tal vez amor por el peligro. En el mismo signo que Venus, sugiere una reacción inusual a la experiencia emocional, idealismo, sensualidad, e ideas originales sobre el amor y las relaciones humanas. En el mismo signo que Saturno, indica sensatez; esta puede ser una posición práctica y creativa, pero a menudo genera un conflicto destructivo entre el espíritu práctico y la originalidad que puede terminar en tablas. En el mismo signo que Júpiter, Urano crea oportunidad, riqueza y los medios para conseguirla, y conduce a lo inventivo, ejecutivo y osado.

Neptuno: Se relaciona con las fuentes más profundas del subconsciente, la mentalidad heredada y la espiritualidad, indicando lo que damos por sentado en la vida. Neptuno en el mismo signo que el Sol o la Luna, señala que dominan las intuiciones y presentimientos —o ilusiones—; hay una necesidad de aferrarse rígidamente a la realidad. En el mismo signo que Mercurio, indica percepciones sensoriales agudas, una mente sensitiva y tal vez creativa, y una reacción estremecedora a la experiencia sensorial. En el mismo signo que Venus, revela una reacción idealista y romántica —o sentimental— a la experiencia emocional, además del peligro del sensualismo y un gusto por placeres extraños. En el mismo signo que Marte, indica energía e intuición que trabajan unidas para perfeccionar la vida —una de las señales de tener ángeles o demonios de nuestro lado—. En el mismo signo que Júpiter, describe una respuesta intuitiva a la oportunidad generalmente a lo largo de directrices prácticas y generadoras de dinero; una de las señales de seguridad o riqueza. En el mismo signo que Saturno, Neptuno indica defensa y ataque intuitivo en el mundo, generalmente exitosos, a menos que Saturno esté polarizado en el lado negativo; entonces hay peligro de tristeza.

Plutón: Es un planeta de extremos —desde el nivel más bajo de violencia y criminalidad de nuestra sociedad, hasta las alturas que pueden lograr las personas cuando reconocen su importancia en el colectivo de la humanidad—. Plutón también gobierna tres misterios importantes —sexo, muerte y renacimiento— y los conecta entre sí. Un nivel de muerte simbolizado por Plutón es la muerte física de una persona, que ocurre para que ésta pueda renacer en otro cuerpo a fin de avanzar en su desarrollo espiritual. En otro nivel, el individuo puede experimentar una "muerte" de su antiguo ser cuando se da cuenta del significado más profundo de la vida; de este modo se convierte en alguien de "segundo nacimiento". En un horóscopo natal, Plutón señala nuestra perspectiva en el mundo, nuestro consciente y subconsciente. Debido a que muchas cualidades de Plutón se centran en los misterios más profundos, la posición de Plutón en cada casa, y aspectos de él, pueden mostrarnos cómo lograr un mayor entendimiento de la importancia del factor espiritual en nuestra vida.

Pronósticos

por Kris Brandt Riske

ARIES

El Carnero
Marzo 20 a Abril 19

Elemento:	Fuego
Cualidad:	Cardinal
Polaridad:	Yang/Masculino
Planeta Regidor:	Marte
Meditación:	Construyo de acuerdo a mis fuerzas
Piedra preciosa:	Diamante
Piedras de poder:	Jasper, cornalina, rubí
Frase clave:	Yo soy
Símbolo:	La cabeza del carnero
Anatomía:	Cabeza, cara, garganta
Color:	Rojo, blanco
Animal:	Carnero
Mitos/Leyendas:	Artemis, Jasón y el Vellocino de Oro
Casa:	Primera
Signo opuesto:	Libra
Flor:	Geranio
Palabra clave:	Iniciativa

Fortalezas y retos

Nacido bajo el primer signo del zodiaco, con el ardiente Marte como su planeta regente, tiene un gran entusiasmo por la vida que es encantador y contagioso. Ser el primero surge naturalmente en usted, y esta cualidad es apoyada por un espíritu competitivo y aventurero que va de la mano con el valor. Nuevos comienzos, nuevas actividades y un estilo de vida agitado le atraen, y usualmente es el primero en hacer algo.

Puede ser un buen líder en cualquier situación si aprende a llevar hasta el final lo que comienza. Como iniciador, se especializa en ser el que pone las cosas en marcha, pero luego su interés disminuye, la impaciencia lo invade y se encamina hacia la siguiente conquista. Si desarrolla algo de paciencia, llegará más lejos, y realizará muchos sueños.

Como rápido pensador, a menudo reacciona espontáneamente, saltando a la acción; lo mismo pasa con las decisiones. Esto puede ser positivo y negativo. Sobresale en observar y aprovechar oportunidades, pero éstas y otras decisiones instantáneas no siempre corresponden a sus mayores intereses. Aprenda a detenerse y pensar antes de actuar en situaciones importantes como las relaciones personales, profesión, y asuntos de dinero. El hacerlo le ahorrará muchos conflictos.

Seguro de sí mismo y extrovertido, es apasionado por la vida y por sus intereses y ambiciones. Esta actitud emprendedora lo convierte en una estrella brillante que inicia cada día con energía incomparable y, más importante, un deseo innato de aprovechar al máximo cada minuto.

Relaciones personales

Para ser alguien tan autosuficiente, tiene una fuerte necesidad de personas en su vida. Le encanta compartir su apasionada actitud con otros, especialmente con sus amigos más cercanos.

Pocos pueden igualar su gran disposición para el romance e intenta todo lo posible para impresionar en una cita con un trato real. Una vez comprometido, lleva su afecto al siguiente nivel, y concentra el tiempo, atención y energía en su pareja. Para usted, la vida sin una pareja es tan incompleta como el amor sin pasión. Su otra mitad lo complementa y le brinda equilibrio para su personalidad audaz. Recuerde lo anterior cuando su naturaleza independiente choque con la necesidad de unión de su pareja. Aceptar un término medio es la lección. Alguien de su signo opuesto, Libra, podría ser la pareja ideal. También podría ser compatible con Acuario o Géminis, o con los otros signos de fuego, Leo y Sagitario. Tal vez esté más en desacuerdo con Cáncer o Capricornio.

Tiene un deseo ferviente por la vida familiar sólida y es protector de quienes ama. Estos lazos emocionales son para toda la vida y representan parte esencial de su bienestar emocional. Cuida de los parientes mayores y permanece en contacto con los lejanos. Aunque cría bien a sus hijos y trabaja con dedicación para brindar un ambiente de hogar ideal, tiene la tendencia a consentirlos. Son su orgullo y alegría, y se involucra en sus vidas y actividades, sin importar qué edad tengan.

Tiene muchos conocidos, pero pocos amigos. Como un comunicador natural, conoce el valor de las actividades de grupo con personas del mismo parecer donde puede usar sus habilidades de liderazgo. Los amigos enriquecen su vida y quizás tiene amistades desde la infancia.

Profesión y dinero

Es un alma ambiciosa que usualmente está adelante de la competencia en busca de una oportunidad para mejorar el estatus social. Aquí es menos impulsivo y tiene un entendimiento innato de la necesidad de un plan de largo alcance, paso a paso, para lograr sus objetivos profesionales. La impaciencia puede incitarlo a avanzar cuando permanecer donde se encuentra sería más apropiado. En su vida laboral, prefiere un ambiente ordenado y funcional, y puede manejar trabajo detallado. Aunque congenia con los compañeros de trabajo, desarrolla pocas amistades personales en el entorno laboral, prefiriendo mantener separadas su vida profesional y personal. Es un buen trabajador pero tiene poca tolerancia por quienes no cumplen con sus responsabilidades.

Tiene la capacidad para la riqueza, y con planificación minuciosa y buenas decisiones puede acumular fondos considerables. Las inversiones pueden ser tan lucrativas como los ingresos si quita su ego de la ecuación y confía en la investigación y los consejos sólidos. Su pareja podría aumentar bastante su patrimonio, y es importante fijar y revisar periódicamente sus objetivos. Es posible una herencia familiar.

Su lado más brillante

No hay nadie más alentador y lleno de vida que un Aries. Su sola presencia activa una habitación, y puede levantar el ánimo de casi todo el mundo en pocos minutos. Las personas responden a su franqueza y amor por la vida, además de su encanto inocente, sin importar su edad.

Afirmación del año

¡Soy una estrella brillante!

Aries: el año venidero

El año 2008 podría ser uno de los mejores años de su vida en lo que se refiere a su profesión. Ésa es la buena noticia. Desafortunadamente, tal vez tome hasta fin de año para que todo resulte, lo cual con seguridad probará su paciencia.

La atracción principal de este año es Júpiter en Capricornio, su décima casa solar de la profesión. Conocido como el planeta de la buena suerte, Júpiter simboliza expansión, entusiasmo y optimismo. Visita cada signo una vez cada doce años. Este año Júpiter en Capricornio señala una alta posibilidad para ganancias profesionales. Pero lo que hace el 2008 muy especial es la alineación favorable de Júpiter con Saturno y Urano. Además, el poderoso Plutón emprende su tránsito de 17 años en Capricornio. Así, el camino profesional que pone en marcha este año, continuará influenciando su vida durante muchos años y alcanzará su punto culminante en unos diez años.

Plutón es el planeta de transformación y poder, y de este modo significa cambio profundo. La vida rara vez es la misma después de un tránsito de Plutón porque sus efectos parecen ser irreversibles. De algún modo, incita a las personas a cortar lazos con el pasado y a avanzar en nuevas actividades. Esto es lo que Plutón le pide que haga en su profesión.

También debe considerar que Plutón está asociado con sucesos sobre los que usted no tiene control. Transitando en el sector de su profesión, podría desencadenar un despido, pero con las otras alineaciones mucho más dominantes de este año, es más probable que Plutón actúe a escondidas, donde puede fortalecer su posición para logros significativos. Busque un puesto de poder. Si ha estado pensando en un cambio de profesión —o si ha estado pensando en hacer algo como "ponerse a prueba" en un show en televisión—, éste es el año para hacerlo.

Ahora, regresemos de nuevo con Júpiter y sus alineaciones con Saturno en Virgo y Urano en Piscis. Lo que hace a estas alineaciones tan significativas —en forma individual y como un grupo de tres— es que no volverán a presentarse en esta misma configuración en su vida.

Júpiter, en su décima casa solar de la profesión, entra en contacto con Saturno en su sexta casa solar de trabajo cotidiano en enero, septiembre y noviembre. Eso pone la ventaja a su favor para recompensas profesionales bien merecidas. Aun mejor, Saturno es el planeta universal de la profesión y su planeta personal, porque rige a Capricornio. Junto con un año de suerte y expansión profesional, espere un período de arduo trabajo y muchas horas laborales.

Debido a que la sexta casa también es asociada con la salud, deberá planear con anticipación y programar un tiempo de descanso todos los días. 30 minutos de ejercicio, meditación o lectura pueden ayudarlo a desestresarse, descansar y relajarse. Planee también dormir lo suficiente y hacer de una dieta nutritiva una prioridad para evitar resfriados y la gripe. Debe estar en buena forma física para aprovechar al máximo este año. Debido a que Saturno también entra en contacto con Urano en su duodécima casa solar, su otro sector de salud, en noviembre, es aun más importante que se cuide bien. ¿Por qué no empezar 2008 con un chequeo médico?

La conexión de Júpiter con Urano, planeta de lo inesperado, es de buena suerte e intuitiva. Aquí está señalando oportunidades, no necesariamente acción. Depende de usted llevar hasta el final las posibilidades que se le presenten, lo cual también se aplica a la conexión Júpiter-Saturno. Lo que aumenta la probabilidad de que eso suceda es la alineación de Saturno con Urano. Piense en esto como el motor de un auto que debe encenderse y calentarse antes de acelerar y ponerlo a correr en la autopista.

Con Urano en Piscis, su duodécima casa solar, el impulso para el cambio y la motivación de avanzar en su profesión y estatus social, es probable que venga desde su interior, empezando en un nivel subconsciente. Escuche con atención su voz interna mientras se desarrolla el año 2008. Encontrará la influencia también operando en un nivel cotidiano. Encuentros fortuitos y contactos pueden generar oportunidades. También esté alerta en el trabajo. Entre más ponga atención a comentarios casuales y cambios sutiles, mejor preparado estará para actuar cuando sea el momento indicado.

Significado de los eclipses

Use enero, cuando se presenta la primera alineación Júpiter-Saturno al entrar Plutón en Capricornio —enero 25—, para considerar las posibilidades. Mire alrededor, hable con personas y esté atento a tendencias que emergen mientras define interiormente lo que quiere y espera obtener en 2008. Febrero trae un eclipse lunar en Virgo —cercanamente alineado con su Sol si nació entre el 19 y el 23 de marzo, y así de gran importancia—, que también activa a Saturno, seguido por sus primeras oportunidades de aprovechar la energía de Saturno y Plutón en las primeras dos semanas de marzo. Esté atento a las dos últimas semanas de abril, cuando podría hacer una conexión afortunada, y de nuevo a finales de julio y comienzos de agosto. Sin embargo, es probable que sólo hasta finales de octubre empiece a ver un verdadero movimiento; éste también es un tiempo ideal para enviar curriculums vitae. Las medidas tomadas en ese período podrían generar resultados en diciembre.

Otros tres eclipses de este año son en Leo o Acuario. El eclipse solar de agosto 1 en Leo acentúa su quinta casa solar de hijos, creatividad, romance y recreación, y será una influencia fuerte si nació entre marzo 26 y abril 1. Si es padre o madre, la energía solar lo motivará a involucrarse más en las actividades de sus hijos; o, podría recibir una adición a la familia en los siguientes 12 meses. Dedique tiempo para ponerse al corriente con los amigos de sus hijos, especialmente si son adolescentes, y a hablar con ellos regularmente. Tendrá la motivación y resolución si quiere ponerse en buena forma física. Más importante aun, puede encontrar el programa de ejercicios apropiado que se ajuste a sus necesidades y que disfrutará. Explore diversas opciones fuera de ir a un gimnasio, tales como golf, tenis o yoga. Tendrá un cuerpo más fuerte y se beneficiará del alivio del estrés. El romance también adquiere un mayor significado, con más oportunidades de encontrar su alma gemela, pero deberá tomar las cosas con calma porque lo que siente como amor verdadero puede ser solamente un sentimiento pasajero.

El eclipse solar de febrero 6 y el eclipse lunar de agosto 16 en Acuario influyen en su undécima casa solar de la amistad y actividades de grupo. Ambos eclipses acentúan una vida social activa durante todo 2008, junto con incluir más personas en su círculo de amistades. Sin embargo, como con su vida romántica, deberá ser selectivo en lugar de acoger a las personas por lo que aparentan, pues su fe y confianza podrían ser traicionadas. También puede ser inspirado profundamente —o llevado a conclusiones erróneas— por un amigo íntimo o la participación en un club u organización profesional. Tenga cuidado si es miembro de un club de inversiones, y escéptico de cualquier consejo o promesa financiera de éxito seguro. En un nivel más profundo, los eclipses de Acuario lo retan a soñar en grande, a visualizar sus metas y tomar medidas para alcanzarlas. Los contactos pueden ayudarlo a hacerlo, pues brindará la conexión para otros. Estos eclipses serán más evidentes en su vida si nació entre el 3 y el 16 de abril.

Si nació entre marzo 19 y el 13 de abril, Saturno contactará su Sol desde Virgo, su sexta casa solar de trabajo y salud. Experimentará un creciente nivel de frustración profesional la primera mitad del año, cuando el trabajo aumenta y el reconocimiento es escaso. Esto puede generar un mayor estrés, el cual afecta su salud. Encuentre una forma de liberar la tensión y alimente su cuerpo con el sueño, el ejercicio moderado y la comida nutritiva, además de tiempo libre. También podría beneficiarse al dedicarse a una actividad voluntaria apoyando a su causa favorita. Si está teniendo un problema de salud, posiblemente uno que empezó en 2007, es probable que vea una mejoría después de mayo.

Saturno se torna directo en Virgo en mayo 3, dos semanas antes del segundo contacto Júpiter-Urano del año. Si nació entre el 19 y el 22 de marzo, tendrá acceso más directo a la energía de Saturno y puede usarla para avanzar en su profesión. Pero es más probable que sea sólo un primer paso, aunque fuerte, hacia uno que se desarrollará después en el año. Se sentirá abrumado con la cantidad de trabajo diario, pero esto también genera oportunidades para fortalecer su posición. Hasta cierto punto se beneficiará de la misma influencia si nació entre el 23 y el 29 de marzo, aunque los eventos se desarrollarán más lentamente y hasta julio y agosto.

Si nació entre marzo 30 y abril 13, Saturno entrará en contacto con su Sol más adelante en el año, empezando en agosto. Los sucesos que ocurrirán entonces, continuarán desarrollándose hasta el final del año. Deberá estar especialmente alerta si nació entre el 7 y el 13 de abril, porque las medidas tomadas en agosto y a comienzos de septiembre, se desarrollarán plenamente en diciembre.

Si nació entre el 3 y el 13 de abril, Urano en Piscis liberará su subconsciente y desencadenará un creciente sentido de posesión de sus más profundos deseos, esperanzas y metas, además de un anhelo de cambio personal. Mensajes intuitivos pueden aparecer en sus sueños, desde comentarios casuales hasta discusiones profundas con amigos y otras personas en su vida. Tenga presente que esto es mucho más un proceso sutil e interno, que uno orientado a sucesos. Sin embargo, sus conclusiones pueden terminar en la motivación de tomar medidas para realizar sus ambiciones mundanas. Deberá ser consciente y precavido de ser atraído a maniobras ocultas que en la superficie parecen estar a su favor, pero en realidad no es así. Sintonícese con su sexto sentido y escúchelo. Será especialmente fuerte este año. Si nunca ha confiado plenamente en su intuición, empiece lentamente y pruébela de forma inconsecuente para aumentar su nivel de bienestar y fortalecer su voz interior.

Si nació entre el 8 y el 15 de abril, Neptuno en Acuario contactará su Sol desde su undécima casa solar. Tendrá las mayores oportunidades para hacer contactos y conocer nuevas personas. Desafortunadamente, también deberá estar aun más alerta con las personas que en el fondo podrían no tener sus mejores intensiones. También recibe el beneficio más grande de este planeta inspirativo mientras impulsa su sexto sentido a un estado activo. Escuche presentimientos y su voz interior, y respáldelos con hechos sólidos y cifras antes de tomar decisiones. Debería consultar profesionales certificados apropiados antes de tomar decisiones financieras cruciales o firmar contratos importantes. Un poco de prudencia ahora puede evitarle conflictos en años futuros. Esto también se aplica a asuntos del corazón; disfrute el momento, pero no se apresure a nada.

Si nació entre el 16 y el 21 de abril, Plutón en Sagitario unirá su energía con su Sol hasta enero 24, y otra vez de junio 13 a noviembre 25. Esta influencia es ideal para la transformación personal, tal como adoptar un estilo de vida más saludable, ponerse en forma o hacerse un cambio completo. Si está buscando un grado de educación más alto, éste es el año para concentrarse en sus estudios, si es posible, incluso si eso significa un impulso final importante este verano y otoño.

Plutón también activará su curiosidad y espíritu de aventura, además de su interés en otras culturas. Deberá viajar, especialmente a otra parte del mundo, por trabajo, placer o ambas cosas. Si eso es imposible, haga un viaje mental. Aprenda un nuevo idioma o hobby, instrúyase en asuntos globales o tome una clase sólo por diversión.

En conjunto, lo que haga este año beneficiará su profesión en 2009 y durante muchos años más.

Si nació entre el 19 y el 22 de marzo, estará entre los primeros de su signo en experimentar el largo viaje de Plutón a través de Capricornio. Mientras este planeta entra en contacto con su Sol de enero 25 a junio 12, y otra vez de noviembre 26 en adelante, descubrirá las posibilidades de este poderoso planeta y su energía transformativa. También puede usar a Plutón para cambio personal positivo, aunque deberá ser un poco precavido. Es fácil volverse obsesivo y concentrarse tanto que todo es afectado por la visión de túnel con esta conexión Plutón-Sol. El cambio personal puede tomar la forma de cambios físicos, tales como dieta y ejercicio, relaciones y su profesión. Los juegos de poder en el trabajo son posibles y podría encontrarse con una competencia difícil para un ascenso o involucrado en dificultades continuas con su supervisor. Esto, a su vez, puede afectar las relaciones cercanas en su vida. Puede hacer uso positivo de esta influencia y sentirse capaz para un reto de liderazgo y un puesto importante y muy respetado. Sea especialmente consciente de sus acciones e interacciones con otras personas la primera y la última semana de marzo y la primera semana de abril. Lo que haga en ese tiempo, podría terminar en progresos posteriormente en abril y en diciembre.

Aries/Enero

Puntos planetarios clave

Si quiere viajar este mes, planéelo para los primeros días del año. Después de eso, Venus en Sagitario, su novena casa solar de viajes, chocará con varios planetas. También deberá mermar la velocidad y conducir con cuidado, especialmente a mediados de mes. Progresos en un asunto legal son posibles a fin de mes, aunque es improbable que sea resuelto hasta este verano u otoño.

Sucesos planetarios sobresalientes

Definitivamente hay algo de qué alegrarse este mes: Marte, su planeta regente, reanuda el movimiento directo en enero 30. Su vida empezará a encarrilarse de nuevo cuando vuelve el flujo de información, y las decisiones, planes y proyectos aplazados desde el último otoño, comenzarán a desarrollarse —¡finalmente!—.

Relaciones personales

El enfoque de enero está en la amistad y en las relaciones románticas mientras la luna llena en Leo activa su quinta y undécima casa solar. Esta energía lunar podría traerle un nuevo romance excitante. Si esto genera indecisión respecto a un romance actual, deje que las cosas fluyan hasta el fin de febrero. Con Mercurio volviéndose retrógrado en Acuario —enero 28—, asegúrese de confirmar citas, horas y lugares para que no falle a un evento social.

Finanzas y éxito

La luna nueva en Capricornio ilumina su décima casa solar, haciendo de éste uno de los mejores meses del año en lo que respecta al trabajo. Plutón llega a Capricornio en enero 25, sólo unos días después de Júpiter —en el mismo signo— y se alinea favorablemente con Saturno en su sexta casa solar de trabajo. Un comentario casual a comienzos del mes, mientras Mercurio está en Capricornio, podría indicarle una ventaja prometedora. Investigue. Las finanzas podrían ser un poco ajustadas gran parte de enero, pero mejoran notablemente a fin de mes.

Días favorables 2, 4, 7, 8, 9, 11 15, 16, 24, 28, 29

Días desafiantes 1, 6, 12, 13, 18, 19, 20, 26

Aries/Febrero

Puntos planetarios clave

El Sol entra a Piscis, su duodécima casa solar de autorenovación, el 19 de febrero. Es el comienzo de su tiempo anual de preparación antes de que el Sol pase a su signo. Será más vulnerable a un resfriado o la gripe, especialmente la última semana del mes, así que planee con anticipación para tomar precauciones y asegúrese de descansar y dormir lo suficiente.

Sucesos planetarios sobresalientes

Definitivamente llamará la atención la primera semana de febrero, gracias a la hermosa alineación de Venus con Júpiter y Urano. Piense en las oportunidades dondequiera que vaya; y en conversación con colaboradores, el jefe, amigos y personas que conozca por medio de su profesión. Podría ser escogido para dirigir un proyecto especial, u oír la primera insinuación de un posible ascenso.

Relaciones personales

La luna nueva de febrero 6 en Acuario, su undécima casa, pone el ritmo para un mes que presenta amistad y socialización. La tendencia continúa durante todo el mes, con Venus llegando al mismo signo en febrero 17. Si está buscando romance, pídale a un amigo que le arregle una cita, pero trate de hacerla después de febrero 18, cuando Mercurio, también en Acuario, reanuda el movimiento directo.

Finanzas y éxito

Su carga laboral aumentará mientras la luna llena de febrero 20 en Virgo ilumina su sexta casa solar. La frustración y los retrasos son parte del momento, así que esté preparado para recibir cada uno con una sonrisa —al menos en frente de las personas que cuentan—. También sea consciente de las fechas de vencimiento y asegúrese de revisar bien todo lo que hace para ver si hay errores, que fácilmente pueden pasar inadvertidos hasta el mes siguiente.

Días favorables 3, 4, 5, 6, 7, 11, 20, 23, 25

Días desafiantes 2, 9, 13, 15, 16, 22, 28

Aries/Marzo

Puntos planetarios clave

La frustración y la impaciencia pueden dominarlo en el hogar y en el trabajo. Prepárese para pensar y responder tranquilamente cuando surja la tensión al chocar los egos. No hay caso en involucrase en una lucha de poder o seguir defendiéndose en lo que en realidad es una situación que no lleva a nada. Sea cauteloso si trabaja alrededor de la casa; puede ocurrir un accidente en el momento menos esperado.

Sucesos planetarios sobresalientes

Este mes se sorprenderá al encontrar alegría con su propia compañía en algunas noches y fines de semana, así que no dude en dedicar tiempo merecido para sí mismo cuando el Sol, Mercurio y Venus avancen en Piscis, el signo de la luna nueva de marzo 7. La meditación o dejar que su mente divague durante una caminata o cuando hace ejercicio, puede estimular su intuición y liberar pensamientos y deseos subconscientes.

Relaciones personales

Las relaciones son acentuadas en la luna llena de marzo 21 en Libra, su séptima casa solar. Tome la iniciativa de conocer gente y, por encima de todo, compartir sus sentimientos sinceros con sus personas preferidas. Los seres queridos están especialmente en su mente, así que trate de pasar con ellos más tiempo en las noches y fines de semana, además de su pareja. La amistad es particularmente significativa cuando Venus está en Acuario hasta marzo 11, y Mercurio en el mismo signo hasta marzo 13.

Finanzas y éxito

El trabajo será estresante en ocasiones cuando las demoras, las fechas límites, y el trabajo excesivo lo presionan al máximo. Trate de concentrarse en una cosa a la vez y no dude en pedir ayuda. No tiene que hacerlo todo usted mismo, lo cual será su tendencia especialmente después de que el Sol llegue a su signo en marzo 19.

Días favorables 2, 3, 5, 9, 10, 11, 17, 20, 23, 27, 30

Días desafiantes 1, 6, 8, 12, 14, 21, 26, 29

Aries/Abril

Puntos planetarios clave

La confianza excesiva podría meterlo en problemas este mes. Con el Sol, Venus y Mercurio en su signo en diferentes tiempos, estará sintiéndose totalmente usted, listo para enfrentar cada día y dejar su huella. Eso es magnífico, pero no cuando se hace cargo y presiona a otros, especialmente a miembros de la familia y el jefe. Merme su entusiasmo un poco y trabaje en equipo y sea el verdadero líder que suele ser.

Sucesos planetarios sobresalientes

El punto planetario clave de abril es también sobresaliente en éste mes. La hermosa luna nueva en su signo en abril 5 provee toda la energía e incentivo para un nuevo comienzo en un nuevo año solar. Piense en lo que quiere lograr en los próximos doce meses, desarrolle un plan con metas medibles, y manos a la obra. Recuerde que 2008 tiene todo el potencial par cumplir sus ambiciones.

Relaciones personales

Este mes experimentará todas las facetas de las relaciones y la naturaleza humana, y probablemente aprenderá más acerca de cómo obtener el apoyo de la gente. Definitivamente puede hacerse querer por los demás con Venus en su signo del 6 al 29 de abril, una influencia que estimula su encanto y carisma. Active esto y entusiasme a las personas. Tendrá todas las palabras apropiadas si decide usarlas, gracias a Mercurio en Aries del 2 al 16 de abril.

Finanzas y éxito

Es probable que su cuenta bancaria lo haga sonreír antes de fin de mes. Alineaciones planetarias favorables incrementan la posibilidad de un aumento, bonificación u otro ingreso, y podría recibir un obsequio de un miembro de la familia. Pero la luna llena de Escorpión en abril 20 le recuerda ahorrar y pagar deudas antes de gastar mucho dinero en sí mismo o en su casa.

Días favorables 1, 7, 9, 13, 14, 15, 16, 18, 23, 25, 26

Días desafiantes 4, 5, 6, 12, 17, 19, 22, 27

Aries/Mayo

Puntos planetarios clave

La comunicación es un reto, especialmente en el trabajo, porque varios planetas en Géminis, su tercera casa solar, chocan con Saturno en Virgo, su sexta casa solar de trabajo cotidiano. Eso es complicado por Mercurio, cuando se torna retrógrado en Géminis en mayo 26. Confirme sus compromisos, aclare las tareas, revise bien el trabajo y no dé nada por sentado. De otra manera, podría ser culpado por el error de alguien más.

Sucesos planetarios sobresalientes

Su vida social se intensifica en mayo 9, la fecha en que Marte entra a Leo, su quinta casa solar del romance y recreación. Eso es perfecto para actividades con amigos al aire libre, además de momentos apasionados con su pareja. Si está buscando amor, el ardiente planeta podría cumplir su deseo a finales de junio. También trate de dedicar un poco de su tiempo a un hobby favorito y a horas llenas de diversión con sus hijos.

Relaciones personales

Usted y su pareja —o tal vez un prestamista— podrían tener un desacuerdo financiero alrededor de la luna llena de mayo 19 en Escorpión, su octava casa solar. El objetivo aquí es mezclar sus necesidades e intereses para llegar va un acuerdo; dé un poco para recibir un poco. Aunque podría ser un reto, no tiene que serlo. Concéntrese en los hechos, no en las personalidades.

Finanzas y éxito

Mayo tiene toda la capacidad para estimular su cuenta bancaria, gracias a la luna nueva de mayo 5 en Tauro, su segunda casa solar de recursos personales. Ésa es una buena noticia, pero varios planetas en Géminis chocarán con Saturno en Virgo, su sexta casa solar de trabajo cotidiano. Espere retrasos frustrantes, especialmente a finales de mes, cuando Mercurio se torna retrógrado en mayo 26.

Días favorables 2, 3, 4, 6, 7, 10, 12, 16, 20, 26, 30

Días desafiantes 8, 17, 19, 21, 25, 27, 29

Aries/Junio

Puntos planetarios clave

La comunicación será un reto en ocasiones con Mercurio en Géminis, su tercera casa solar, retrógrado hasta junio 19. Revise bien los hechos, cifras y detalles, además de las fechas, horas y lugares. Si planea viajar —cerca o lejos—, trate de evitar los días alrededor de la luna llena de junio 18 en Sagitario, su novena casa solar. Problemas mecánicos y otros retrasos son posibles cuando el Sol y Venus choquen con Plutón, que regresa a Sagitario en junio 13.

Sucesos planetarios sobresalientes

La vida familiar está en su mejor momento después de que el Sol entra a Cáncer en junio 20. Con Venus en el mismo signo, es un tiempo maravilloso para darle a su casa una limpieza minuciosa, y hacer un proyecto de renovación de la vivienda, dentro o fuera. Ese fin de semana también es ideal si quiere hacer una reunión informal para amigos y colegas.

Relaciones personales

Con el Sol, Mercurio y Venus en Géminis gran parte del mes, es una oportunidad perfecta para conocerse más con sus vecinos. Entre ellos podría estar un nuevo interés amoroso, y es muy posible que un encuentro casual despierte un amor de verano a primera vista. Su vida social continúa muy activa mientras Marte avanza en Leo.

Finanzas y éxito

Una alineación planetaria favorable podría generar dinero adicional la primera semana del mes. Arriésguese en la lotería, o gaste un poco más de dinero en sus apuestas de trabajo. También es posible que reciba un cheque inesperado en el correo o haga un hallazgo afortunado. Su vida laboral será en gran parte rutina, pero debería aprovechar el tiempo para ponerse al día y adelantar trabajo, porque el mes siguiente será atareado.

Días favorables 3, 5, 6, 7, 8, 11, 12, 13, 19, 22, 27

Días desafiantes 1, 2, 4, 10, 15, 16, 18, 23, 26

Aries/Julio

Puntos planetarios clave

La comunicación seguirá siendo un reto hasta que Mercurio pase a Cáncer en julio 10, un período en que debería estar más alerta al viajar de un lugar a otro. Durante el mismo tiempo un amigo podría decepcionarlo. No deje que lo afecte y considérelo como una lección aprendida.

Sucesos planetarios sobresalientes

Encontrará en la casa el lugar más cómodo y feliz las tres primeras semanas de julio. Si está listo para lanzarse a la decoración de la vivienda o a un proyecto de renovación, empiece a mediados de mes, cuando alineaciones favorables de Mercurio generan ideas y le dan acceso fácil a información para hacer sus propios trabajos en el hogar. El único lado negativo es el optimismo excesivo. Modere su entusiasmo con un poco de realidad y dedique tiempo adicional para completar la renovación.

Relaciones personales

La socialización en verano está en su mejor momento con tres planetas llegando a Leo este mes: Venus —julio 12—, el Sol —julio 22— y Mercurio —julio 26—. Venus es ideal para romance, ya sea con su pareja o alguien nuevo, y Mercurio y el Sol acentúan muchas oportunidades para ser el alma de la fiesta, pero sea prudente y asigne a alguien como conductor.

Finanzas y éxito

Tiene todo el potencial para ser una estrella naciente este mes si pone manos a la obra y hace del trabajo una prioridad. Todo comienza en julio 1, cuando Marte, su planeta regente, entra a Virgo, su sexta casa solar. Eso por sí solo es suficiente para darle a su trabajo el empuje correcto. Lo que casi con seguridad llamará la atención de personas importantes, es la luna llena de julio 18 en Capricornio, su décima casa solar de la profesión. Esta combinación dinámica es una oportunidad ideal para mostrar sus talentos y habilidades de liderazgo. Aproveche el mayor partido de esto.

Días favorables 4, 14, 16, 17, 18, 19, 20, 23, 24, 26, 27

Días desafiantes 3, 5, 6, 8, 10, 13, 15, 21, 28, 29

Aries/Agosto

Puntos planetarios clave

El punto clave de agosto es, bueno, ¡todo! Con tantas cosas que están ocurriendo en su vida, desde la diversión y socialización de verano hasta una vida laboral agitada y muchos contactos con la gente, su libreta diaria de compromisos sin duda será su mejor amigo. La organización es clave para estar al tanto de todo, además de asegurar que esté disponible para aprovechar lo que podrían ser oportunidades emocionantes.

Sucesos planetarios sobresalientes

Si tiene algo de tiempo libre, haga una viaje rápido el primer fin de semana de agosto, cuando Venus en Leo, su quinta casa solar de recreación y romance, se alinea favorablemente con Plutón en Sagitario, su novena casa solar de viajes. Si eso es imposible, haga reservaciones para un viaje de otoño, o compre boletos para un concierto o el teatro y disfrute una o dos noches en un hotel local de lujo.

Relaciones personales

Las relaciones son acentuadas, con una luna nueva en Leo en agosto 1°, una luna llena en Acuario, su undécima casa solar de amistad, en agosto 16, y tres planetas entrando a Libra, su séptima casa solar, más adelante en este mes. Ya sea que esté comprometido o soltero y buscando pareja, éste es uno de los mejores meses del año para el romance y la unión. Llene sus noches y fines de semana con citas, eventos sociales, excursiones con amigos y días de sol.

Finanzas y éxito

Disfrutará mucho de tener una vida social activa este mes, porque sus días estarán atestados de trabajo. Una alineación estelar de planetas en Virgo, su sexta casa solar de trabajo cotidiano, podría darle la posibilidad de un ascenso o, si busca trabajo a comienzos de mes, podría tener una oferta alrededor de la segunda luna nueva de agosto 30 en Virgo. Los contactos también pueden producir resultados.

Días favorables 1, 2, 3, 5, 12, 13, 14, 15, 20, 21, 22, 28

Días desafiantes 4, 10, 17, 18, 19, 23, 24, 25, 27, 29

♈ Aries/Septiembre ♈

Puntos planetarios clave

Deberá ser cauteloso con respecto a presionarse en exceso a sí mismo y a otros. Eso puede anular algunas de las ganancias prometidas por las alineaciones planetarias de este mes y también hacerlo más susceptible a un resfriado o la gripe. Siga el consejo de la luna llena de septiembre 15 en Piscis, su duodécima casa solar de autorrenovación, y dedique tiempo para sí mismo. Descanse, relájese, mantenga una dieta saludable y duerma lo suficiente.

Sucesos planetarios sobresalientes

Espere con entusiasmo septiembre 23. Ésa es la fecha en que Venus entra a Escorpión, su octava casa solar de recursos comunes. Esta influencia favorable, que continúa en octubre, podría generar un aumento de ingresos o un golpe de suerte para usted o su pareja. También es un momento apropiado si quiere solicitar un préstamo o hipoteca; pero inicie el papeleo el mes siguiente.

Relaciones personales

La gente tendrá una fuerte influencia en su vida durante todo septiembre, con el Sol y Venus en Libra, su séptima casa solar, parte del tiempo, y Mercurio y Marte ahí todo el mes —más la luna nueva de septiembre 29—. La mayoría será positiva, y alguien que conoce a comienzos de septiembre podría traerle suerte al concluir el mes. Procure pensar bien antes de hablar. Con Mercurio retrógrado desde septiembre 24 en adelante, los malentendidos son más posibles.

Finanzas y éxito

La pesada carga laboral del mes pasado continuará las primeras tres semanas del mes, mientras el Sol está en Virgo. Puede esperar días largos y frustrantes, pero con suerte, que la tendrá, podría llamar la atención de uno de los encargados de tomar decisiones, pues Júpiter en su décima casa solar de la profesión se alinea con Saturno en Virgo, su sexta casa solar de trabajo cotidiano.

Días favorables 1, 2, 3, 4, 6, 11, 12, 17, 25, 29, 30

Días desafiantes 7, 8, 9, 15, 20, 21, 23, 28

Aries/Octubre

Puntos planetarios clave

Puede tener en general un mes animado, con dos excepciones. La posibilidad para confusiones continúa, con Mercurio retrógrado en Libra, su séptima casa solar de relaciones, hasta octubre 15. Con tantos otros factores a su favor, éste no es el tiempo de arriesgarse a un malentendido con alguien que podría beneficiar sus propósitos. Revise bien las credenciales si consulta a un profesional —tal como un abogado, un contador público o médico—, en lugar de fiarse solamente en la recomendación de un amigo.

Sucesos planetarios sobresalientes

Está bajo la atención lunar, gracias a la luna llena de octubre 14 en su signo. Con esto llega un nivel adicional de buena actitud y confianza que sin duda lo hará notar. Sólo asegúrese de dedicar a otros igual tiempo y atención, y sea el primero en sugerir un acuerdo, cuando sea necesario.

Relaciones personales

Conocer o relacionarse con las personas indicadas es su secreto de octubre para el éxito. Además de Mercurio, que está en Libra todo el mes, el Sol está en el mismo signo hasta octubre 21. Ambos forman contactos planetarios que acentúan la amistad, el romance y las buenas oportunidades profesionales. Socialice y aproveche esos momentos indicados para promover sus habilidades y talentos. Lo que haga este mes podría traer recompensas en diciembre.

Finanzas y éxito

¡Cruce los dedos! porque Marte entra a Escorpión, su octava casa solar de recursos comunes, en octubre 3. Con Venus en el mismo signo hasta octubre 17, y la luna nueva de octubre 28 en Escorpión, la ventaja está a su favor para un aumento, posiblemente debido a un nuevo empleo o un ascenso, este mes o el siguiente. Usted o su pareja también podría beneficiarse por una bonificación o un golpe de suerte. Si una compra importante está en su lista, espere hasta que Mercurio se vuelva directo.

Días favorables 3, 9, 13, 14, 17, 20, 21, 22, 23, 26, 31

Días desafiantes 4, 5, 7, 8, 12, 18, 19, 25

🐏 Aries/Noviembre 🐏

Puntos planetarios clave

A pesar del deseo de alejarse de todo, viajar no es la mejor elección, especialmente a comienzos y finales del mes, cuando Venus y Marte en Sagitario, su novena casa solar, chocan con varios planetas. Opte por un viaje mental en lugar de uno físico como una forma de satisfacer su espíritu de aventura. Tome un curso corto por diversión y consiga best-sellers. Si un asunto legal está pendiente, escuche el consejo de un experto.

Sucesos planetarios sobresalientes

Su profesión continúa brillando con oportunidades mientras Plutón regresa a Capricornio, su décima casa solar, en noviembre 26, precedido por Venus en noviembre 12. Y, con Júpiter, también en Capricornio, formando una alineación exacta con Saturno y Urano, tiene la posibilidad de dar un gran salto en su estatus. Esté alerta, porque la oportunidad podría ser repentina y venir de una fuente inesperada.

Relaciones personales

Los lazos estrechos se benefician de Mercurio en Libra, su séptima casa solar, los primeros días del mes. Pero las relaciones con los suegros y otros parientes podrían ser un reto. Manténgase tranquilo y haga todo lo posible para evitar involucrarse en una situación sin solución. No vale la pena la irritación.

Finanzas y éxito

El enfoque continúa en los asuntos económicos, con varios planetas en Escorpión, su octava casa solar de recursos comunes: Mercurio en noviembre 4-22, Marte en noviembre 1–16, y el Sol en noviembre 1–21. Los recursos personales también son acentuados por la luna llena de noviembre 13 en Tauro, su segunda casa solar. Aunque será afortunado económicamente en ocasiones, también son probables los gastos inesperados. Sea prudente; ahorre, y gaste moderadamente.

Días favorables 2, 5, 10, 11, 16, 17, 18, 20, 22, 24, 27

Días desafiantes 1, 3, 4, 6, 8, 9, 13, 14, 15, 28

Aries/Diciembre

Puntos planetarios clave

Las alineaciones planetarias que involucran el Sol, Mercurio y Marte en Sagitario, su novena casa solar, advierten contra viajar de nuevo este mes, especialmente las primeras dos semanas. Dificultades con parientes, suegros y asuntos legales también son posibles. Si es estudiante, puede encontrar obstáculos, pero con resolución y la ayuda de un amigo puede tener éxito.

Sucesos planetarios sobresalientes

Aproveche la motivación despertada por la luna llena de diciembre 12 en Géminis, su tercera casa solar. Es ideal para la planificación y fijar metas en 2009, y además para el aprendizaje. También puede tener nuevos discernimientos hablando con otras personas. Aunque parte de lo que oiga podría sorprenderlo, después de pensarlo bien también se dará cuenta que es acertado y muy edificante.

Relaciones personales

Venus entra en Acuario, su undécima casa solar de amistad, justo a tiempo para celebrar las festividades de fin de año. Haga hincapié en conocer más personas porque éste es un tiempo excelente para ampliar sus círculos de amistad y contactos de trabajo. Diviértase en forma segura —designe a alguien como conductor—. Si está buscando un alma gemela, pídale a un amigo que le presente a una posible pareja.

Finanzas y éxito

Con Marte, Plutón, Venus, Mercurio y Júpiter en Capricornio gran parte de diciembre, 2008 culmina con lo que podría ser el mes más sensacional en cuanto a la profesión en años. Aun mejor, la luna nueva de diciembre 27 en Capricornio, su décima casa solar, lleva la energía a 2009. Noticias maravillosas a comienzos del mes podrían satisfacer sus ambiciones mientras concluye el año. Ambicione en grande y disfrute con cada momento que le brinda su estatus. ¡Ahora es un ganador!

Días favorables 1, 2, 3, 7, 8, 11, 16, 20, 24, 29, 30

Días desafiantes 5, 6, 12, 13, 15, 18, 19, 23, 26

Tabla de Acciones de Aries

Estas fechas reflejan los mejores —pero no los únicos— días para el éxito en dichas actividades, según su signo solar.

	ENE	FEB	MAR	ABR	MAY	JUN	JUL	AGO	SEP	OCT	NOV	DIC
Mudanza			14-16		8, 9		2, 3				16, 17	
Iniciar un curso		14, 15		9, 10	6		28		21	17, 18		
Ingresar a un club	9, 10		4, 5		25, 26				11, 12	9, 10		2, 3
Pedir un aumento					5			22	18, 19			
Buscar trabajo	24, 25							10-21, 26, 27, 30			20, 21	
Buscar ayuda profesional						11, 12	10	6	1, 2			
Buscar un préstamo			24				11, 12			28, 29	25	
Ver un doctor			7	3, 4, 30	1, 13, 14		22				7, 20, 21	
Iniciar una dieta		21, 22								24	21	17
Terminar una relación	27	23, 24	22							26	22	19, 20
Comprar ropa		19, 20		13, 14			28	1		22	18	16
Cambio de estilo, imagen			9	6, 10, 13		27					11	18
Nuevo romance				13, 14	30	3, 7, 11, 12	31	1		21		
Vacaciones	4-6			23, 24					6, 7	21-26, 31	1, 22-30	1-10, 24-26

El Toro
Abril 19 a Mayo 20

♉

Elemento:	Tierra
Cualidad:	Fija
Polaridad:	Yin/Femenino
Planeta regidor:	Venus
Meditación:	Confío en mí mismo y en los demás
Piedra preciosa:	Esmeralda
Piedra de poder:	Diamante, ágata azulada, cuarzo rosado
Frase clave:	Yo tengo
Símbolo:	Cabeza del toro
Anatomía:	Garganta, cuello
Color:	Verde
Animal:	Ganado
Mitos/Leyendas:	Isis y Osiris, Cerridwen, Toro de Minos
Casa:	Segunda
Signo opuesto:	Escorpión
Flor:	Violeta
Palabra clave:	Conservación

Fortalezas y retos

Usted es el epítome de la confiabilidad, aplicado e ingenioso en todo lo que hace. Una de sus mayores fortalezas es llevar las cosas hasta el final. Es lo que le da una reputación de resolución (y a veces, terquedad). Una vez que fija su mente en algo, lo realiza. Rara vez flaquea y casi nunca cambia su forma de pensar, sus planes y decisiones, excepto cuando al hacerlo se ajusta a sus propósitos.

Paciente, cauteloso y práctico, es conocido por su sentido común y fortaleza. Trabaja durante años para alcanzar una meta o dominar un tema. No hace nada a medias —es todo o nada—. En todas las cosas es minucioso, pausado y esmerado. Estas cualidades son las que conducen a otros a la distracción en la vida agitada moderna, pero las personas pronto se dan cuenta que esa es su forma de ser y no va a cambiar, lo cual no siempre lo favorece. Aprenda cuándo es más prudente ceder, como en las relaciones que requieren dar y recibir.

Algunos podrían suponer que usted es perezoso porque le encantan las comodidades. ¡Es todo lo opuesto! Es muy trabajador, pero también aprecia el estilo de vida que incluye tiempo suficiente para el ocio. Una silla confortable en casa, una rutina cotidiana establecida y comida de su gusto lo hacen feliz —a veces demasiado—. La comida rica en calorías puede hacerlo subir de peso, y es difícil experimentar las cosas de la vida si elimina la espontaneidad y nunca corre riesgos. Salga a aventurar de vez en cuando, ¡podría sorprenderse!

Relaciones personales

Con Venus como su planeta regente, es natural que tenga un buen corazón. Cálido y afectuoso, es generoso con los que ama y dedicado con amigos íntimos, su pareja y la familia. Cualquiera que tenga la fortuna de ser parte de su círculo de amistades, experimenta su naturaleza amable, lealtad y capacidad de tranquilizar a los demás.

Es exigente respecto a las personas con quienes tiene interés romántico y por tal razón podría ignorar a alguien que sería una gran pareja. Las primeras impresiones son sólo eso —primeras impresiones—. Mire con más atención antes de seguir adelante. En el amor, es leal y fiel, pero también puede ser posesivo e incluso celoso porque el compromiso es una parte esencial de la seguridad que contribuye a su bienestar general. También es muy sensual y se deleita con los momentos apasionados. Puede haber una atracción espontánea con Escorpión, su signo opuesto, y podría encontrar la felicidad con Piscis o Cáncer, o uno de los otros signos de tierra, Virgo y Capricornio. La inflexibilidad puede ser un problema con Leo o Acuario.

Si es padre o madre, quiere y espera sólo lo mejor para y de sus hijos. Este deseo de perfección los anima a tener logros, pero también puede hacer que sientan que sus mejores esfuerzos nunca son suficientes. En lugar de criticar negativamente, hágales críticas constructivas y déles el apoyo y la libertad de explorar sus propios intereses, que pueden o no ser suyos.

Es sensible y comprensivo con las necesidades de sus amigos y puede ser una inspiración para ellos, al igual que ellos para usted. Pero también podrían aprovecharse de su noble corazón, así que confíe sólo en los que conozca bien.

Profesión y dinero

La estabilidad y seguridad son esenciales para su bienestar. Sin embargo, su profesión puede tener cambios repentinos. Mantenga abierta sus opciones en lugar de acomodarse demasiado en la suposición de que todo seguirá en el status quo; podría o no ser así, dependiendo de su campo profesional escogido. Antes de aceptar un puesto, asegúrese de que el ambiente sea de su gusto. Las relaciones agradables con los compañeros de trabajo también son esenciales para una alta productividad.

Tiene el don de ganar y manejar dinero, y puede retirarse con considerables fondos. Es probable que las inversiones sean rentables, especialmente debido a su actitud financiera prudente. Siempre es económico y basa las decisiones de gastos en el valor de las cosas. Cualquiera sea el precio, alto o bajo, rara vez compra, a menos que valga la pena.

Su lado más brillante

Es creativo y puede tener talento artístico o vocal, o aprecia estas capacidades en otros. Esto se debe en parte a que sus cinco sentidos son muy desarrollados. Se siente incómodo en entornos que no son agradables, y se rodea de objetos hermosos. La música y la comida fina satisfacen su alma, y cuando sale a comprar ropa, le gusta tocar y sentir la tela.

Afirmación del año

Busco nuevas oportunidades y un cambio personal positivo.

Tauro: el año venidero

No le gusta el cambio, a menos que sea bajo sus condiciones. Eso es justo lo que le brindan las alineaciones planetarias de este año: la oportunidad de mantenerse seguro y al mismo tiempo ampliar sus horizontes. Esto es posible debido a una alineación inusual de Júpiter, Saturno y Urano, todos en signos que combinan fácilmente con el suyo. El otro suceso grande del año es Plutón, que empieza su tránsito de 17 años en Capricornio.

Dicho eso, también necesita ser consciente de un factor esencial asociado con estas alineaciones planetarias favorables. Todo es demasiado fácil para acomodarse y dejar que la vida fluya en un año como éste, así que necesitará hacerse cargo y tomar medidas para obtener lo mejor que el universo le está ofreciendo ahora. Sin embargo, habrá baches en el camino; nada es perfecto. Pero los buenos momentos pesarán más que los difíciles si pone a trabajar a su favor la energía planetaria.

El afortunado Júpiter visita cada signo una vez cada doce años, y en 2008 transita por Capricornio, un signo de tierra y su novena casa solar de viajes, educación, religión, asuntos legales y todas las cosas filosóficas. Aunque la contemplación no es su norma —es demasiado práctico y se basa en la realidad—, explorará mentalmente su filosofía de la vida, lo que usted vale, dónde ha estado y a dónde le gustaría dirigir su vida en el futuro. Estos pensamientos serán sutiles al comienzo —algo que rápidamente saca de su mente—. Tome nota de estas impresiones iniciales en enero y marzo y déjelas fortalecer mientras continúa con su vida. En el verano y a comienzos del otoño regresarán al primer plano, cuando no sólo hará preguntas, sino que buscará respuestas e información antes de tomar decisiones los últimos tres meses del año.

Este año podría aceptar que la educación adicional es esencial para avanzar en su profesión y lograr la seguridad económica que desea. Examine todas las opciones disponibles, incluyendo aprendizaje a distancia, un título universitario, una certificación especializada o instrucción laboral. Si cree que volver a estudiar es la respuesta, pero está confundido respecto a una nueva dirección, busque un consejero que lo guíe a las posibilidades más prometedoras que aprovecharán sus habilidades y talentos. Inicie en este otoño su nueva dirección y prepárese con tiempo para aferrarse a ella en los momentos difíciles iniciales.

Si ya ha logrado sus objetivos educativos, considere tomar una clase por diversión y para satisfacer su creciente curiosidad sobre la vida y el mundo que lo rodea. Aprenda algo nuevo —un idioma o hobby, o tome varias clases o seminarios cortos para mejorar capacidades laborales específicas—. Viajar por trabajo o placer también es probable que esté en su agenda. Si siempre ha querido hacer un viaje fabuloso en su vida, éste es el año para hacerlo. También podría disfrutar unas vacaciones de aprendizaje, tales como una o dos semanas en una escuela de cocina fina, o un viaje que se enfoque en sitios históricos.

Adicionando energía, incentivo e ímpetu a la influencia de Júpiter estará Plutón en Capricornio de enero 25 a junio 12, y luego de noviembre 26 en adelante. Plutón representa poder y cambio transformativo. En alineación favorable con su signo, puede fácilmente conectarse con la energía transformadora y aprovecharla para su propio uso. Su fortaleza es legendaria; con Plutón de su lado, hay poco que se atraviese entre usted y su objetivo. Tome fuerza de este planeta y no ceda.

Sin embargo, durante la última visita de Plutón en Sagitario, junio 13–noviembre 25, podría enfrentar obstáculos financieros relacionados con sus metas, o limitaciones de tiempo debido a sus hijos. Conserve la fe, siga el flujo de los sucesos y dé a las cosas la oportunidad de que funcionen. Las cosas están a su favor, a pesar de esta prueba planetaria del universo.

Júpiter en Capricornio forma una alineación con Saturno en Virgo, también un signo de tierra, tres veces en 2008: enero, septiembre y noviembre. Esto refuerza la influencia de Júpiter en Capricornio, el signo que rige Saturno, y activa su quinta casa solar de creatividad, hijos, romance y recreación. Todas o la mayoría de estas áreas de la vida estarán acentuadas este año, y especialmente debido al eclipse lunar de febrero 20 en Virgo. (Si nació entre el 20 y el 23 de abril, el eclipse se alinea directamente con su Sol, y necesitará planear con anticipación. Estará muy ocupado, y necesitará sus noches y fines de semana libres tanto como sea posible).

Si tiene un asunto legal pendiente, quizás un divorcio o el apoyo financiero y custodia de sus hijos, puede tomar hasta noviembre o diciembre que se resuelva el problema. La alineación Júpiter-Saturno favorece un resultado positivo, aunque tal vez no consiga todo lo que quiere. También debería escuchar a su abogado en lugar de contar con la suerte que Júpiter le podría traer. Hay veces que este planeta promete mucho más de lo que da. Lo mismo se aplica a amigos bien intencionados pero poco informados. También deberá estar preparado para gastos adicionales que involucran este asunto —aunque puede no suceder—, debido al tránsito final de Plutón en Sagitario. Una precaución similar es pertinente si está dependiendo de una beca o reembolso de matrícula; revise los detalles en lugar de aceptar la información de otra persona.

Si está esperando una adición familiar, bajo la alineación de Júpiter-Saturno, es posible que ocurra. La adopción también es favorecida. Podría descubrir que uno de sus hijos es dotado de algún modo o tiene un talento no reconocido anteriormente, además de sobresalir en lo académico o ganar una competencia. Es un año excelente para involucrarse en las actividades de sus hijos como instructor o apoyo.

Haga hincapié en liberar su creatividad, de algún modo, este año. Su canal ideal podría ser la música, el arte, la jardinería, la restauración de muebles o la decoración de la casa. Si aspira a ser autor de libros, podría no sólo cumplir su sueño de que le publiquen su trabajo, sino tener éxito más allá de lo que imagina.

Júpiter también se alinea con Urano tres veces este año —en marzo, mayo y noviembre—. Esta influencia favorable puede traer oportunidades inesperadas, y depende de usted aprovecharlas; de otra manera, es improbable que obtenga las posibles ganancias. Con Urano en Piscis —su undécima casa solar de amistad y actividades en grupo—, su conexión afortunada podría ser un amigo, un club u organización al que pertenece, o alguien que conoce en el lugar de estudio o mientras viaje. Ésta también es una de sus mejores alineaciones para realizar contactos, así que tal vez debe ingresar a un grupo profesional donde puede conocer gente de su mismo parecer. Por encima de todo, este año tendrá muchas oportunidades para ampliar su grupo de amistades, pues será uno de los pocos favorecidos en el círculo social.

Significado de los eclipses

Neptuno continúa su largo tránsito a través de Acuario, su décima casa solar de la profesión. Es un factor importante este año debido a dos eclipses en ese signo: febrero 6 y agosto 16. El primero, un eclipse solar, lo enfoca a usted y sus actividades profesionales, así que deberá aprovechar cada oportunidad de mostrar su capacidad y estar entre las personas con influencia, especialmente si nació entre el 4 y el 10 de mayo.

Pero incluso su mejor esfuerzo puede no dar resultado ahora porque el tiempo no es muy apropiado. De este modo, considere los esfuerzos de este año como colocar los cimientos para 2009. Esto es aun más cierto si nació entre el 11 y el 17 de mayo, porque el eclipse lunar de agosto activará a Neptuno y su Sol. Conserve la fe y concéntrese en sus sueños mientras se prepara para grandes cosas que vendrán.

Agosto 1 trae un eclipse solar en Leo, su cuarta casa solar del hogar y la familia. Ésta es una energía maravillosa si quiere remodelar o redecorar su casa, o encontrar un nuevo lugar que llame suyo. No se sorprenda si se sumerge en tal proyecto con toda su increíble resolución, especialmente si su cumpleaños es entre abril 27 y mayo 1, porque el eclipse contacta su Sol. El tiempo con seres queridos será más que una prioridad y aumentará la comunicación familiar. Incluso podría decidir investigar su árbol genealógico o visitar su hogar ancestral. En conjunto, 2008 lo enviará en muchas direcciones, y su mayor reto puede estar en escoger cuáles opciones y oportunidades debe tomar. Desafortunadamente, no puede hacerlo todo. Haga que éstas sean sus prioridades: aprenda muchas cosas, prácticas y esotéricas, o simplemente satisfaga su curiosidad y alimente sus impulsos creativos. También recuerde que lo que haga este año mejorará su profesión y posiblemente traerá un momento de fama en los siguientes años.

Si nació entre abril 20 y mayo 13, Saturno entrará en contacto con su Sol desde Virgo. Esta conexión favorable es una influencia estabilizadora que le da mayor resistencia y aumenta el potencial para recompensas merecidas por esfuerzos pasados y actuales. También es un plus para el pensamiento práctico, y las lecciones de la vida —y académicas— son aprendidas fácilmente.

Los mejores beneficios de Saturno son suyos si nació entre el 20 y el 29 de abril. Deberá sacar el mejor partido de enero hasta agosto, cuando Saturno contacta dos veces su Sol. Esto es muy importante debido a la alineación Júpiter-Saturno-Urano. Eventos significativos relacionados con esa alineación que se presenta entre enero y abril, o que son iniciados por usted durante el mismo tiempo, se desarrollarán de mayo a agosto. Sin embargo, si nació entre el 20 y el 23 de abril, puede esperar que las cosas se desarrollen rápidamente desde las últimas semanas de abril hasta las dos primeras semanas de mayo.

Si nació entre abril 30 y mayo 13, puede aprovechar la energía de Saturno los últimos cuatro meses del año. Si nació en los últimos días de este período, esté preparado para actuar rápidamente y aprovechar una oportunidad que se le presenta en noviembre o diciembre. Sin embargo, sea precavido con las finanzas, incluyendo inversiones y asuntos de dinero que involucran amigos o grupos, tales como un negocio con base en la casa.

Si nació entre el 4 y el 12 de mayo, el inspirador Urano, planeta de lo inesperado, entrará en contacto con su Sol desde el sensible y creativo Piscis, su undécima casa solar de amistad, grupos, esperanzas y deseos. Ante todo, esta conexión aumenta su adaptabilidad y abertura al cambio. Es como si el universo estuviera dándole la herramienta ideal para salir de su rutina para descubrir más del mundo que lo rodea, además de su potencial personal. También tendrá el beneficio de un sexto sentido activo que puede conducirlo al lugar correcto en el momento indicado para que aproveche las emocionantes oportunidades de crecimiento personal. Los amigos serán un factor clave en su viaje en 2008, al igual que los grupos. Considere no sólo ingresar, sino también involucrarse activamente en un club u organización profesional donde pueda conocer más personas y desarrollar nuevos contactos de trabajo. También es probable que sienta un sutil impulso de revisar algunos de sus objetivos en la vida concernientes a su dirección personal, profesión y relaciones. Esto puede ocurrir más en un nivel subconsciente, una especie de evolución que sólo realizará plenamente al final del año. Pero no se sorprenda si de repente se motiva a, por ejemplo, ponerse en forma e iniciar una transformación personal.

Si nació entre el 9 y el 14 de mayo, Neptuno entrará en contacto con su Sol desde Acuario, trayendo éxitos profesionales y retos mientras experimenta los dos lados de este nebuloso planeta que puede inspirar tan rápidamente como decepcionar. Conocido como el planeta de ilusión y confusión, Neptuno también es el planeta de la fe y la visión. Probablemente experimentará una creciente sensación de inquietud e insatisfacción con su vida profesional; pero ése es un paso necesario hacia el descubrimiento de un nuevo campo ideal para sus habilidades y talentos. Sin embargo, al mismo tiempo, puede ser un error seguir una nueva dirección. Lo que parece estupendo a primera vista, en realidad puede ser turbio. Use el año 2008 para explorar sus opciones de modo que esté listo para hacer un cambio el año siguiente. En otro nivel, debería ser un poco cauteloso en el trabajo este año. Documente todo y tenga cuidado con las personas en quienes confía. Alguien que parece ser un apoyo amigable, podría ser justo lo contrario. También tiene más encanto, creatividad e intuición de su lado, así que use los tres para conocer a las personas indicadas para progresar mientras escucha y lee entre líneas. Todo lo ayudará a estar un paso por delante de la competencia mientras examina posibles nuevas direcciones.

Si nació entre el 18 y el 22 de mayo, Plutón en Sagitario en su octava casa solar de dinero entrará en contacto con su Sol hasta enero 24, y de junio 13 a noviembre 25. Este sector financiero es asociado con recursos comunes, incluyendo el dinero de su pareja, préstamos e hipotecas, seguros y deudas. Los aspectos económicos requieren atención este año, y tal vez experimente todo, desde un aumento en los ingresos de la familia, hasta gastos inesperados. Sin embargo, más importante aun, y donde debería dirigir la energía del poderoso Plutón, es hacia el asunto que requiere atención. Si las deudas son un problema, sea proactivo y desarrolle un plan y un presupuesto para acelerar los pagos y reducir su deuda. Trate de negociar tasas de interés más bajas sobre el crédito del consumidor además de una hipoteca. Compare los costos de seguros. Examine sus ahorros a largo plazo, inversión y estrategias de retiro. Gastos adicionales podrían apretar su presupuesto en junio y julio, y podría tener un empuje económico este otoño.

Si nació entre el 20 y el 22 de abril, será de los primeros de su signo en experimentar la influencia poderosa de Plutón en Capricornio en alineación positiva con su Sol entre enero 25 y junio 12 y de noviembre 26 en adelante. Éste es un tránsito sutil pero potencialmente transformador de la vida, más en un nivel interno que en uno externo, orientado a sucesos. Quizás empezará a sentir una creciente fuerza interior, junto con una mayor resolución y confianza. Éste es un tiempo fantástico para cambios personales importantes, tales como dejar un mal hábito, renovar su dieta o iniciar un programa de ejercicio. Si éste es su deseo, determine una fecha para comenzar a mediados de abril.

Tauro/Enero

Puntos planetarios clave

Las finanzas podrían estar un poco ajustadas este mes, cuando Venus en Sagitario, su octava casa solar, choca con varios planetas. Afortunadamente, las cosas mejoran hacia el fin de mes, cuando Venus y Plutón pasan a Capricornio, y Marte reanuda el movimiento directo. Hasta entonces, esté preparado para gastos inesperados, posiblemente relacionados con su casa y sus hijos. También esté preparado para ser un poco más flexible en las dos semanas que siguen a la luna llena de enero 22 en Leo, cuando el trabajo y las exigencias domésticas competirán por su tiempo.

Sucesos planetarios sobresalientes

La luna nueva en Capricornio activa su novena casa solar. Con Júpiter en el mismo signo, es el tiempo apropiado para planear un viaje de invierno o primavera. O, si tiene tiempo suficiente, programe un fin de semana largo a fin de mes, que también es excelente para tomar un curso corto o matricularse en una institución educativa.

Relaciones personales

Una amistad o una relación romántica podría ser un poco inestable, pero el lugar de trabajo y los lazos familiares serán generalmente animados. La única nota de cautela es acerca de Mercurio, que se torna retrógrado en enero 28. Elija bien sus palabras porque son posibles los malentendidos y las confusiones. A mediados de mes podría oír de un antiguo amor o un amigo que no ha visto en mucho tiempo, y cualquiera podría traerle buena suerte.

Finanzas y éxito

Mercurio llega a Acuario, su décima casa solar de la profesión, en enero 7, seguido por el Sol en enero 20. El dúo hace de éste un mes maravilloso para mostrar sus talentos, pero asegúrese de que no lo tomen desprevenido o no preparado los últimos diez días de enero. También revise a fondo el trabajo, los hechos y detalles, porque será fácil pasar por alto errores e información defectuosa.

Días favorables 22, 7, 8, 9, 10, 11, 15, 16, 21, 24, 25, 29

Días desafiantes 5, 6, 12, 13, 18, 19, 20, 23, 26

Tauro/Febrero

Puntos planetarios clave

Una amistad o una relación amorosa podría ser un obstáculo otra vez este mes. Haga lo que es mejor para usted, incluso si eso significa tomar otro camino mientras la luna llena de febrero 20 en Virgo ilumina su quinta casa solar de romance y recreación. Con seguridad tendrá muchas oportunidades este mes para socializar, conocer personas y posiblemente iniciar un nuevo romance mientras el Sol continúa avanzando en Piscis.

Sucesos planetarios sobresalientes

Venus en Capricornio, su novena casa solar, es buena razón para salir de la ciudad de vacaciones o para un viaje rápido la primera semana de febrero. Si es imposible, arregle un viaje de primavera con amigos o con su pareja. El tiempo es ideal para un viaje de negocios, y para tomar un curso por diversión o para obtener un beneficio económico.

Relaciones personales

Alguien que conoce este mes podría ser su amuleto de la suerte. Podría no ser evidente de inmediato, porque las primeras impresiones pueden ser engañosas. Pero a mediados de febrero se dará cuenta de que un nuevo conocido es en realidad alguien especial que puede ayudar a acelerar sus ambiciones mundanas.

Finanzas y éxito

Febrero es uno de sus mejores meses del año en lo que se refiere a la profesión. Empieza con Mercurio y la luna nueva de febrero 6 en Acuario, y tiene un estímulo adicional de Venus, que entra al mismo signo en febrero 17. Un aumento o bonificación es una posibilidad clara, y podría conseguir un ascenso merecido o recibir una oferta de trabajo lucrativa. Pero no se preocupe si esto toma un poco más de tiempo que el esperado, pues Mercurio es retrógrado hasta febrero 18. Al menos tendrá elogios y reconocimiento, con la promesa de mucho más.

Días favorables 3, 4, 6, 7, 8, 17, 21, 23, 25

Días desafiantes 10, 12, 13, 14, 18, 22, 27, 28

Tauro/Marzo

Puntos planetarios clave

Deberá mermar la velocidad este mes. No tiene caso arriesgarse a un accidente mientras Marte en Cáncer, su tercera casa solar de comunicación y viajes rápidos, choca con otros planetas. Reprograme los viajes si puede. Las alineaciones planetarias también pueden generar conflicto y controversia con un familiar o pariente político.

Sucesos planetarios sobresalientes

Marte tiene que ver con diversión con amigos y socialización gracias a la luna nueva de marzo 7 en Piscis en su undécima casa solar. La energía lunar es especialmente favorable, así que deberá planear una reunión para ese fin de semana donde sin duda conocerá personas. Tome nota de los sucesos alrededor de la luna nueva porque lo que ocurre entonces completará su ciclo a fin de mes.

Relaciones personales

Podría sentir el impulso del amor a primera vista este mes. Pero tal vez tome unas semanas para que los dos se unan, así que no se preocupe si las cosas tienen un comienzo lento. También es posible que un amigo(a) de hace mucho tiempo exprese interés en un tipo diferente de relación. Si un amigo lo anima a ingresar a un club u organización, no diga no, diga quizás. A fin de mes estará totalmente dispuesto. Haga lo mismo si un grupo le pide que acepte un rol de liderazgo.

Finanzas y éxito

Continúa llamando la atención con Venus en Acuario, su décima casa solar de la profesión, hasta marzo 11, y Mercurio en el mismo signo hasta marzo 13. Sin embargo, el verdadero trabajo comienza con la luna llena de marzo 21 en Libra, su sexta casa solar. Así que esté preparado para actuar con rapidez cuando el ritmo aumente. Las finanzas le dan status quo, pero tenga más cuidado con las inversiones. No tome literalmente la recomendación de alguien. Haga su propia investigación.

Días favorables 2, 3, 5, 7 10, 11, 16, 20, 24, 25, 30

Días desafiantes 1, 6, 8, 12, 14, 19, 21, 26, 29

Tauro/Abril

Puntos planetarios clave

Los viajes son propensos a retrasos y cancelaciones, y en ocasiones es difícil obtener información correcta, porque varios planetas chocan con Júpiter y Plutón en Capricornio, su novena casa solar. También es probable que haya obstáculos si está involucrado en un asunto legal, pero hay una buena posibilidad para el éxito final. Si planea empezar a estudiar este verano o en el otoño, haga el examen de admisión durante las dos últimas semanas del mes, cuando las alineaciones planetarias son más favorables.

Sucesos planetarios sobresalientes

La vida es cada vez mejor a medida que avanza el mes, y el Sol, Mercurio y Venus llegan a su signo. Empiece a pensar en dónde le gustaría estar el otro año, de modo que esté listo para explorar nuevas direcciones el próximo mes cuando la luna nueva esté en su signo.

Relaciones personales

Las personas, especialmente las más cercanas a usted, tienen un lugar importante en su vida en las dos semanas que siguen la luna llena de abril 20 en Escorpión, su séptima casa solar. Querrá compartir más tiempo con seres queridos, y ellos apreciarán la atención cariñosa y el amor que les ofrece. Y aun mejor, cuando Venus llegue a su signo el último día del mes, estimulará sus poderes de atracción en mayo.

Finanzas y éxito

Aunque su vida profesional está llena de altibajos este mes, puede dar saltos significativos e impresionar a los que cuentan. Pero esté alerta. Alguien que parece ser un apoyo, podría no tener las mejores intenciones. Protéjase, esté atento, y no crea todo lo que escucha. Algunas personas exagerarán la verdad y otras tratarán deliberadamente de guiarlo por el mal camino.

Días favorables 3, 7, 11, 14, 15, 16, 18, 21, 25, 26, 30

Días desafiantes 2, 6, 10, 12, 19, 22, 23

Tauro/Mayo

Puntos planetarios clave

Tendrá algunos obstáculos financieros a comienzos y finales de mayo cuando Mercurio, y luego el Sol y Venus en Géminis, su segunda casa solar, chocan con Saturno. Mercurio complica la situación porque se torna retrógrado en mayo 26. Revise los estados de cuentas para ver si hay errores tan pronto como lleguen, pague las cuentas con anticipación y asegúrese de que los pagos hayan sido recibidos. También trate de aplazar compras importantes, especialmente aparatos de cocina y electrónicos.

Sucesos planetarios sobresalientes

¡Usted! Usted es el centro de atracción este mes, con toda la popularidad y confianza que viene con la luna nueva en su signo —mayo 5—. Haga de la diversión una prioridad, pero también escriba sus objetivos personales y profesionales, y ponga en marcha los planes para los siguientes 12 meses. Luego dé todo de sí con su notable determinación y sentido común.

Relaciones personales

Está en su semblante más encantador y carismático, gracias a Venus en su signo hasta mayo 23. Además de ser ideal para el amor, las personas buscan su atención y favores y se deleitan dándole casi todo lo que desea. Si puede tomar unos días libres para disfrutar de un fin de semana largo, planee una salida romántica con su pareja. O, viaje con amigos y esté alerta a miradas de admiradores.

Finanzas y éxito

La organización estimulará su probabilidad de éxito, al igual que clarificar las tareas antes de empezar. Investigue a fondo en lugar de confiar en la información de un colaborador. Alguien podría decirle algo equivocado, ya sea por error o intencionalmente, a mediados de mes cuando la luna llena en Escorpión, su séptima casa solar, choca con Neptuno en Acuario, su décima casa solar de la profesión.

Días favorables 1, 4, 5, 8, 9, 12, 18, 23, 24, 28, 31

Días desafiantes 2, 6, 10, 11, 17, 19, 21, 25, 27

Tauro/Junio

Puntos planetarios clave

Aunque junio será en su mayor parte un mes fácil, tendrá de nuevo algunos retos financieros, con Mercurio retrógrado en Géminis, su segunda casa solar, hasta junio 19, y el regreso de Plutón a Sagitario, su octava casa solar. Su presupuesto podría ser afectado en ocasiones, y probablemente tendrá gastos inesperados. Éste no es el mes para solicitar un préstamo o hipoteca, pero debería revisar su informe de crédito —y el de la familia— para asegurarse de que está libre de errores.

Sucesos planetarios sobresalientes

Marte avanza en Leo, su cuarta casa solar del hogar y la familia, todo el mes. Ésa es la razón que necesita para arreglar su casa, dentro y fuera, para el verano. O, arriésguese a realizar un proyecto de renovación de la vivienda por sí mismo. Comience con una habitación a la vez y use más la creatividad que el dinero. Quedará complacido con la gratificación inmediata por sus esfuerzos.

Relaciones personales

Tiene la ventaja con las palabras más adelante en este mes, cuando Venus y el Sol están en Cáncer, su tercera casa solar de comunicación. Comparta sus ideas prácticas e ingeniosas en reuniones y conversaciones casuales, y trate de programar una charla o cita importante entre el 20 y el 22 de junio. Es un tiempo ideal para conocer a alguien si está buscando un romance.

Finanzas y éxito

A pesar de los retos económicos de este mes, podría tener algo que celebrar. Un aumento o bonificación es posible, o podría obtener un nuevo beneficio de la empresa. Por lo menos, tendrá la oportunidad de mostrar sus habilidades y talentos a quienes toman las decisiones, lo cual puede traerle recompensas profesionales posteriormente este año.

Días favorables 5, 6, 9, 13, 14, 19, 20, 22, 28, 29

Días desafiantes 1, 4, 10, 15, 16, 18, 23, 25

Tauro/Julio

Puntos planetarios clave

Con tanta actividad y algunos contactos planetarios desafiantes, se distraerá con facilidad mientras conduce o en general en el diario vivir. Eso puede terminar en un accidente o una multa, que en ningún caso mejorarán su vida. Concentre su atención cuando otros estén hablando. Su mente tendrá la tendencia a divagar y podría pasar por alto información importante.

Sucesos planetarios sobresalientes

La luna nueva en Cáncer —julio 2— y la luna llena en Capricornio —julio 18— activan el eje de su tercera-novena casa solar. Eso sin duda incitará el deseo de nuevos horizontes mientras la energía lunar-solar activa su espíritu de aventura. Tome unas vacaciones si tiene tiempo libre, o vaya a un lugar cercano por un fin de semana largo. Si planea asistir a una fiesta de antiguos compañeros de estudios, podría obtener una bonificación: un nuevo interés amoroso.

Relaciones personales

Marte entra a Virgo, su quinta casa solar de recreación y romance, en julio 1°. Ésa es una ventaja importante para su vida social e incrementará las oportunidades para conocer personas. La pasión se presenta para las parejas, y el planeta rojo despierta un romance de verano para algunos solteros. Quizás querrá pasar más tiempo con sus hijos, y podría disfrutar el involucrarse más en sus deportes y otras actividades.

Finanzas y éxito

El panorama financiero empieza a mejorar a mediados de mes, mientras Mercurio termina su tiempo en Géminis, su segunda casa solar de recursos personales. Antes de eso, resuelva las dificultades pendientes de modo que pueda encarrilar de nuevo su presupuesto. Su vida laboral es status quo, aunque el tiempo en casa le atrae mucho más con tres planetas pasando a Leo, su cuarta casa solar.

Días favorables 2°, 3, 6, 7, 11, 12, 16, 17, 22, 26, 30

Días desafiantes 8, 9, 10, 21, 23, 24, 27, 28, 29

Tauro/Agosto

Puntos planetarios clave

Un conflicto en una relación amorosa o con amistades podría volver a surgir cuando Mercurio y Venus en Virgo, su quinta casa solar, choquen con Saturno y Urano. Dinero y valores probablemente serán de nuevo el problema. También podría experimentar dificultades si pertenece a un club u organización. Aunque duda mucho en dejar las cosas a un lado, podría ser éste el momento para hacerlo —si no lo hace en este mes, entonces en el siguiente—.

Sucesos planetarios sobresalientes

El hogar será su lugar preferido este mes, que comienza con la luna nueva de agosto 1° en Leo. Disfrute noches y fines de semana de ocio, o póngase manos a la obra y empiece o complete un proyecto de renovación en la casa. Es un buen mes para invitar amigos; hágalo en el primer o segundo fin de semana, o haga una gran cena para unos pocos.

Relaciones personales

Aunque algunas de sus relaciones serán inestables, otras le encantarán. Entre las mejores están las que tiene con compañeros de trabajo más adelante en el mes, cuando Venus, Mercurio y Marte están en Libra, su sexta casa solar. Ahora es tiempo de construir buenos lazos laborales, porque estas personas serán de gran ayuda el mes siguiente o el año entrante.

Finanzas y éxito

Tiene la oportunidad de sobresalir en las dos semanas que siguen la luna llena de agosto 16 en Acuario, su décima casa solar de la profesión y el estatus. Canalice su energía para salir adelante, pero tenga presente de que será un reto equilibrar las responsabilidades domésticas y laborales. Sea especialmente cauteloso con las decisiones de inversión y ahorros este mes, que podrían traer malos resultados. También es posible que tenga gastos adicionales relacionados con sus hijos.

Días favorables 3, 7, 8, 12, 13, 14, 21, 22, 28, 30, 31

Días desafiantes 4, 9, 10, 11, 17, 19, 25, 27, 29

Tauro/Septiembre

Puntos planetarios clave

Espere algunos asuntos relacionados con sucesos del mes pasado que involucran a sus hijos, un amigo o una relación amorosa. También siga siendo prudente con las inversiones las primeras tres semanas del mes cuando el Sol en Virgo choca con varios planetas. Evite el riesgo económico y personal.

Sucesos planetarios sobresalientes

Observe a Venus brillando intensamente en el cielo cuando entra a Capricornio, su séptima casa solar de relaciones, en septiembre 23. Esta influencia es ideal para el romance y la unión, y también encontrará a las personas muy receptivas a sus peticiones. Intercambie favores y brinde su apoyo y estímulo, y reserve todas las horas posibles en las noches y fines de semana para compartir el amor con su gente preferida.

Relaciones personales

Dé la bienvenida a nuevas personas a su vida mientras la luna llena de septiembre 15 en Piscis ilumina su undécima casa solar de la amistad. Entre ellas podría estar un alma gemela en un amigo o amante; alguien con quien simpatiza de inmediato. El momento es apropiado si está considerando unirse a un grupo con objetivos similares en un esfuerzo voluntario para beneficiar una buena causa en su comunidad; como proteger animales desamparados o el medio ambiente.

Finanzas y éxito

Estará en su actitud más trabajadora mientras Mercurio, Venus, el Sol y Marte en Libra, su sexta casa solar, aumentan el ritmo en el trabajo. Vale la pena el esfuerzo y, aun mejor, disfrutará el reto. Complete a fin de mes lo que inicie en las primeras dos semanas. Una advertencia es pertinente: no se responsabilice por más de lo que puede responder en el tiempo prometido y con lo mejor de su capacidad. Revise todos los detalles porque Mercurio se torna retrógrado en septiembre 24.

Días favorables 1, 3, 4, 10, 13, 14, 18, 26, 27

Días desafiantes 7, 8, 9, 15, 20, 23, 25, 28

Tauro/Octubre

Puntos planetarios clave

Merme un poco el ritmo, si puede. Eso podría ser una orden exagerada en este mes ocupado, pero es para su mejor beneficio, como lo sugiere la luna llena en Aries —octubre 14—, su duodécima casa solar de autorenovación. Duerma lo suficiente, coma sanamente y planee con anticipación para que tenga tiempo de descanso y relajación todos los días. Incluso sólo 30 minutos lo ayudarán. Piense en la alternativa: un resfriado o gripe lo mermarán aún más.

Sucesos planetarios sobresalientes

Octubre le trae oportunidades casi ilimitadas para aprender y aumentar su conocimiento. Gran parte de esto se centrará alrededor de otras personas. Tendrá nuevos discernimientos sobre la naturaleza humana y acumulará mucha información útil. Pero no se detenga ahí. Haga lo mismo por otros y ayude al prójimo a permanecer en el camino del éxito. Sus acciones le darán una muy buena imagen.

Relaciones personales

La vida gira alrededor de las relaciones este mes, incluso en su vida laboral, donde conocer a las personas indicadas puede ayudarlo en sus propósitos. A nivel personal, octubre puede ser el mejor mes del año para el amor, romance y unión. Todo es gracias al Sol, Venus y Marte avanzando a través de Escorpión, su séptima casa solar, donde también encontrará la luna nueva de octubre 28. Ame a la persona con quien está —con gran cariño y ternura—, o busque a alguien nuevo. El compromiso está en el pronóstico para algunos, y la familia y los amigos íntimos estimulan su corazón.

Finanzas y éxito

También tendrá mucho que celebrar en el trabajo, cuando los proyectos se terminan con facilidad después de que Mercurio se torna directo en octubre 15. Puede destacarse mucho este mes, cuando otros esperan su liderazgo. Podría incluso beneficiarse económicamente después de que Venus entre a Sagitario en octubre 18.

Días favorables 1, 2, 6, 11, 12, 16, 20, 24, 28, 30

Días desafiantes 4, 5, 7, 8, 13, 15, 18, 22, 25

Tauro/Noviembre

Puntos planetarios clave

Podría ver otro lado de alguien en el trabajo, su jefe o un colaborador, que es diferente de lo que consideraba cierto. Aunque decepcionante, también es un caso de "vive y aprende". Sea prudente este mes con lo que le dice a ciertas personas. Alguien podría tratar de llevarlo por mal camino, quitarle el mérito o incluso minar sus esfuerzos. Ponga su fe en hechos, no en promesas.

Sucesos planetarios sobresalientes

Alineaciones planetarias en Capricornio, su novena casa solar, lo motivan a ir en búsqueda de nuevo horizonte. Eso es una ventaja si planea viajar este mes, o si está listo para hacer reservaciones para un viaje de invierno. Si es estudiante —o lo es su hijo— en busca de fondos o una admisión a la universidad, podría tener mucho que celebrar.

Relaciones personales

Las relaciones personales continúan deleitándolo mientras el Sol completa su recorrido en Escorpión —noviembre 1°–20— y Mercurio avanza a través del mismo signo del 4 al 22 de noviembre. La comunicación fortalece vínculos, y compartirá las mismas ideas con su pareja, amigos cercanos y seres queridos. Hábleles de sus pensamientos y sentimientos, y hágales saber lo mucho que significan para usted.

Finanzas y éxito

La luna nueva de noviembre 27 en Sagitario acentúa su octava casa solar de recursos comunes, como lo hace Marte, Mercurio, Venus y Plutón en el mismo signo en diferentes tiempos. Las finanzas serán combinadas, con la posibilidad de gastos inesperados, además de ganancias para usted o su pareja mientras Plutón completa las últimas semanas de su largo viaje a través de Sagitario.

Días favorables 2, 3, 7, 9, 11, 16, 20, 21, 24, 25, 30

Días desafiantes 4, 6, 12, 13, 14, 15, 19, 22, 28

Tauro/Diciembre

Puntos planetarios clave

La tendencia financiera del mes pasado continúa mientras el Sol, Mercurio y Marte chocan con varios planetas. Ahorre, gaste e invierta prudentemente, y no se sienta obligado a regalar todas las cosas que la gente espera en su lista de regalos. También podría tener suerte y recibir o beneficiarse de una herencia inesperada, aunque tal vez tenga algunas condiciones. Un asunto legal o de seguros pendiente podría llegar a su fin.

Sucesos planetarios sobresalientes

Con Venus, Mercurio, Marte y el Sol uniéndose a Júpiter y Plutón en Capricornio en diferentes períodos este mes, sus pensamientos se inclinarán de nuevo a viajes y nuevos horizontes. Eso puede o no ser una buena idea porque retrasos y cancelaciones son posibles. Puede usar toda esta energía planetaria para hacer un viaje mental de aprendizaje por medio de la Internet o tomar un curso por diversión o beneficio económico.

Relaciones personales

Podría reencender una amistad este mes, posiblemente con alguien que vive muy lejos. Si es soltero, tal vez sea el inicio de un nuevo romance, pero no se precipite a nada. También tendrá la oportunidad de socializar con amigos y compañeros de trabajo, lo cual trae más posibilidades de conocer a una posible pareja y ampliar su círculo de amistades. Es probable que reciba un obsequio sencillo pero conmovedor de alguien cercano a usted en esta estación festiva.

Finanzas y éxito

Su estrella profesional se eleva cuando Venus entra a Acuario, su décima casa solar, en diciembre 7. En combinación con la luna llena de diciembre 12 en Géminis, su segunda casa solar de recursos personales, podría generar una bonificación modesta de fin de año, con algún indicio de poder recibir más el año siguiente. Sueñe en grande y ponga en marcha los planes antes de que llegue el 2009.

Días favorables 1, 3, 4, 9, 14, 17, 21, 22, 27, 28, 31

Días desafiantes 5, 6, 12, 13, 15, 18, 19, 23

Tabla de Acciones de Tauro

Estas fechas reflejan los mejores —pero no los únicos— días para el éxito en dichas actividades, según su signo solar.

	ENE	FEB	MAR	ABR	MAY	JUN	JUL	AGO	SEP	OCT	NOV	DIC
Mudanza							28, 29	1, 2		21, 22		
Iniciar un curso			15, 16				2, 3, 11, 12	26, 27			16, 17	
Ingresar a un club			6, 7, 15, 1	3, 4, 30	1						7, 8	
Pedir un aumento				9, 10			28			17		
Buscar trabajo		23			15, 16	11, 12		5, 6	1, 2, 11, 12			
Buscar ayuda profesional			24				11, 12				20	
Buscar un préstamo				24			13		6	31		
Ver un doctor		23			15, 16			5		27		
Iniciar una dieta	1, 27, 28	23, 24	22, 23							26. 27		
Terminar una relación		26	24	20, 21							25	22
Comprar ropa				16, 17	14			12, 30			20, 21	
Cambio de estilo, imagen	17				4, 5	28		21, 22			13	
Nuevo romance			19		13, 14		6, 7	30				
Vacaciones	2-7	3-5		25-27				12-14			30	22-31

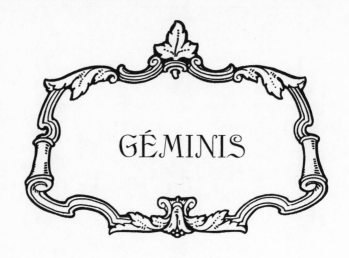

Los Gemelos
Mayo 20 a Junio 21

♊

Elemento:	Aire
Cualidad:	Mutable
Polaridad:	Yang/Masculino
Planeta regidor:	Mercurio
Meditación:	Exploro mi mundo interior
Piedra preciosa:	Turmalina
Piedra de poder:	Ametrina, citrina, esmeralda, espectrolite, ágata
Frase clave:	Yo pienso
Símbolo:	Columnas de la dualidad, los gemelos
Anatomía:	Manos, brazos, hombros, pulmones, nervios
Color:	Colores brillantes, naranja, amarillo, magenta
Animal:	Monos, pájaros parlantes, insectos voladores
Mitos/Leyendas:	Peter Pan, Castor y Pollux
Casa:	Tercera
Signo opuesto:	Sagitario
Flor:	Lila del valle
Palabra clave:	Versatilidad

Fortalezas y retos

Es sociable y encantador, y su sentido del humor acentúa su personalidad extrovertida. Con Mercurio como su planeta regidor, la curiosidad es un pilar en su vida, y casi todo despierta su interés, incluso por un momento. Es motivado por la necesidad de conocer y, desde su perspectiva, no hay tal cosa como demasiada información —algunos geminianos son notorios chismosos—.

Activo y recursivo, tiene el don de estar en todas partes y hacer todo al mismo tiempo, pero también puede tratar de hacer demasiadas cosas a la vez —multifacético—. Esta característica es una fortaleza porque sabe un poco de mucho, pero también es un reto porque es difícil concentrar su energía e intereses.

En ocasiones es inquieto e impaciente cuando los eventos pasan lentamente o se encuentra con personas que no tienen su mente rápida. Sin embargo, es tolerante, polifacético, razonable y se adapta a las situaciones. Todo depende del humor del día. En su mundo no hay dos días exactamente iguales, y no quiere que los haya. Eso sería aburrimiento puro, lo cual es algo que hace lo posible por evitar. Muchos nativos de Géminis llevan un libro dondequiera que van para leer cuando esperan en los semáforos o mientras están en una fila.

Relaciones personales

Disfruta un intercambio animado de ideas, visitar lugares interesantes, y a las personas, especialmente quienes comparten su interés en nuevas experiencias. Pero tenga presente escuchar más que hablar, aunque tenga mucho qué decir y su mente salte al siguiente tema antes de haber terminado el primero. Las personas lo apreciarán por eso.

Es ingenioso y coqueto, con muchos admiradores para escoger, pero sólo le interesa relacionarse con personas que valoren la libertad e independencia tanto como usted. La conexión intelectual es casi igual de importante, aunque puede conversar casualmente para evitar hablar de sus sentimientos más profundos. Eso podría funcionar cuando apenas está explorando el romance, pero una relación duradera requiere más.

En el amor, se deleita con la unión tanto como entiende que una vida en común es más fuerte cuando las dos personas desarrollan sus propios intereses y profesiones. Podría encontrarlo en Sagitario, su signo opuesto de espíritu libre, y tiene mucho en común con Libra y Acuario, u otro Géminis. Leo y Aires pueden mantener el ritmo con su estilo de vida activo, pero podría chocar con Virgo o Piscis.

Su casa es increíblemente ordenada o un total revoltijo, aunque un revoltijo organizado. Las relaciones familiares siguen un patrón similar. Son formales y distantes o en cierta medida abiertas a todos, con personas yendo y viniendo y mucho énfasis en la comunicación y actividades intelectuales. Puede haber crecido en un ambiente muy crítico que daba un alto valor al perfeccionismo; en tal caso, sea consciente de que podría hacer lo mismo con sus hijos.

Tiene muchos conocidos, personas que parecen desaparecer tan rápido como aparecen. Sin embargo, cada uno llega por una razón, así sea sólo para reanimar su vida y ayudarle a fijar y realizar nuevas metas. La inspiración funciona en ambos sentidos, pues hace lo mismo por otros, y a menudo más de lo que hacen por usted.

Profesión y dinero

El éxito profesional y la felicidad están directamente ligados a la oportunidad de usar su creatividad en cualquier forma. Necesita la libertad de explorar nuevos conceptos e ideas, y se desempeña mejor en un ambiente de estructura libre que brinde un marco para sus talentos. El idealismo puede ser su mayor reto profesional, junto con la tendencia al optimismo o ultranza. Esto puede dejarlo vulnerable a maniobras de poder, especialmente si está tan sumergido en su trabajo que no ve lo que ocurre a su alrededor. Aprenda a estar atento y a protegerse.

En cuanto al dinero, puede escoger "tener" o "no tener". Todo depende de su mentalidad y sus prioridades. Si piensa a corto plazo y se permite hacer gastos suntuarios basados en las emociones, eso será reflejado en los ingresos y el patrimonio neto de la vida. Si vive dentro de un presupuesto y piensa a largo plazo en ahorros e inversiones, es probable que sea recompensado con una vida y retiro cómodos.

Su lado más brillante

Su mente opera en un horario de siete días a la semana, maquinando ideas y considerando posibilidades, una tras otra. Esta agilidad mental es una de sus mayores fortalezas, especialmente cuando canaliza la energía en planificación, resolución de problemas y toma de decisiones. Tenga como costumbre tomar apuntes cuando se le ocurra una idea.

Afirmación del año

Manejo mis recursos con éxito.

Géminis: el año venidero

Cruce los dedos, piense positivo y busque el brillo dorado y verde del dinero. Con el afortunado Júpiter en Capricornio, su octava casa solar de dinero, podría irle muy bien este año. Éste será un período lleno de emoción en su vida profesional y doméstica, pues Júpiter forma una alineación favorable con Saturno y Urano, y Plutón entra a Capricornio. Sin duda, se le presentarán muchos cambios y oportunidades.

Júpiter, que visita cada signo una vez cada doce años, tiene la reputación de expandir lo que toca. Para usted, este año, eso significa su cuenta bancaria. Y, debido a la conexión de Júpiter con Saturno y Urano, las fuentes más probables son ingresos, un obsequio o herencia familiar, o bienes inmuebles.

Pero primero, necesita examinar su estado financiero. La octava casa gobierna recursos comunes —el dinero que comparte o adquiere de otros, incluyendo el de su pareja, deudas de consumidor, seguros, préstamos, hipotecas y herencias—. ¿Cómo está su balance? ¿Está la deuda en proporción con los ingresos, o hace pagos mínimos en tarjetas de crédito de interés alto? ¿Tiene un presupuesto y se limita a él? ¿Ha buscado y comparado diferentes tarifas de seguros? Si alguna de estas áreas necesita atención, es el momento de hacerlo. Con el potencial económico de este año, y si le da prioridad, podría tener fondos adicionales para reducir la deuda, en lugar de gastar el dinero que gana.

También piense a largo plazo. Haga un análisis financiero similar para ahorros, inversiones y cuentas de retiro. Si necesitan atención, establezca estos fondos, contribuya regularmente a ellos y vea cómo se multiplica su dinero. Una vez se habitúe, encontrará fácil hacerlo, y también tendrá una holgura para tiempos menos productivos.

Poner sus finanzas en orden es aún más importante cuando Plutón inicie su tránsito de 17 años en Capricornio en enero 25. Pasa a Sagitario en junio 13, y regresa a Capricornio en noviembre 26. Con este poderoso planeta influyendo en sus finanzas durante muchos años venideros, puede acumular considerables recursos en los años siguientes, o completar el tránsito de Plutón con poco que mostrar por sus esfuerzos. Rara vez hay un punto intermedio con Plutón, que es conocido por el cambio arrollador e irreversible. Sea prudente y escoja el camino de la riqueza.

En el período final de Plutón en Sagitario —junio 13 - noviembre 25—, deberá resolver dificultades pendientes en sus relaciones personales ocurridas recientemente, o, si es importante para usted, dificultades que han ocurrido desde 1995, cuando Plutón entró en este signo. Esto es debido a que cualquier planeta en los últimos grados de un signo, especialmente uno de movimiento lento, como Plutón, casi exige que se completen los asuntos relacionados con esa área específica. Es en cierta medida un derecho final de paso que abre un portal al siguiente signo. Aunque esto puede manifestarse como un evento, su mayor influencia es interna. Así que piense en lo que ha aprendido de las relaciones en los últimos trece años y cómo han influenciado su vida las personas que ha encontrado. Luego haga lo inverso y considere lo que ha hecho por otros. Retrospectivamente, podría sorprenderse de cuánto los ha ayudado a aumentar su poder personal.

Por sí solo, Urano en Piscis, su décima casa solar de profesión y estatus, podría desencadenar un cambio en la profesión o trabajo. La ventaja aumenta —y muy a su favor— debido a la alineación de Júpiter con Urano. Éste es un dúo maravilloso de oportunidad que puede tenerlo en el lugar correcto en el momento indicado para alcanzar un nuevo puesto lucrativo que también mejora su reputación. Júpiter se alineará con Urano en marzo, mayo y noviembre, y aunque cada uno da progresos, podría llegar el fin de año antes de terminar exactamente donde quiere estar. Sin embargo, mantenga los ojos, oídos y opciones abiertos durante todo el año y aproveche cada oportunidad de avanzar en sus propósitos. Conocer las personas indicadas podría ser la clave mágica. No obstante, hay una advertencia. El eclipse lunar de febrero 20 en Virgo podría incitarlo a dejar su trabajo tradicional para dedicarse a una empresa casera. Piense bien y asesórese de expertos antes de considerar seriamente esta opción. Aunque la idea puede tentarlo, también podría dejarlo más pobre pero más sabio.

Saturno continúa en Virgo, el signo al que entró a finales del año pasado. Tal vez ya ha experimentado algo de su énfasis en su cuarta casa solar del hogar y la familia, lo cual podrían ser sus mayores responsabilidades por un padre, madre o pariente anciano, mudanza, remodelación de la casa o la partida de un hijo adulto. Todo es posible en los años siguientes, junto con un aprecio e interés más profundo por sus raíces ancestrales. También disfrutará más tiempo con la familia y en casa, y recibir amigos ahí, mucho más que estar afuera en el escenario social.

Saturno en su cuarta casa solar es un punto de transición importante y simbólico en su viaje de 28 años a través del zodiaco. Aquí, Saturno representa el comienzo de nuevas actividades que culminarán en catorce años, cuando llegue a Piscis, su décima casa solar, ahora ocupada por Urano. Esto es aun más significativo porque en noviembre Júpiter se alineará con Saturno y Urano mientras estos dos planetas también unan sus energías —tres planetas, cada uno alineado con los otros dos—. Las decisiones domésticas y profesionales que haga este año, desarrollarán su máximo potencial cuando Saturno complete el ascenso a su décima casa solar.

En conjunto, la alineación de los tres planetas podría traerle una fabulosa oportunidad profesional al final del año, una cuenta bancaria más grande y una casa nueva o mejorada. Pero no ponga toda su fe en el potencial de ingresos de Júpiter si necesita un préstamo o hipoteca. Tome prestado menos porque Júpiter se pondrá en camino después de este año y usted no querrá quedar cargado con pagos altos o tasas de interés crecientes mientras las finanzas se estabilizan y regresan a la normalidad. Este año podría obtener una gran ganancia si está vendiendo propiedades raíces, o beneficiarse de una herencia familiar que tal vez es inesperada, o mucho más de lo que creía que recibiría.

Significado de los eclipses

Aunque no es parte de la principal alineación planetaria de este año, Neptuno también tiene un papel importante. En Acuario, su novena casa solar de educación y viajes, este planeta místico lo anima a ampliar sus horizontes. Ya sea cerca o alrededor del mundo, sentirá el deseo de experimentar nuevos lugares y espacios, y posiblemente otras culturas. Adicionando un nivel más de motivación están los otros tres eclipses del año, dos en Acuario y uno en Leo, su tercera casa solar de viajes rápidos, aprendizaje y comunicación.

Neptuno, el eclipse solar de febrero 6 en Acuario, y el eclipse lunar de agosto 16 en el mismo signo, activan el incentivo para que explore su creatividad. Considere hurgar en la fotografía y las habilidades en el computador que se requieren, o haga del ejercicio una diversión aprendiendo bailes de salón. Si está interesado en aprender artes manuales u otro hobby, o tal vez otro idioma, empiece alrededor del eclipse solar de agosto 1° en Leo, que también lo estimula a programar salidas de fin de semana si es poco realista un viaje prolongado. Sus mejores meses de viajes y vacaciones son enero, comienzos de febrero, septiembre y finales de octubre y diciembre.

Neptuno también estimula su lado espiritual, animándolo a explorar los matices de la vida y su conexión con el universo. Podría hacerlo a través de un camino religioso tradicional o uno más esotérico como el yoga, estudiar metafísica, y descubrir sus motivaciones y deseos internos mediante libros o cursos de autoayuda.

Si nació entre el 22 y el 30 de mayo, Saturno entrará en contacto con su Sol desde Virgo, su cuarta casa solar del hogar y la familia, hasta comienzos de agosto. En general, su nivel de energía se sentirá más bajo que lo usual. En ocasiones estará haciendo muchas cosas a la vez, probablemente con más responsabilidades familiares y domésticas. Por ejemplo, si es padre o madre por primera vez, descubrirá cuánto se requiere para criar un hijo; si es un abuelo(a), podrían acudir a usted para que cuide el niño en ciertas horas. Es probable que se encuentre en una situación similar con uno de sus padres o parientes mayores y necesite manejar estos contratiempos.

Su casa también requerirá atención —reparaciones, remodelación, redecoración—. Si usted mismo desea realizar un proyecto extenso, esté preparado para tomar su tiempo y asegúrese de tener el conocimiento y las habilidades para completarlo. No es el momento para improvisar. Relaciones tensas con un compañero de vivienda son posibles, y si busca otra persona para compartir su casa, establezca reglas desde el comienzo en lugar de asumir que estarán en armonía. Si piensa comprar una casa, hágalo con la condición de una inspección profesional y, si el copropietario es alguien diferente a un cónyuge o pariente, sea prudente y protéjase con un acuerdo apoyado legalmente que especifique la responsabilidad financiera y los términos futuros de venta, si deciden tomar diferentes caminos.

Dependiendo de su fecha de nacimiento específica, experimentará estos sucesos en un mayor o menor grado. Si nació entre el 22 y el 25 de mayo, la energía estará concentrada en abril y mayo cuando Saturno activa la influencia del eclipse de febrero 20. Si nació entre el 26 y el 30 de mayo, Saturno entrará en contacto con su Sol por un período más largo, aunque no con la misma intensidad. Lo que ocurre de enero a marzo, se desarrollará y será resuelto entre junio y comienzos de agosto.

Si nació entre mayo 31 y junio 14, Saturno entrará en contacto con su Sol entre agosto y diciembre. Aunque también experimentará eventos relacionados con Saturno, serán a corto plazo —varias semanas— y más rápidos y fáciles de manejar —al menos este año—. En 2009, Saturno contactará de nuevo su Sol si nació entre el 3 y el 14 de junio, así que tenga esto presente y tome las medidas del caso.

Si nació entre el 4 y el 13 de junio, está listo para tomar lo mejor de la alineación Júpiter-Urano, y la oportunidad para progreso profesional complementado con dinero. Sin embargo, tenga cuidado porque el deseo de cambio podría incitarlo a actuar prematuramente, a inclinarse por la primera opción. Aunque eso podría ser lo ideal, sería más prudente esperar y ver qué más se le presenta este año. De cualquier forma, es un riesgo, el cual posiblemente terminará a su favor. Puede esperar acción en este frente casi todos los meses de este año, especialmente marzo, julio y diciembre. También es posible que se sienta presionado a hacer un cambio debido a las dificultades con un supervisor o colaborador. Trate de estar alerta con lo que está sucediendo con su empleador y en su campo profesional. Urano es conocido por lo inesperado y podría desencadenar un ascenso repentino además de un despido. Actúe rápidamente si se encuentra sin trabajo. Ponga a circular su curriculum vitáe, haga contactos y considere cada posibilidad. Urano, y su alineación favorable con Júpiter, pueden tenerlo de regreso viajando de la casa a su trabajo soñado.

Si nació entre el 9 y el 26 de junio, la alineación de Neptuno con su Sol lo invita a experimentar toda la inspiración y visión de este planeta encantador. Usted brilla con un carisma adicional este año, lo cual puede ayudarlo a proyectarse a sí mismo y a sus ideas, además de usar el poder de visualización para atraer exactamente lo que desea. Junto con esto viene un sexto sentido activo que puede darle la ventaja. Escuche los presentimientos. Trate de aquietar su mente durante quince minutos al día para liberar su subconsciente y los mensajes que tiene. Si le cuesta trabajo sentarse con quietud, medite caminando o escuche música suave. En un nivel más profundo, puede entrar en contacto con su ser espiritual y descubrir que la fe en sí mismo es todo lo que lo separa de lograr sus objetivos personales y profesionales.

Si nació entre el 17 y el 21 de junio, Plutón en Sagitario, su signo de asociación, se conectará con su Sol del 1° al 24 de enero, y de junio 13 a noviembre 25. Este evento, que se presenta una vez en la vida, señala un año importante y memorable de transformación personal. Este cambio profundo puede tomar muchas formas, internas y externas. Podría terminar una relación que ya no es viable o enfocar esta energía intensa en sí mismo con una transformación completa —dieta, ejercicio y cambios cosméticos—. Su motivación es el deseo de recuperar su poder y fuerza personal —de recuperar su lugar en el mundo—. Aunque los sucesos del mundo exterior ciertamente contribuirán, ganará más del proceso interior. Sin embargo, necesita evaluar su vida con regularidad, o pedirle a alguien cercano que lo haga por usted, porque podría cruzar la línea de la resolución y convertirla en obsesión, y de un cambio positivo y edificante a una conducta potencialmente destructiva, tal como desarrollar un desorden alimenticio. Tome las cosas con calma, y coseche todos los beneficios que pueden ser suyos cuando el equilibrio prevalezca.

Si nació entre el 22 y el 24 de mayo, Plutón en Capricornio entrará en contacto con su Sol de enero 25 a junio 12, y de noviembre 26 en adelante, mientras esto lo reta a hacerse cargo de sus finanzas. La tardanza es su enemigo en estos momentos, y podría ser difícil que se presione a hacer lo que es necesario. Hágalo de todos modos, y con la ayuda de un experto o su pareja, si así lo requiere. Las medidas que tome ahora, los gastos, ahorros y pautas de inversión que ponga en marcha, darán resultado, de una forma u otra, en diecisiete años, cuando Plutón pase a Acuario. Inicie el proceso fijando metas a largo plazo —específicamente, ¿cómo quiere que sea su balance en 2025?—. Incluso si esto parece tan lejano como para estar en la siguiente dimensión, el tiempo se nos pasa rápidamente, y usted no quiere llegar al destino de Plutón y luego desear haber realizado prácticas sólidas de manejo del dinero cuando tuvo la oportunidad.

Géminis/Enero

Puntos planetarios clave

Las relaciones cercanas serán estresantes en ocasiones cuando Venus en Sagitario, su séptima casa solar, choca con varios planetas. Aunque gran parte de la tensión involucra la familia y la pareja, también es posible la controversia en el lugar de trabajo y quizás el origen de las dificultades con seres queridos. Escuche, aprenda, ceda y trate de dejar atrás el trabajo al final del día.

Sucesos planetarios sobresalientes

Marque el 30 de enero en su calendario. Ésa es una fecha para celebrar porque Marte reanudará el movimiento directo en su signo. Los planes y proyectos aplazados —aún desde noviembre pasado— finalmente empiezan a tomar forma, pronto se sentirá menos frustrado y verá su vida una vez más avanzando.

Relaciones personales

La luna llena de enero 22 en Leo acentuará su tercera casa solar de comunicación, viajes rápidos y el vecindario. Relaciónese más con los vecinos en las siguientes dos semanas, y también hable de los problemas en las relaciones que ocurrieron antes de enero. Tenga presente que Mercurio, su planeta regente, se torna retrógrado en enero 28, así que al hablar, escoja bien sus palabras. Confirme fechas, horas, lugares y citas. Lleve su auto a un mantenimiento de rutina —incluyendo la batería— antes de que Mercurio invierta la dirección.

Finanzas y éxito

Enero tiene la capacidad de ser uno de los mejores meses financieros del año. Usted o su pareja podrían tener un aumento o bonificación a fin de mes mientras Venus se une a Júpiter en Capricornio y se alinea favorablemente con Saturno. También es favorable si quiere un préstamo o hipoteca, o planea alquilar o comprar una casa. Trate de aplazar la firma del contrato hasta finales de febrero, cuando Mercurio se torna directo.

Días favorables 2, 4, 8, 9, 10, 11, 15, 21, 24, 28, 29

Días desafiantes 5, 6, 12, 13, 18, 19, 26

Géminis/Febrero

Puntos planetarios clave

Febrero es un mes fácil en la mayoría de sus aspectos. Pero la oposición del Sol en Piscis y Saturno en Virgo, que abarca el eje de su décima-cuarta casa solar, y la luna llena de febrero 20 en Virgo, harán difícil equilibrar las responsabilidades profesionales y domésticas. Busque el apoyo de compañeros de trabajo y la familia, en lugar de tratar de hacer todo por sí mismo. Con su ayuda puede superar el obstáculo con éxito.

Sucesos planetarios sobresalientes

La luna nueva de febrero 6 en Acuario, su novena casa solar, despertará su curiosidad y su espíritu de aventura. Con Mercurio, su planeta regente, en el mismo signo todo el mes, febrero es ideal para un viaje de invierno a un clima cálido. Sólo trate de no viajar alrededor del tiempo en que Mercurio se torna directo en febrero 18. Piense en lo mismo si hace reservaciones.

Relaciones personales

Despertará mucho interés dondequiera que vaya mientras el ardiente Marte avanza en su signo. Pero el planeta rojo puede incitar que se presione demasiado a sí mismo y a otros. Relájese y use la persuasión para lograr los mejores resultados. Si necesita programar una cita o una charla importante, hágalo durante la última semana del mes, cuando alineaciones planetarias tienen la suerte de su lado.

Finanzas y éxito

La primera semana de febrero podría traerle ganancias económicas inesperadas, quizás una bonificación o un mejor aumento de lo que esperaba. Si su empresa tiene un programa de incentivos, tómelo como prioridad; podría beneficiarse de él este mes o el siguiente, así como más adelante en el año. El Sol alimenta sus ambiciones a partir de febrero 19, cuando entra a Piscis, su décima casa solar de la profesión. Mire alrededor y escuche lo que podrían ser oportunidades para dejar atrás la competencia.

Días favorables 4, 5, 6, 7, 17, 19, 23, 25, 26

Días desafiantes 1, 2, 9, 12, 14, 16, 22, 28

Géminis/Marzo

Puntos planetarios clave

Marte entrará a Cáncer, su segunda casa solar de recursos personales, en marzo 4. Aunque podría estimular su cuenta bancaria desde esa fecha hasta finales de mayo, este mes Marte choca con varios planetas. Eso significa gastos inesperados y un presupuesto ajustado. Más adelante en el mes, un amigo podría pedirle un préstamo o una organización sugerirle una donación. No dude en decir no; proteja sus recursos.

Sucesos planetarios sobresalientes

El universo le brindará una oportunidad a comienzos de marzo para que expanda su visión del mundo y su filosofía de la vida. Con Mercurio y Venus uniendo sus energías al místico Neptuno, alguien con quien habla o algo que lee lo inspirará a tener fe, pensar positivo y enfrentar el futuro con entusiasmo. Su sexto sentido también estará activo, así que escuche sus presentimientos.

Relaciones personales

La luna llena de marzo 21 en Leo, su quinta casa solar, activa su vida social, así que deberá llamar a amigos y dedicarles tiempo el resto del mes y el siguiente. El romance también está en el pronóstico. Podría conocer a alguien, pero si una relación amorosa no está progresando como esperaba, la influencia lunar podría incitarlo a tomar otro camino. La pasión se agita para las parejas.

Finanzas y éxito

¡Prepárese, alístese, y adelante! Atraerá la atención de la gente, será una estrella brillante bajo la luna nueva de marzo 8 en Piscis, su décima casa solar de la profesión y el estatus. Haga de cada palabra y acción un hecho sobresaliente este mes, durante el cual podría obtener un ascenso o un nuevo puesto, además de un aumento de salario. Por encima de todo, aproveche cada oportunidad de impresionar a los que cuentan. Supere las expectativas.

Días favorables 2, 4, 5, 7, 10, 16, 22, 23, 27, 31

Días desafiantes 1, 6, 8, 12, 14, 19, 21, 26, 29

Géminis/Abril

Puntos planetarios clave

Sus pensamientos se dirigirán hacia su interior cuando Mercurio entre a Tauro, su duodécima casa solar de autorenovación, en abril 17. Use este tiempo para sintonizarse con su subconsciente a través de la meditación o una caminata diaria, y deje que sus esperanzas y deseos ocultos emerjan a la conciencia. Podría descubrir que lo que cree que quiere no está exactamente en su mira, o que hay una forma mejor y más sencilla de lograr sus objetivos.

Sucesos planetarios sobresalientes

Para alguien que usualmente está en continuo movimiento, disfrutará pasar más tiempo en casa este mes. Alineaciones planetarias favorables con Saturno en Virgo, su cuarta casa solar, también hacen de abril un mes maravilloso para proyectos de renovación de la vivienda. Si suele hacer los trabajos en casa, asegúrese de actualizarse en las últimas técnicas, pero si se incluye plomería, contrate un profesional.

Relaciones personales

La amistad será un tema clave este mes cuando la luna nueva en Aries, su undécima casa solar, active su deseo de socializar, ver amigos y ampliar sus amistades. Algunos lo deleitarán, mientras otros lo frustrarán. Incluso podría decidir distanciarse de algunos. Si pertenece a un club u organización, es posible que se presente conflicto.

Finanzas y éxito

Espere un tiempo atareado en el trabajo hacia fines de mes, cuando la luna llena de abril 20 en Escorpión, su sexta casa solar, aumentará la carga laboral. Trate de no excederse en el trabajo. Los asuntos económicos están fluyendo, y Marte en Cáncer lo anima a hacer ostentación. Hágalo si tiene dinero suficiente, pero la elección más prudente ahora es ahorrar. Podría encontrar algo afortunado en la calle, en el ático de un pariente o en una tienda de descuentos.

Días favorables 1, 3, 9, 10, 13, 14, 15, 18, 24, 25

Días desafiantes 2, 10, 11, 12, 17, 19, 22, 23

Géminis/Mayo

Puntos planetarios clave

El progreso personal será lento en el mejor de los casos este mes. Las relaciones familiares —o con un compañero de vivienda— lo frustrarán en ocasiones, cuando primero Mercurio y luego el Sol y Venus —todos en su signo— choquen con Saturno en Virgo, su cuarta casa solar. Con Mercurio tornándose retrógrado en mayo 26, puede esperar más retrasos e indecisión en su vida personal. Problemas mecánicos en casa son posibles, así que deberá revisar periódicamente los aparatos domésticos.

Sucesos planetarios sobresalientes

Dedique tiempo para sí mismo las primeras tres semanas de mayo, cuando el Sol estará en Tauro, su duodécima casa solar de autorenovación. Es un período excelente para dormir más, leer y relajarse. Eso le ayudará a estar en su mejor forma mientras aparecen los retos del mes. Si no ha visitado un médico en un buen tiempo, o si podría beneficiarse de una dieta más saludable, actúe en la luna nueva de mayo 5 en Tauro.

Relaciones personales

Marte en Leo, su tercera casa solar, desde mayo 9 en adelante, aumentará el ritmo y creará oportunidades para conocer más personas mientras desarrolla su rutina diaria. Si está interesado en un nuevo romance, relaciónese más con los vecinos, o acepte si un pariente quiere presentarle a una posible pareja.

Finanzas y éxito

Su vida laboral será agitada durante las dos semanas que siguen la luna llena de mayo 19 en Escorpión, su sexta casa solar. Las finanzas serán en su mayor parte status quo, y podría encontrar buenas ofertas en artículos personales después de que Mercurio se torne retrógrado, pero éste no es el mes para comprar, vender o alquilar una casa, o hacer compras costosas.

Días favorables 1, 7, 9, 15, 16, 20, 24, 25, 28, 30

Días desafiantes 2, 6, 8, 10, 13, 17, 21, 27, 29

Géminis/Junio

Puntos planetarios clave

Mercurio, su planeta regente, estará retrógrado hasta junio 19, así que puede esperar que las confusiones y malentendidos continúen gran parte del mes. Eso puede hacer estragos con sus planes, pero más importante aun, debería aplazar hasta julio las decisiones personales y profesionales importantes.

Sucesos planetarios sobresalientes

La atención está sobre usted. Aproveche la energía de la luna nueva de junio 3 en su signo e inicie cada día con confianza, optimismo y conocimiento de que tiene lo que requiere para tener éxito en cualquier actividad en la que entregue su alma y corazón. Aun mejor es Venus en su signo hasta junio 17, que traerá un nivel adicional de encanto y carisma que estimula sus poderes de atracción.

Relaciones personales

La luna nueva tiene que ver con usted, y la luna llena en Sagitario en junio 18, su séptima casa solar, tiene que ver con sus relaciones. Con Plutón retrocediendo al mismo signo en junio 13, las dos semanas que siguen la luna llena serán el tiempo para resolver retos pendientes con las personas más cercanas a usted. Escuchar es tan esencial como el acuerdo mutuo, y podría sorprenderse por algo que escucha —y aun más cuando reconozca que la perspectiva de la otra persona es correcta—.

Finanzas y éxito

Su vida laboral será agitada a mediados de mes, porque el cambio y proyectos de última hora son la norma. El estrés se hace presente, así que planee con anticipación y prepárese para tener pensamientos tranquilos en lugar de poner a prueba límites con colaboradores y el jefe. Más adelante en junio, cuando el Sol y Venus están en Cáncer, podría recibir un obsequio de un miembro de la familia.

Días favorables 3, 5, 7, 11, 12, 13, 17, 19, 20, 22, 27

Días desafiantes 2, 4, 10, 15, 16, 18, 25, 25, 30

Géminis/Julio

Puntos planetarios clave

Las decisiones rápidas podrían producir resultados lamentables a comienzos de mes, especialmente en el trabajo, y tal vez alguien trate de involucrarlo en un juego de poder. Trate de evitar ambas cosas, resérvese sus pensamientos y tenga cuidado en quienes confía. Alguien quien parece comprensivo, podría tener otras intenciones.

Sucesos planetarios sobresalientes

La acción se centra en el hogar ahora que Marte está en Virgo, su cuarta casa solar. Podría despertar el interés en renovaciones caseras e invitar amigos. Ambas cosas estarán acentuadas el mes siguiente, así que julio es ideal para planear proyectos y organizar su casa, dentro y fuera. Limpie armarios y espacios de almacenaje, y benefíciese de una venta de garaje o una tienda de artículos de segunda.

Relaciones personales

Las relaciones serán desafiantes y edificantes, dependiendo de su perspectiva y cómo aborde a otras personas. Escoja bien sus palabras y trate de ver las cosas desde el punto de vista opuesto incluso si está en desacuerdo. Es su elección hacerlo o no, con Mercurio en su signo hasta julio 9, y varios planetas en Leo, su tercera casa solar de comunicación, más adelante en julio.

Finanzas y éxito

El enfoque estará en las finanzas con la luna nueva de julio 2 en Cáncer, y la luna llena de julio 18 en Capricornio, en su segunda y octava casa solar de dinero. Usted —y su pareja— podrían obtener un aumento o bonificación. Pero el deseo de hacer ostentación será fuerte, y es probable que haya gastos inesperados. Si comprar una casa es su objetivo, no se exceda en el precio, y así no tendrá que pedir prestado mucho dinero. También sea prudente con el crédito del consumidor; la deuda puede elevarse rápidamente.

Días favorables 1, 2, 3, 4, 9, 14, 18, 19, 20, 22, 23, 27

Días desafiantes 5, 6, 8, 10, 15, 21, 25, 28, 29

Géminis/Agosto

Puntos planetarios clave

Con el Sol, Mercurio, Venus y Marte avanzando en Virgo, su cuarta casa solar, durante parte de agosto, es muy probable que esté listo para la compra —o alquiler— de una casa o para una renovación importante. La energía culmina en la luna nueva de agosto 30 en el mismo signo. Si está involucrado en un préstamo, hipoteca o contrato de alquiler, asegúrese de leer toda la letra menuda y, si es necesario, consulte a un abogado antes de firmar.

Sucesos planetarios sobresalientes

Aunque la primera luna nueva de este mes —agosto 1, en Leo— y la luna llena en Acuario —agosto 16— despiertan su curiosidad y el espíritu de aventura, agosto no es el mejor mes para viajar. Es probable que se decepcione en el viaje y desee haberse quedado en casa. Encuentre una alternativa. Haga un curso por diversión, empiece a leer esos libros que tiene en su mente, o haga algunos viajes cortos en el día.

Relaciones personales

Las relaciones familiares serán estresantes en ocasiones, quizás debido a toda la actividad doméstica. También podría asumir más responsabilidad por los asuntos de un pariente anciano. Si está considerando vivir con alguien —un amigo o amante—, piénselo bien. Mejor aun, espere hasta, al menos, el mes siguiente y preferiblemente el próximo año. Es improbable que sea la experiencia positiva que espera tener.

Finanzas y éxito

Sea prudente al gastar de nuevo este mes, cuando el deseo de ostentación todavía es intenso. También dedique tiempo para crear un buen presupuesto de las renovaciones caseras o costos de mudanza, y, si contrata trabajadores, asegúrese de revisar bien sus credenciales. Más que nada, deberá programar su tiempo para cumplir con las exigencias profesionales y las actividades domésticas.

Días favorables 1, 2, 5, 7, 13, 14, 15, 20, 21, 28, 30

Días desafiantes 4, 9, 10, 11, 17, 18, 19, 25, 27

# Géminis/Septiembre

Puntos planetarios clave

El estrés rodeará nuevamente las relaciones familiares, en especial las primeras tres semanas del mes cuando el Sol está en Virgo. También habrá nuevos momentos, pero deberá acentuar la comunicación abierta y calmada en un ambiente de apoyo mutuo para superar los obstáculos.

Sucesos planetarios sobresalientes

Tendrá muchos días y noches para divertirse este mes, gracias a varios planetas y la luna nueva en Libra, su quinta casa solar. Con suerte, podría incluso hacer un viaje rápido el tercer fin de semana de septiembre. Si planea conducir, hágale mantenimiento al auto a comienzos del mes, mucho antes de que Mercurio se torne retrógrado en Libra, en septiembre 24.

Relaciones personales

La influencia de Libra en este mes se enfoca en la amistad y socializar, y eso aumenta las posibilidades si es soltero y busca un alma gemela. Sólo tenga los ojos en su presupuesto, porque toda esa diversión puede ser costosa. Si tiene hijos, también disfrutará muchos momentos encantadores con ellos, y algunos padres —o los que esperan serlo— tendrán muchas razones para celebrar.

Finanzas y éxito

La luna llena de septiembre 15 en Piscis, su décima casa solar de la profesión y el estatus, lo tiene listo para que haga grandes saltos. Lo que haga ahora podría dar frutos el mes siguiente, y si su objetivo es un nuevo puesto, envíe su currículum después de que Venus entre a Escorpión, su sexta casa solar de trabajo cotidiano, en septiembre 23. Podría ser afortunado con las inversiones este mes si analiza bien la proporción riesgo-ganancia. Un golpe de suerte también es posible.

Días favorables 1, 2, 3, 6, 11, 12, 13, 16, 17, 21, 29, 30

Días desafiantes 4, 5, 7, 8, 9, 14, 15, 20, 28

Géminis/Octubre

Puntos planetarios clave

Si es padre de familia, tendrá que tomar una decisión económica cuando descubra —o redescubra— qué tan costosos pueden ser los hijos. Tal vez se necesiten fondos adicionales para deportes u otras actividades. Podría o no valer la pena la inversión. Si tiene dudas, deje que las cosas fluyan hasta fin de mes, cuando tendrá una mejor idea de si el interés es verdadero o sólo un capricho.

Sucesos planetarios sobresalientes

Podría tener la oportunidad de un viaje rápido otra vez este mes, por trabajo, placer o ambos. Podría ampliar sus horizontes con boletos de teatro, una membresía en un museo o a través de una actividad voluntaria para una buena causa. Incluso podría ir más lejos y recibir una nueva mascota en su casa.

Relaciones personales

Tendrá de nuevo una vida social activa gracias a la luna llena de octubre 14 en Aries, su undécima casa solar de amistad. La energía lunar es aumentada por el Sol en Libra, su quinta casa solar, hasta octubre 21; y por Mercurio en el mismo signo todo el mes. También es una combinación ideal para el romance. Con Mercurio retrógrado hasta octubre 15, confirme los detalles antes de seguir adelante. Las parejas disfrutan de la relación en forma magnífica desde octubre 18 en adelante, cuando Venus está en Sagitario, su séptima casa solar de asociación.

Finanzas y éxito

Su principal enfoque será el trabajo bajo la luna nueva de octubre 28 en Escorpión, su sexta casa solar. Marte, en el mismo signo desde octubre 3 en adelante, agitará las cosas en ocasiones, pero también tendrá muchas oportunidades de impresionar a quienes toman las decisiones. Un ascenso es posible, así como un aumento o una oferta de trabajo.

Días favorables 3, 7, 9, 12, 14, 17, 21, 23, 26, 27, 31

Días desafiantes 4, 5, 6, 8, 13, 18, 24, 25

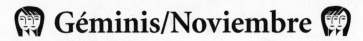 Géminis/Noviembre

Puntos planetarios clave

Aunque el trabajo será agitado y estará en medio del torbellino social de la época festiva, es bueno seguir el consejo de la luna llena de noviembre 13 en Tauro, su duodécima casa solar. Merme un poco el ritmo. Dedique tiempo para sí mismo y tome como prioridades cotidianas el sueño, descanso y relajación. Se atrazará mucho más si se debilita o tiene un resfriado o la gripe.

Sucesos planetarios sobresalientes

Venus pasará a Capricornio, su octava casa solar de recursos comunes, en noviembre 12, seguido por Plutón en noviembre 26. Esa influencia, más Júpiter en las alineaciones favorables con Saturno y Urano, podría poner dinero adicional en su bolsillo. Una bonificación de fin de año para usted o su pareja es tan posible como un aumento o un obsequio o herencia de un miembro de la familia.

Relaciones personales

La luna nueva de noviembre 27 en Sagitario, su séptima casa solar, acentúa las relaciones, como lo hacen Mercurio, Venus, Marte y Plutón en el mismo signo durante parte del mes. Algunas alineaciones planetarias generarán conflicto, mientras otras lo animarán a fortalecer vínculos con las personas más cercanas a usted. Las relaciones familiares y profesionales son el enfoque principal.

Finanzas y éxito

Su vida laboral será agitada hasta las primeras tres semanas de noviembre, que tienen al Sol en Escorpión, su sexta casa solar, hasta noviembre 21, y Mercurio ahí del 4 al 22 de noviembre. Una vez que Marte pase de Escorpión a Sagitario en noviembre 16, podrá relajarse un poco. Hasta entonces, complete lo que más pueda en el tiempo más corto posible. Aproveche cada oportunidad de mostrar sus habilidades, talentos y capacidad de liderazgo a quienes considere importantes.

Días favorables 5, 7, 10, 11, 16, 17, 22, 23, 24, 27

Días desafiantes 1, 6, 8, 9, 13, 14, 15, 18, 29

 Géminis/Diciembre

Puntos planetarios clave

Su profesión será afectada quizás debido a un cambio importante del personal o en la dirección de la empresa. Incluso si es tentado a decir lo que piensa, trate de contenerse, porque tendrá una fría recepción —en el mejor de los casos— por parte de los que toman las decisiones. Lo mismo se aplica a parientes que necesitan su apoyo, a pesar del mayor estrés que experimentará.

Sucesos planetarios sobresalientes

Es casi garantizado que necesitará y recibirá con gusto un descanso este mes. Trate de tomar unos días libres, o incluso una semana, al final de diciembre cuando Venus se encuentra con Neptuno en Acuario, su novena casa solar de viajes. Si unas vacaciones completas son imposibles, considere unas noches en un spa donde será consentido al máximo. Usted se lo merece.

Relaciones personales

Las relaciones personales y comerciales serán estresantes hasta mediados de mes mientras Marte, Mercurio y el Sol en Sagitario, su séptima casa solar, chocan con Saturno y Urano. Dificultades que han estado creciendo por un tiempo llegan a un punto decisivo alrededor de la luna llena de diciembre 12 en su signo, cuando algunos geminianos cortarán vínculos. Si está entre ellos, asegúrese antes de actuar. Es probable que las decisiones tomadas ahora sean irreversibles.

Finanzas y éxito

¡Dinero! Con un poco de suerte, que tiene mucha ahora mismo, podría terminar el año con una cuenta bancaria más grande que es digna de una celebración. Poniendo la ventaja a su favor está la luna nueva en diciembre 27, y una increíble alineación de planetas en Capricornio, su octava casa solar. Mezclando sus energías están el Sol, Mercurio, Venus, Marte, Júpiter y Plutón, de los cuales varios forman contactos planetarios muy afortunados. Ingresos, una bonificación, una herencia familiar e incluso la lotería son fuentes potenciales.

Días favorables 2, 3, 7, 8, 11, 16, 20, 24, 29, 30

Días desafiantes 5, 6, 12, 13, 15, 18, 19, 23, 26

Tabla de Acciones de Géminis

Estas fechas reflejan los mejores —pero no los únicos— días para el éxito en dichas actividades, según su signo solar.

	ENE	FEB	MAR	ABR	MAY	JUN	JUL	AGO	SEP	OCT	NOV	DIC
Mudanza	24, 25				14, 15		6, 7	10-21, 30, 31			20, 21	17, 18
Iniciar un curso				14								
Ingresar a un club				9-15			27-31	1-4		21, 22		
Pedir un aumento					8, 9		2, 11					
Buscar trabajo			24, 25				11, 12			28		
Buscar ayuda profesional		29		23, 24					6	4, 31	28	
Buscar un préstamo	7				23			12, 13				1, 27, 28
Ver un doctor		27	24	25	5		11	22		28		
Iniciar una dieta			24	20								
Terminar una relación	5	29	28	24	20							26
Comprar ropa	27, 28	23					9, 10	5	1, 2			20
Cambio de estilo, imagen				9		3, 30	28		20, 21	17		11
Nuevo romance				18		11, 12		5, 6	1, 29			
Vacaciones	9-11	23-29	1-5						11-13			29-31

El Cangrejo
Junio 21 a Julio 22

Elemento:	Agua
Cualidad:	Cardinal
Polaridad:	Yin/Femenino
Planeta regidor:	La Luna
Meditación:	Tengo fe en las inspiraciones de mi corazón
Piedra preciosa:	Perla
Piedra de poder:	Piedra de Luna, chrysocolla
Frase clave:	Yo siento
Símbolo:	Garras del cangrejo
Anatomía:	Estómago, pechos
Color:	Plateado, perla blanca
Animal:	Crustáceos, vacas, pollos
Mitos/Leyendas:	Hércules y el Cangrejo, Asherah, Hecate
Casa:	Cuarta
Signo opuesto:	Capricornio
Flor:	Consuelda
Palabra clave:	Receptividad

Fortalezas y retos

Es una combinación única de sensibilidad y acción dinámica. Aunque prefiere la calma a la controversia —¿y quien no lo quiere así?—, se levanta y lucha cuando es necesario. Se diferencia de los demás por su naturaleza protectora, compasiva y emocional. La discordia lo perturba en un nivel más profundo. Es impresionable y receptivo, y de este modo absorbe fácilmente energía positiva y negativa en su entorno. También tiene un fuerte sexto sentido e incluso podría ser psíquico.

Su necesidad de seguridad es una gran fuerza motivadora. Influye en la mayoría de las decisiones, incluyendo en su profesión, vida doméstica, relaciones y finanzas, y puede disminuir su confianza general. Sin embargo, a veces esta necesidad puede hacer que se aleje de riesgos bien calculados que podrían conducir al crecimiento personal. Esfuércese y explore nuevos territorios de vez en cuando.

Su signo, regido por la Luna, prefiere la seguridad. En general es un ser de hábito y tradición y le disgusta cuando se perturba su rutina. Es variable como su energía lunar, con emociones fluctuantes que pueden tildarlo de caprichoso, y puede ser difícil de entender. Aprecia el pasado, y podría incitarlo a investigar su árbol genealógico, colecciona antigüedades y cosas en general. Muchos son grandes cocineros y disfrutan de recibir invitados en sus casas cómodas y bien decoradas.

Relaciones personales

Las relaciones familiares son las más fuertes en su vida porque es el signo universal del hogar y la familia. Aprecia la seguridad que proveen y se esfuerza por mantener lazos fuertes con sus parientes, brindando ayuda y apoyo necesario. Esto puede ser cierto cuando confunde sus emociones hacia un pariente, mostrando así lo intenso de sus sentimientos cuando se trata de su familia.

Es natural que quiera establecer un hogar y una familia, empezando con una pareja para ayudar a cumplir sus necesidades de seguridad. Sin embargo, su búsqueda de un alma gemela puede ser larga, y, algunos duran solteros mucho más tiempo que sus amistades. Sabe instintivamente que vale la pena esperar, aunque la impaciencia y la promesa de amor duradero podrían animarlo a lanzarse al ruedo prematuramente. Como romántico soñador, es sensible a palabras encantadoras y la atención de admiradores. Es idealista respecto a estas relaciones y es probable que no vea lo que es evidente para otras personas más objetivas que lo rodean. El tiempo y el sentido común son sus aliados.

La paternidad atrae sus fuertes instintos protectores, y la mayoría de los nativos de Cáncer desean tener hijos. Se conecta bien con las necesidades y temores, esperanzas y deseos, talentos y retos de sus hijos, y se involucra en sus vidas y actividades. Tenga en cuenta su tendencia a ser muy protector de quienes ama. A veces aprender de la manera difícil es lo mejor, en especial cuando está ahí para colaborar y estimular.

Su naturaleza cálida y afectuosa crea lealtad hacia sus amigos. Aunque son pocos, valora estos lazos que contribuyen a su seguridad de conjunto y lo animan a revelar más de sí mismo. Son personas con las que cuenta y lo consuelan; estas relaciones son tan agradables como un viejo par de jeans.

Profesión y dinero

Su lado independiente se revela en su vida profesional, donde es más feliz en un campo y posición en los que pueda realizar su potencial de liderazgo. La aprobación y un sueldo que reflejan sus habilidades, talentos y esfuerzos son tan importantes como el comportamiento ético y las políticas en el lugar de trabajo. Sentarse detrás de un escritorio todo el día no es lo suyo; tampoco lo es un ambiente estéril sin contacto con personas. También necesita oportunidades continuas para aprender y crecer y donde pueda estimular lo mismo en otros.

La necesidad de seguridad financiera está a la par con la seguridad emocional. Esto lo motiva a ahorrar e invertir para el futuro y además en mejoramiento de la vivienda. Es económico, sin importar cuánto dinero tenga, y sobresale en encontrar artículos de alta calidad a precios de descuento. Pero cuando esta actitud cautelosa es llevada demasiado lejos, algunos nativos de Cáncer escatiman hasta el punto de la privación y se vuelven tacaños, sin importar qué tantos fondos tengan, incluso contando con millones.

Su lado más brillante

Tiene una capacidad maravillosa de llegar al fondo de cualquier cosa que despierte su interés. Esta clase de investigación abre su mente a todas las posibilidades —entre más innovadoras y orientadas al futuro, mejor—, lo cual es una separación de sus lazos sentimentales del pasado. Éstos también son algunos de sus mejores momentos intuitivos.

Afirmación del año

Abrazo el conocimiento y entendimiento.

Cáncer: el año venidero

La comunicación, relaciones y ampliar horizontes abarcan un año durante el cual aprenderá mucho de sí mismo, la naturaleza humana y la forma en que se relaciona con los demás. Junto con oportunidades para interactuar con otros, podrá hacer contactos de trabajo, nuevas amistades, y estrechar lazos con seres queridos. Todo esto es debido a una alineación inusual de Júpiter, Saturno y Urano, y el cambio del lento Plutón de Sagitario a Capricornio.

El generoso Júpiter viajando a través de su séptima casa solar lo invita a recibir amor, romance y unión en su vida. Si tiene una relación seria, o está buscando una, Júpiter podría traerle felicidad y el compromiso de una vida de amor. Incluso si ha estado con su pareja durante años, encontrará mucho para celebrar este año mientras renueva su promesa de amor y redescubre todas las razones que los unieron inicialmente.

Las sociedades comerciales también se benefician de la influencia de Júpiter, aunque todavía es bueno que investigue antes de unir sus recursos económicos con los de alguien más. Júpiter puede hacer que todo parezca prometedor y optimista, y lo anima a proceder sobre fe y promesas. Mantenga su visión, pero también ponga atención a los detalles. Lo mismo pasa si necesita consultar un profesional, tal como un contador público o abogado. Revise credenciales incluso si alguien cercano le da una recomendación.

Plutón llega a Capricornio en enero 25, retrocede a Sagitario en junio 13, y regresa a Capricornio en noviembre 26 para su estancia de 17 años en ese signo. Esta influencia a largo plazo sobre las relaciones cercanas a su vida, señala altibajos, personas que influyen en su vida de manera positiva y negativa, y un cambio gradual en sus habilidades y percepciones con la gente mientras se sintoniza más con otros. Estará fascinado por lo que impulsa a las personas, por qué hacen y dicen ciertas cosas, y probablemente tienen un impacto significativo sobre algunos, como lo tienen sobre usted.

Mientras Plutón está en Sagitario, debería esforzarse en reflexionar en lo que ocurrió en su vida laboral en los trece años pasados. Dirija su mente a 1995, cuando Plutón llegó a Sagitario, y trate de recordar dónde estaba en ese tiempo. Compare eso con dónde está hoy y piense en los sucesos importantes que han ocurrido en medio.

¿Qué aprendió? ¿Cómo ha cambiado? ¿Qué desea aún realizar o quiso haber realizado? Todavía hay tiempo, así que fije sus metas, desarrolle un plan y póngase en marcha. Nunca más volverá a tener una oportunidad igual a ésta. Las reflexiones y decisiones de este año traerán recompensas en unos años. Con la alineación afortunada de Júpiter con Urano en Piscis, su novena casa solar de viajes, educación y espiritualidad, tal vez deba pensar en volver a estudiar para completar su educación, obtener un grado avanzado o asistir a una escuela técnica como un primer paso para lanzarse a una nueva profesión.

Llegan momentos afortunados a través de otras personas, gracias a la conexión Júpiter-Urano que puede generar un encuentro casual favorable. El amor a primera vista podría conducir a un torbellino romántico con un alma gemela, o podría conocer a alguien que lo conecte con una oportunidad profesional lucrativa. Una o ambas cosas podrían suceder en febrero, marzo, mayo, julio, octubre o noviembre. Los mismos meses podrían verlo viajando por trabajo o placer para satisfacer su curiosidad acerca del mundo que lo rodea. Para algunos nativos de Cáncer, es un viaje de luna de miel o una reunión romántica, mientras otros conocen una posible pareja fuera de la ciudad o se reconectan con alguien del pasado. Escuche atentamente lo que dicen las personas. Incluso un comentario casual podría generar un destello de conocimiento que lo ilumina acerca de otra persona o amplía su filosofía de vida. También será retado a poner su fe en alguien cercano a usted o en un concepto ideológico. Una cosa es la confianza, y otra cosa es confiar a ciegas. Use su sentido común, el cual se incrementa debido a la alineación Júpiter-Saturno de este año.

Cuando el expansivo Júpiter se alinea favorablemente con el reservado Saturno, obtiene lo mejor de ambos. El optimismo es moderado por la realidad, y el espíritu práctico se beneficia de la visión. Eso es doblemente así porque Saturno está en Virgo, que es su tercera casa solar de comunicación y viajes rápidos. Ligado a Júpiter en su séptima casa solar, estará en la misma onda con más personas y puede fácilmente conectarse con las ideas de otros. Esta energía es maravillosa para el aprendizaje —una razón para que considere volver a estudiar o hacer un curso para dominar ciertas habilidades—. La cooperación también es un camino hacia el éxito este año, y entre más trabaje con otros y los apoye, más brillará su estrella.

El énfasis más fuerte está en la comunicación, especialmente en relaciones comerciales y personales cercanas. Estimule la conversación familiar y comparta sus ideas y sentimientos mientras anima a sus seres queridos a que hagan lo mismo. Escúchense mutuamente y trabajen juntos en la toma de decisiones y resolución de problemas. También es probable que tenga más contacto con sus parientes lejanos, hermanos y vecinos. Inicie una discusión si tiene asuntos sin resolver con miembros de la familia. La influencia de Saturno será más fuerte alrededor del eclipse lunar de febrero 20 en Virgo y durante los seis meses siguientes, así que ése es el mejor tiempo para conectarse con nuevas personas y renovar lazos con otros que no ha visto en meses o años.

Saturno en su tercera casa solar es magnífico para salidas de fin de semana a sitios cercanos, tales como lugares históricos y áreas de recreación. Sin embargo, éste no es el tiempo para aplazar el mantenimiento del auto. Mantenga bien su vehículo y, si ya pasaron sus mejores días, considere reemplazarlo a finales de abril o a fin de año. Y no dude en negociar por un mejor precio.

Saturno forma una alineación exacta con Urano en noviembre, cuando muchos de los sucesos y actividades del año concluirán. Esta alineación también puede generar nuevo conocimiento con una inclinación práctica si está buscando respuestas para preguntas de la vida o considerando cambios personales importantes. No obstante, deberá ser prudente con lo que dice o escribe los últimos tres o cuatro meses del año. Es muy fácil activar sin intención el botón "enviar" de su correo electrónico. Dificultades con los suegros también son posibles, y debería tratar de evitar viajes al final del año, especialmente a otros países.

Significado de los eclipses

Neptuno continúa avanzando en Acuario, su octava casa solar de recursos comunes —fondos familiares, préstamos, hipotecas, seguros y crédito de consumidor—. Se vuelve particularmente activo alrededor del eclipse lunar de agosto 16, así que deberá tener cuidado con sus gastos e inversiones y asegurarse de revisar sus informes de crédito para ver si hay errores. También tome precauciones adicionales para proteger la información financiera de ojos curiosos y, si hace una compra importante, lea toda la letra menuda y considere una garantía prolongada. Tenga cuidado de no tomar ciegamente los consejos financieros. Ya sea con o sin intención, podría ser llevado a conclusiones erróneas. Más temprano en el año, el eclipse solar de febrero 20 en Acuario lo anima a comenzar el año con una evaluación total de su estado financiero.

El eclipse solar de agosto 1 en Leo, su segunda casa solar de ingresos y gastos, acentúa las finanzas personales. Esto podría conducir a una cuenta bancaria más grande en octubre y proveer los fondos adicionales que necesita para cumplir con un posible gasto inesperado. Recuerde su presupuesto si está tentado a hacer ostentación en obsequios para festividades, muchos de los cuales puede conseguir a precios rebajados si trata de buscar ofertas.

En conjunto, 2008 será un año emocionante con muchas oportunidades y personas fabulosas y fascinantes en su vida. Disfrute el viaje mientras comparte con otros.

Si nació entre el 20 y el 30 de junio, Saturno en Virgo hará una alineación fácil con su Sol entre enero y comienzos de agosto. En ocasiones se encontrará perdido en el pensamiento, meditando sobre la vida y las relaciones, y preguntándose qué le espera en el futuro. ¡Diseñe su propio futuro! Ya sobresale en planificación y organización, y con Saturno de su lado, su pensamiento es agudo y dirigido a la meta, así que comience el año con una lista de sus objetivos, incluso los que parecen inalcanzables. Luego diseñe un plan a largo plazo que genere un éxito máximo. No actúe solo. Pida información a otros, incluyendo a su pareja y familia, y consulte a profesionales, si es necesario. Ya que el aprendizaje le fascina, este año haga un curso por diversión, para adquirir habilidades o hurgar en un tema que siempre le ha interesado. Podría disfrutarlo tanto que tal vez piense regresar a estudiar este año o el siguiente para obtener una maestría o una certificación, o para establecerse en el camino de una nueva profesión. Vea lo que se desarrolla desde enero hasta comienzos de abril, y esté preparado para realizar su estrategia este verano. La excepción es si nació entre el 20 y el 24 de junio. Las oportunidades y eventos sucederán rápidamente en abril y mayo, y estará poniendo en marcha sus planes.

Si nació entre el 1 y el 15 de julio, Saturno en Virgo entrará en contacto con su Sol posteriormente en este año, entre agosto y diciembre. Esta influencia activa su curiosidad e interés en las noticias, información y el mundo que lo rodea. Así que no se sorprenda si de repente acumula libros y pasa más tiempo viendo noticieros y navegando en la Internet. Ése podría ser todo el incentivo que necesita para tomar un curso por diversión este otoño, posiblemente algo que usted y su pareja puedan hacer juntos.

Si nació entre el 5 y el 15 de julio, Urano en Piscis activará su espíritu de aventura y su curiosidad. Viajar es una maravillosa forma de satisfacer este deseo de libertad, como lo es un viaje mental. Explore, aprenda y crezca en un viaje de un año de autodescubrimiento que libera su espíritu y su sexto sentido. Cuando llegue diciembre, notará la confianza e individualidad que ha ganado, junto con un mayor aprecio por puntos de vista diferentes y posiblemente otras culturas. Los momentos de inspiración son más comunes que inusuales en este año, y verá cosas que otros ignoran. Urano también lo invita a mirar el futuro con imaginación y visión. Podría sorprenderse de a dónde lo conducen su mente y sus ideas si deja que los pensamientos fluyan en meditación o mientras hace actividades rutinarias como preparar la cena. Con Saturno adicionando su influencia, las ideas innovadoras son cimentadas en la realidad, y podría incluso sugerir un nuevo concepto brillante que es sencillo, práctico y utilizable.

Si nació entre el 9 y el 15 de julio, Neptuno en Acuario, su octava casa solar de recursos comunes, lo animará a examinar su filosofía financiera y lo que usted valora. Su primera respuesta podría ser "más dinero", pero si piensa bien en ello, es probable que descubra que el dinero es sólo un símbolo de lo que realmente quiere y valora. Cualquiera que lo conozca bien, sabe que necesita una buena reserva en el banco, junto con inversiones y fondos de retiro. Para usted el dinero representa seguridad, no necesariamente lo que puede comprar con él. Este año Neptuno lo reta a ir más allá del pensamiento de austeridad y reconocer que la seguridad viene de adentro, no del dinero. En un nivel práctico, debe ser cuidadoso con los asuntos financieros que parecen muy buenos para ser ciertos. Lea toda la letra menuda antes de firmar un préstamo, hipoteca u otros papeles legales o financieros, especialmente en mayo, a finales de julio, mediados de agosto, mediados de octubre, y noviembre.

Si nació entre el 18 y el 21 de julio, tal vez deba lidiar con personas difíciles en el lugar de trabajo, cuando Plutón en Sagitario, su sexta casa solar, entre en contacto con su Sol enero 1° al 24 y de junio 13 a noviembre 25. Es muy probable que ya haya tratado con tales personas una y otra vez en los últimos trece años, pero esta vez puede ser presionado hasta el límite. Por lo menos necesitará adaptarse si no tiene la capacidad de alejarse y seguir otras opciones. Espere que a finales de junio, mediados de julio, las dos últimas semanas de agosto y mediados de septiembre sea puesta a prueba su resistencia y paciencia. Dé un paso atrás y trate de ver la situación de manera objetiva, posiblemente con la ayuda de alguien cercano a usted. Saque los sucesos de su mente y busque la causa raíz de la tensión. Si es simplemente un choque de personalidades, sus elecciones son vivir con eso o alejarse. Es probable que el problema sea mucho más profundo y, una vez identificado, puede dar pasos a fin de resolverlo para hacer que la situación sea manejable. Inténtelo. Algo más, hágase un chequeo médico, porque la sexta casa también es de salud.

Si nació entre el 20 y el 23 de junio, Plutón en Capricornio de enero 25 a junio 12, y de noviembre 26 en adelante, intensificará sus relaciones cercanas. Lo más probable es que una relación romántica o una sociedad comercial estén en el centro de la atención, con choque de egos y un mayor descontento. Aunque sería fácil poner la culpa en otra parte, siempre se requiere de dos, y descubrirá mucho de sí mismo —reflejado en la otra persona—. Momentos agitados en marzo, abril y diciembre podrían incitarlo a cortar vínculos, pero tenga presente que las acciones hechas bajo la influencia de Plutón usualmente son irreversibles. A la inversa, podría sumergirse tanto en un nuevo romance —incluso obsesionarse con él—, que se convierte en una influencia abrumadora en su vida. Incluso si una relación sana y apasionada lo cautiva, déle tiempo para que se desarrolle antes de que se comprometa. Conozca cada faceta de su potencial pareja para asegurarse de que están en sincronía con todas las cosas importantes de la vida, tales como la familia, el dinero, la profesión y los hijos.

Cáncer/Enero

Puntos planetarios clave

Los problemas en la comunicación serán más la norma que la excepción en el trabajo las primeras tres semanas del mes, cuando Venus en Sagitario, su sexta casa solar, choca con Saturno, Urano y Plutón. Manténgase al margen todo lo posible en lugar de arriesgarse a verse involucrado en un juego de poder. Trate de ser paciente cuando el trabajo se acumule y la información y las decisiones fluyan lentamente.

Sucesos planetarios sobresalientes

El fin de mes traerá una fabulosa oportunidad de conocer un alma gemela o celebrar el amor y la unión con su ser amado. Planee un evento especial para los dos, o arriésguese a invitar a salir a alguien. El compromiso se pronostica para algunos nativos de Cáncer. También disfrutará de momentos memorables con la familia.

Relaciones personales

Estará en armonía con casi todos los días cercanos a la luna nueva de enero 8 en Capricornio, su séptima casa solar de relaciones. Aunque los seres queridos serán su enfoque principal, puede usar la energía lunar para atenuar temporalmente dificultades en el trabajo o en su vida personal. Si necesita un gran favor de alguien, pídalo entre enero 7 y 8. Si necesita consultar a un profesional, tal como un abogado o un contador público, pida una cita durante ese mismo tiempo.

Finanzas y éxito

La luna llena de enero 22 en Leo aumenta la probabilidad de un aumento, al igual que Mercurio en Acuario después de enero 6, y el Sol en el mismo signo desde enero 20 en adelante. Deberá mermar sus gastos porque Mercurio, que se torna retrógrado en enero 28, señala un posible retraso además de gastos inesperados. Revise los estados de cuentas en busca de errores tan pronto como lleguen, y pague las cuentas con tiempo.

Días favorables 2, 3, 7, 8, 15, 16, 17, 20, 21, 24, 29

Días desafiantes 1, 5, 6, 11, 12, 13, 19, 26

Cáncer/Febrero

Puntos planetarios clave

La luna llena de febrero 20 en Virgo, su tercera casa solar, aconseja tener precaución en la carretera, y podría generar un problema mecánico. Si planea viajar, a comienzos de febrero es una mejor elección porque la probabilidad de una demora o cancelación aumenta en la última semana de febrero. Mejor aún, programe un viaje para finales de marzo, cuando las alineaciones planetarias estarán a su favor.

Sucesos planetarios sobresalientes

Aproveche la tranquilidad con que se presenta el mes para relajarse un poco. Con Marte en Géminis, su duodécima casa solar de autorenovación, es un tiempo excelente para descansar, relajarse y renovar su espíritu en preparación para la llegada del planeta ardiente a su signo el mes siguiente. Piense en lo que le gustaría realizar a comienzos de mayo, de modo que puede poner en marcha los planes al iniciar el mes siguiente.

Relaciones personales

El amor, el romance y unión serán acentuados del 1° al 16 de febrero, mientras Venus avanza en Capricornio, su séptima casa solar de relaciones. Ésa es toda la razón que necesita para planear una gran sorpresa en el día de San Valentín para su pareja. Si es soltero, podría ser muy afortunado la primera semana de febrero, cuando un encuentro casual despierte un romance de amor a primera vista. Algunas parejas planean sus vidas juntas.

Finanzas y éxito

Los asuntos económicos mantienen su atención bajo la luna nueva en Acuario en febrero 6, su octava casa solar de recursos comunes. Deberá continuar el enfoque financiero prudente de enero porque Mercurio está retrógrado en Acuario hasta febrero 18. La última semana de febrero presenta un encuentro de Mercurio y Venus, que podría generar un pequeño golpe de suerte o incrementar la probabilidad de un aumento.

Días favorables 3, 4, 5, 6, 8, 12, 16, 17, 21, 25

Días desafiantes 9, 13, 14, 15, 18, 22, 28, 29

Cáncer/Marzo

Puntos planetarios clave

Marte entra a su signo en marzo 4. Eso es magnífico para la energía y la iniciativa, pero tendrá la tendencia a presionarse al máximo. Relájese y sepa cuándo parar. Si trabaja en exceso, podría ser propenso a un accidente. Lo mismo se aplica al descanso. Duerma lo suficiente o más de lo necesario todas las noches hasta comienzos de mayo, cuando Marte pasará a Leo.

Sucesos planetarios sobresalientes

La pregunta de este mes: ¿a dónde va y cuándo va a partir? Del 1° al 31, el Sol, Mercurio y Venus —más la luna nueva de marzo 7— estarán en Piscis, su novena casa solar de viajes, en diferentes tiempos. Si viajar no es una opción —o prefiere quedarse en casa—, éste es un mes ideal para tomar un curso en línea o en persona, por diversión o ganancia económica. El tiempo también es magnífico para planear o asistir a una reunión estudiantil o familiar.

Relaciones personales

Las relaciones cercanas se benefician todo el año con Júpiter en Capricornio, su séptima casa solar. Marzo es uno de los mejores meses, con la alineación favorable de Júpiter con Urano en su novena casa solar. Lo pondrá en contacto con personas en la distancia y le dará acceso fácil al conocimiento e información. Las relaciones profesionales serán tensas cuando el Sol y Marte choquen entre sí y con Plutón. Haga lo que más pueda para evitar la controversia y luchas de poder en el lugar de trabajo, y tenga cuidado de no presionar sus límites con el jefe.

Finanzas y éxito

Los asuntos económicos serán positivos, gracias a Mercurio en Acuario, su octava casa solar, hasta marzo 14, y Venus en el mismo signo hasta marzo 11. Sin embargo, si necesita hacer una compra importante o firmar un contrato, espere hasta la segunda semana de marzo.

Días favorables 2, 3, 5, 7, 10, 11, 16, 0, 23, 24, 28

Días desafiantes 1, 6, 8, 12, 14, 21, 26, 29

Cáncer/Abril

Puntos planetarios clave

Otra vez querrá hacerlo todo este mes, y puede intentarlo, porque varios planetas en Aries y Tauro unen sus energías con Marte en su signo. El mensaje de marzo acerca de un estilo de vida equilibrado sigue vigente, pero el optimismo excesivo será su reto este mes. Todo es debido a que las oportunidades son irresistibles. Sin embargo, no se favorecerá si responde en forma afirmativa y no cumple una promesa.

Sucesos planetarios sobresalientes

Mercurio y Venus pasarán los primeros días de abril en Piscis, su novena casa solar. Haga hincapié en aprender muchas cosas durante ese tiempo, cuando las personas compartirán información con gusto, parte de ella confidencial. Haga lo mismo para otros, pero no comparta sus secretos.

Relaciones personales

Su vida social se activará las dos últimas semanas de abril, cuando el Sol y Mercurio estén en Tauro, su undécima casa solar de amistad. Vea amigos, organice reuniones y viajes diarios, y use la influencia planetaria para ampliar su círculo de contactos personales y comerciales. Algunos nativos de Cáncer se lanzan a un nuevo amorío alrededor de la luna llena de abril 20 en Escorpión, su quinta casa solar de romance, y otros se comprometen a toda una vida de amor.

Finanzas y éxito

Marzo trae una alineación de planetas salpicada de estrellas, y la luna nueva de abril 5 en Aries, su décima casa solar de la profesión y el estatus. Ésta es una oportunidad para ganancias significativas, pero al igual que en marzo, deberá estar alerta a la amenaza de conflicto y controversia. Alguien podría tratar de minar sus esfuerzos, mientras otros promoverán su éxito. Saber quién es quién será el reto, así que ande con cuidado hasta que esté seguro de quién lo apoya y quién no.

Días favorables 1, 7, 9, 13, 14, 15, 16, 18, 21, 25, 26

Días desafiantes 2, 5, 6, 9, 12, 17, 19, 22, 27

Cáncer/Mayo

Puntos planetarios clave

Mercurio entrará a Géminis, su duodécima casa, en mayo 2, seguido por el Sol en mayo 20, y Venus en mayo 24. Los tres lo animarán a dedicar un corto tiempo para disfrutar más de su propia compañía, pero también es probable que generen preocupaciones y remordimientos cuando sus pensamientos se dirijan al interior. Sea realista acerca de sus inquietudes y busque información para ayudar a resolverlas. Sin embargo, eso podría tomar hasta el mes siguiente, porque Mercurio se torna retrógrado en mayo 26.

Sucesos planetarios sobresalientes

Mayo trae la segunda alineación favorable del año de Júpiter en Capricornio, su séptima casa solar de relaciones, con Urano en Piscis, su novena casa solar de viajes. Eso hace de este mes otro período magnífico para viajar con amigos o su pareja. Si dispone de tiempo, viaje en un crucero romántico o uno diseñado para solteros.

Relaciones personales

La amistad y socialización continúan acentuadas gran parte de mayo mientras el Sol y Venus avanzan en Tauro, su undécima casa solar, el sitio de la luna nueva de mayo 5. Podría hacer contactos afortunados este mes, cuando las personas son sus amuletos de la suerte. También podría ingresar —o involucrarse más— a un club u organización que lo conecte con otras personas.

Finanzas y éxito

Marte entrará en Leo, su segunda casa solar de recursos personales, en mayo 9. Ésa es una excelente influencia para su cuenta bancaria porque estará más motivado para ganar dinero. Pero lo contrario también sucede. Los gastos impulsivos pueden cancelar el potencial de ganancia. Use el crédito prudentemente. Es más probable que obtenga un aumento en junio que en este mes.

Días favorables 1, 4, 5, 9, 12, 14, 18, 23, 24, 28, 30

Días desafiantes 2, 8, 15, 17, 19, 21, 22, 27, 29

Cáncer/Junio

Puntos planetarios clave

Las primeras tres semanas de junio y la luna nueva de junio 3 en Géminis, su duodécima casa solar, acentúan su período anual de autorenovación. Es la época del año en que debería revisar los once meses pasados y prepararse para un nuevo comienzo cuando el Sol entre a su signo. Debido a que la duodécima casa también gobierna su bienestar general, es un buen tiempo para que se haga un examen médico. Programe citas médicas, dentales y con el oculista, después de que Mercurio en Géminis se torne directo en junio 19.

Sucesos planetarios sobresalientes

Marque junio 20 en el calendario. Ésa es la fecha en que el Sol llegará a su signo, trayendo un entusiasmo renovado por la vida y su potencial personal para el éxito en los doce meses siguientes. Maximice sus habilidades y talentos con conocimiento e información, que serán un tema dominante este mes y en los dos años siguientes. Entre más aprenda, mayores oportunidades tendrá.

Relaciones personales

Sus poderes de atracción se multiplicarán en junio 18, cuando Venus entre a su signo. Eso es una oportunidad si está buscando un alma gemela —quien podría aparecer en días— o para momentos románticos de unión con su pareja. Venus también le da la capacidad de atraer casi todo lo que desee, si en realidad cree que lo merece. Comparta sus deseos con el universo.

Finanzas y éxito

Su carga laboral aumentará alrededor de la luna llena de junio 18 en Sagitario, su sexta casa solar de trabajo cotidiano. Con el regreso de Plutón al mismo signo en junio 13, es casi garantizado que tendrá sus manos llenas hasta los primeros días de julio. ¡Sobresalga!

Días favorables 5, 6, 9, 12, 13, 14, 19, 20, 22, 28, 29

Días desafiantes 1, 2, 4, 10, 15, 16, 18, 23, 25

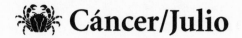 # Cáncer/Julio

Puntos planetarios clave

Marte pasará a Virgo, su tercera casa solar, en julio 1°. Ésta es una excelente colocación para el aprendizaje rápido, especialmente para progresar en su profesión. También indica precaución en la carretera y cuando trabaje con herramientas. Esté alerta en los días alrededor de julio 10, cuando Marte una sus fuerzas con Saturno; un accidente puede ocurrir en un instante.

Sucesos planetarios sobresalientes

Su confianza y entusiasmo aumentarán un grado más bajo la luna nueva personalmente edificante de julio 2 en su signo. Inicie cada día sabiendo que tiene lo que requiere. Ponga en marcha sus nuevas direcciones y metas cuando Mercurio entre a su signo en junio 10. Las personas apoyarán sus propósitos y serán un componente clave en lograrlos, así que escuche a los demás e incorpore sus ideas a las suyas.

Relaciones personales

Las palabras encantadoras son su especialidad con Venus en su signo hasta julio 11, y Mercurio ahí del 10 al 25 de julio. Ésa es la fórmula mágica para atraer el interés de una posible pareja, además de convencer a otros para que vean las cosas a su manera. También se beneficiará de la luna llena de julio 18 en Capricornio, su séptima casa solar, cuando será atraído a otras personas y ellas a usted.

Finanzas y éxito

Las finanzas están mejorando notablemente, gracias al Sol, Mercurio y Venus entrando a Leo, su segunda casa solar de recursos personales, este mes. Es un preludio a agosto, cuando tendrá las mejores oportunidades para ganancias económicas. Si está motivado a comprar artículos costosos, tales como muebles o aparatos electrónicos, lea toda la letra menuda, incluyendo las reglas de devolución de la tienda.

Días favorables 2, 3, 7, 9, 11, 12, 17, 22, 24, 26, 30

Días desafiantes 5, 6, 8, 10, 13, 15, 21, 28, 29

Cáncer/Agosto

Puntos planetarios clave

Deberá ser aun más cauteloso en la carretera este mes porque no sólo Marte, sino también Mercurio, Venus y el Sol en Virgo, su tercera casa solar, chocan con varios planetas propensos a accidentes. También es posible que tenga que lidiar con problemas mecánicos en su casa o auto. Si necesita una reparación, contrate un experto en lugar de arriesgarse a hacerlo por sí mismo, lo cual finalmente saldrá mucho más costoso. Por las mismas razones, éste no es el mejor mes para viajar.

Sucesos planetarios sobresalientes

Mercurio, Venus y Marte entrarán a Libra, su cuarta casa solar, entre el 19 y el 30 de agosto. Como una de sus colocaciones preferidas —o la preferida—, se deleitará del tiempo con la familia y las comodidades de su propio espacio. Empiece a pensar en posibles proyectos de renovación de la casa, de modo que esté listo para iniciarlos cuando la motivación llegue el mes siguiente.

Relaciones personales

Con alineaciones planetarias fáciles y difíciles en su tercera casa solar de comunicación, puede esperar que las relaciones sean lo mismo. Las personas serán tercas y condescendientes, controladoras y adaptables. El reto está en saber quién será qué y cuándo. Aunque el principal enfoque estará en las relaciones de trabajo, tome precauciones para que el estrés no afecte la vida familiar.

Finanzas y éxito

Los asuntos económicos lo harán sonreír, al menos en la mayoría de los casos. La luna nueva en Cáncer en agosto 1°, y la luna llena en Acuario —agosto 16—, están en su segunda y octava casa solar de dinero. Eso podría originarle un aumento a usted o a su pareja. Sea prudente con la información financiera y los negocios porque la luna llena también activa al engañoso Neptuno.

Días favorables 3, 7, 8, 12, 13, 14, 21, 22, 26, 30, 31

Días desafiantes 4, 9, 10, 11, 17, 18, 19, 23, 25, 27

Cáncer/Septiembre

Puntos planetarios clave

El anhelo de un nuevo comienzo será fuerte porque la luna llena de septiembre 15 en Piscis, su novena casa solar, activa su deseo de nuevos espacios y lugares. Sin embargo, una vez más, éste no es el mejor mes para ir a sitios conocidos o desconocidos porque la luna llena choca con varios planetas. Más bien, use su mente y adicione información práctica a su conocimiento.

Sucesos planetarios sobresalientes

Póngase en marcha a comienzos de este mes si está listo para iniciar un proyecto de renovación de la casa. Con el Sol, Venus y Mercurio en Libra, su cuarta casa solar, en diferentes períodos puede tener un buen comienzo. Deje sus opciones abiertas y no espere completar el trabajo hasta octubre porque Mercurio se torna retrógrado en septiembre 24.

Relaciones personales

Las relaciones se beneficiarán de la alineación favorable de Júpiter-Saturno que estimula la comunicación entre miembros de la familia y en otras relaciones cercanas. Si está buscando amor, podría conocer a una posible pareja en el vecindario o a través de un pariente. Mejor aun, Venus llega a Escorpión, su quinta casa solar de romance y recreación, en septiembre 23. Salga y socialice con su pareja o con otros solteros.

Finanzas y éxito

Su vida laboral será status quo en su mayor parte, y los proyectos en espera empiezan a moverse después de que Plutón en Sagitario, su sexta casa solar de trabajo cotidiano, se torne directo en septiembre 8. También es probable que experimente conflicto más adelante en este mes cuando el Sol en Virgo entre en contacto con Plutón. Tendrá aliados que lo apoyarán, si es necesario.

Días favorables 2, 3, 4, 10, 14, 18, 19, 20, 26, 27

Días desafiantes 7, 8, 9, 15, 17, 20, 23, 28

Cáncer/Octubre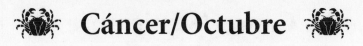

Puntos planetarios clave

La vida seguirá con facilidad en este mes, pero podría tener retos domésticos con Mercurio retrógrado en Libra, su cuarta casa solar, hasta octubre 15. Es probable que todo salga a su favor a fin de mes, así que siga adelante, ya sea en un proyecto, un asunto familiar, un aparato averiado o una reparación.

Sucesos planetarios sobresalientes

La paciencia por fin lo premia. Con un poco de suerte finalmente podrá salir de vacaciones o durante un fin de semana largo. Agradezca a Venus y Marte en Escorpión, su quinta casa solar de recreación y romance, que se alinean favorablemente con Saturno en Virgo y Urano en Piscis, su tercera-novena casa solar de salidas rápidas y viajes. Planee un viaje para los primeros días o la última semana del mes.

Relaciones personales

Marte entrará a Escorpión en octubre 3, seguido por el Sol el día 22, y Venus está en el mismo signo hasta octubre 17. Toda esta actividad planetaria positiva llegará a un punto máximo en la luna nueva de octubre 28 en Escorpión, que mantiene la energía social y romántica fluyendo en noviembre. Si quiere hacer una fiesta, hágala en octubre 11, el mejor fin de semana del mes para recibir amigos.

Finanzas y éxito

Su profesión requerirá tiempo y atención adicionales en las dos semanas que siguen después de la luna llena de octubre 14 en Aries, su décima casa solar. El mayor reto será equilibrar las responsabilidades profesionales y domésticas, pero lo logrará fácilmente si pide ayuda. Las personas estarán dispuestas a darle una mano después de que Venus entre a Sagitario, su sexta casa solar de trabajo cotidiano, en octubre 18.

Días favorables 1, 2, 7, 11, 12, 16, 20, 26, 27, 28, 30

Días desafiantes 3, 4, 5, 13, 15, 18, 24, 25

 Cáncer/Noviembre

Puntos planetarios clave

Una alineación favorable Júpiter-Saturno-Urano lo anima a viajar, pero una alineación difícil Saturno-Urano le advierte lo contrario y también sugiere precaución en la carretera. Si quiere alejarse y disfrutar de unos días de amor, haga reservaciones en un hotel de lujo local, en lugar de arriesgarse a un retraso, cancelación o accidente. Es posible que un pariente anciano necesite su ayuda este mes.

Sucesos planetarios sobresalientes

Si es posible, quédese en casa y póngase al día en tareas domésticas y personales los primeros tres días de noviembre, cuando Mercurio estará en Libra, su cuarta casa solar. Puede acabar con sus deberes y descansar un poco antes de regresar al trabajo, que se acelerará a medida que transcurre el mes.

Relaciones personales

Las actividades sociales de fin de año tendrán un comienzo rápido con el Sol, Marte y Mercurio en Escorpión, su quinta casa solar de recreación y romance. Esta influencia continuará cuando la luna llena de noviembre 13 en Tauro active su undécima casa solar de amistad. Junto a esta actividad llegarán muchas oportunidades para conocer un nuevo interés romántico. Las parejas se deleitarán en la unión desde noviembre 12 en adelante.

Finanzas y éxito

La luna nueva en Sagitario en noviembre 27, su sexta casa solar, señala días agitados en el trabajo que se extienden hasta diciembre. Notará lo anterior en noviembre 16, cuando Marte entra al mismo signo, seguido por el Sol en noviembre 21, y Mercurio el día 23. Haga hincapié en fortalecer las relaciones con los colaboradores mientras Venus está en Sagitario —noviembre 1° al 11—, de modo que pueda acudir a ellos para que lo ayuden cuando el trabajo empiece a acumularse.

Días favorables 2, 3, 7, 8, 10, 12, 16, 20, 21, 24, 25

Días desafiantes 1, 4, 6, 9, 13, 14, 15, 19, 28

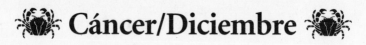

Cáncer/Diciembre

Puntos planetarios clave

Con tanta actividad en el trabajo, necesita dedicar tiempo para sí mismo, para dormir y relajarse. Eso ayudará a protegerlo contra un resfriado o la gripe, que podría generarse por la luna llena de diciembre 12 en Géminis, su duodécima casa solar. Esto no es bienvenido en ningún momento, y mucho menos durante este período agitado.

Sucesos planetarios sobresalientes

Sin duda estará a la cabeza de la lista de regalos de todos este año, gracias a Venus, que entra a Acuario, su octava casa solar de recursos comunes, en diciembre 7. Espere sorpresas y sorprenda a algunos por su parte.

Relaciones personales

Diciembre tiene que ver con amor, romance y unión mientras una alineación inusual de planetas en Capricornio, su séptima casa solar, acentúa las relaciones cercanas y las personas preferidas en su vida. Deberá pasar todo el tiempo posible con ellas, creando nuevos recuerdos y compartiendo sus sentimientos sinceros. Si tiene una relación seria, el compromiso podría estar en su futuro cercano, en uno o dos días de la luna nueva en Capricornio en diciembre 27. Ése también es un tiempo maravilloso para organizar una reunión de fin de año para la familia y amigos. A principios de mes, antes de que Venus pase a Acuario, planee una cita romántica y elegante diseñada sólo para los dos.

Finanzas y éxito

El trabajo será agitado a medida en que se apresura a completar sus tareas antes de fin de año, mientras Marte está en Sagitario, su sexta casa solar, hasta diciembre 26. Pero el ritmo empezará a mermar después de que Mercurio entre a Capricornio, en diciembre 12, seguido por el Sol en diciembre 21. Recuerde pedir ayuda si la necesita. Si usualmente recibe una bonificación de fin de año, es más probable que llegue en enero.

Días favorables 1, 3, 4, 8, 9, 13, 17, 21, 22, 27, 28

Días desafiantes 5, 6, 10, 12, 18, 19, 23, 26

Tabla de Acciones de Cáncer

Estas fechas reflejan los mejores —pero no los únicos— días para el éxito en dichas actividades, según su signo solar.

	ENE	FEB	MAR	ABR	MAY	JUN	JUL	AGO	SEP	OCT	NOV	DIC
Mudanza		23, 24				11-13			1-3			
Iniciar un curso								12, 30, 31			20, 21	
Ingresar a un club					4, 5, 8, 9	28, 29		21, 22				
Pedir un aumento				14				1		21		
Buscar trabajo	4		26	24						31	1, 28	
Buscar ayuda profesional	2, 3, 7			25				12-14				
Buscar un préstamo	9, 10		4, 5						11, 12			
Ver un doctor				9, 10	6	18				17		
Iniciar una dieta	5, 6						18					
Terminar una relación		29	29, 30									
Comprar ropa			24, 25				11, 12	7		1, 28		
Cambio de estilo, imagen			15, 16		8, 9		2	27				
Nuevo romance							11, 12	7		1, 28		
Vacaciones		6, 7, 15-19	3, 4									

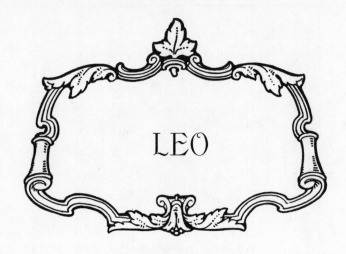

LEO

El León
Julio 22 a Agosto 22

♌

Elemento:	Fuego
Cualidad:	Fija
Polaridad:	Yang/Masculino
Planeta regidor:	El Sol
Meditación:	Confío en la fortaleza de mi alma
Piedra preciosa:	Rubí
Piedra de poder:	Topaz, sardónice
Frase clave:	Yo seré
Símbolo:	La cola del león
Anatomía:	Corazón, parte superior de la espalda
Color:	Dorado, escarlata
Animal:	Leones, felinos grandes
Mitos/Leyendas:	Apolo, Isis, Helios
Casa:	Quinta
Signo opuesto:	Acuario
Flor:	Caléndula, girasol
Palabra clave:	Magnetismo

Fortalezas y retos

Su alegre sonrisa, entusiasmo y resplandor lo diferencian de la multitud, y sobresale con naturalidad. Con una aptitud especial para lo dramático, su presencia ilumina una sala, y nadie disfruta tanto como usted ser el centro de la atención. Mientras otros son felices con un momento de fama, su deseo es tener toda una vida de reconocimiento —y muchos nativos de Leo lo logran—. Su increíble resolución para triunfar a veces se convierte en terquedad. Una vez que llega a ese punto, hay poco que pueda cambiar su idea o camino. La voz que escucha en estas situaciones es su ego y su orgullo. Ambos son mucho más frágiles de lo que la mayoría imagina, dada su personalidad extrovertida, segura y dinámica. Cuando no se siente apreciado, puede ser exigente y dictatorial, esperando que los demás lo colmen con tratamiento real.

Extravagante en ocasiones, su espíritu juguetón es una de sus cualidades más apreciadas, al igual que su energía creativa. Sin importar cómo lo exprese, ya sea en forma concreta o en ideas, tiene la imaginación ilimitada y envidiable de un niño. Son líderes naturales, a quienes se acude para iniciar proyectos o para dirigir cosas desde el estrado. Los nacidos bajo otros signos también son líderes, pero a menudo carecen de lo que usted tiene: la capacidad de llevar las cosas hasta el final. La iniciativa es fenomenal, y cuando se trata de llevar hasta la conclusión nuevas ideas, es el mejor. Es bueno para iniciar y terminar.

Relaciones personales

Generoso y leal, se esfuerza por ayudar a otros, y adquiere un férreo compromiso con alguien —o algo— que llega a su corazón. Quiere ver lo mejor en la gente y a menudo se sorprende cuando alguien lo decepciona. Se sorprende porque espera que otros sean tan francos como usted.

Salir con gente diferente es su estilo cuando está buscando pareja, y quien despierte su interés será afortunado. Sabe cómo avivar románticamente una cita —y a su pareja— con una aptitud dramática especial. Aquellos independientes y amantes de la diversión lo atraen y lo confunden. Mientras le encanta ser el centro de la atención, quien está a su lado puede tener otras prioridades, incluso mundiales y humanitarias. Eso puede hacer que sea un gran esfuerzo capturar el corazón de su verdadero amor, porque la persona podría estar renuente a renunciar a la libertad de la soltería. Podría encontrar una pareja estimulante mentalmente en Géminis o Libra, o en su signo opuesto, Acuario, que puede ser su mejor pareja. La compatibilidad es alta con Aries y Sagitario, y quizás otro Leo. Quizás no armonice con un Tauro o Escorpión.

A la mayoría les encantan los niños y quieren tener familia, y a menudo son pequeñas, con uno o dos hijos. Como padre o madre, busca brindar a sus hijos cada posible experiencia y oportunidad educativa e inculcar la ética y los valores que guían su vida. También disfruta el tiempo con ellos y podría involucrarse activa y regularmente en las actividades fuera del colegio. Prefiere mantener en privado los asuntos familiares —algo que aprendió en su infancia—. Los lazos familiares son estrechos, aunque intensos y turbulentos en ocasiones, y tiene sentimientos profundos por sus seres queridos. Su directorio está repleto de nombres de sus muchos amigos, quienes mantienen activa su vida social, pero no es cercano a la mayoría de ellos. Posiblemente son conocidos con personalidades alegres que armonizan con la suya, y vienen y van de su vida. Sus relaciones duraderas son con quienes comparten sus intereses y curiosidades y disfrutan largas conversaciones.

Profesión y dinero

Si depende de usted, estaría feliz de permanecer en un área o compañía toda su vida profesional. Aunque podría ser poco realista en el mundo actual, si alguien puede hacerlo, es usted. Podría prosperar en corporaciones o un entorno similar que le de la oportunidad de usar sus habilidades de liderazgo. Es un buen trabajador y amable con sus colaboradores, y prefiere separar la vida laboral de la personal.

En conjunto, tiene un buen potencial de ingresos y buenos hábitos de consumo, pero puede quedar atrapado en la trampa del crédito si no tiene cuidado. Las inversiones pueden ser lucrativas si se fía más del conocimiento que de la suerte. Tome su tiempo para leer siempre la letra menuda y analizar sus finanzas por completo, no sólo los detalles.

Su lado más brillante

En el fondo es un chiquillo y no ve razón para crecer, al menos en las noches y fines de semana. ¡Y no hay razón para que lo haga! Incluso los de mayor edad se sienten jóvenes, con un gran aprecio y necesidad de diversión y aventura. Esto hace que su relación con los niños sea natural porque se relaciona con ellos en su nivel.

Afirmación del año

Creo mi propia suerte y oportunidades.

Leo: el año venidero

Trabajo, dinero y relaciones están en su pronóstico de 2008 y, lo mejor de todo, será el centro de la atención, perfectamente ubicado para aprovechar las oportunidades para sobresalir. A diferencia de otros años, mucho de lo que ocurra en 2008 dependerá principalmente de usted y no de otras personas, circunstancias y situaciones. Entre los cuatro eclipses de este año y una inusual alineación Júpiter-Saturno-Urano, puede iniciar 2009 con muchos de sus deseos cumplidos.

Con el optimista y animado Júpiter en su sexta casa solar, su vida laboral está mejorando y se encuentra en el camino de lo que podrían ser ganancias significativas. Sin embargo, requerirá compromiso y posiblemente horas extras en el trabajo para lograr lo que quiere. Sin duda, disfrutará ir a trabajar mucho más que en años recientes. No todo saldrá bien, pero los días positivos superarán los difíciles.

Júpiter tiene una reputación bien merecida para la suerte y los buenos días, pero no es tan confiable como algunos piensan. Este planeta afortunado tiene que ver con promesas y oportunidades, así que sería imprudente avanzar sin esfuerzo y esperar que los frutos del trabajo caigan a sus pies. Esto podría o no pasar. Así que inicie el año con un plan diseñado para aumentar las oportunidades a su favor. Ponga por escrito los objetivos en el trabajo y revíselos mensualmente durante todo el año. Si su meta es un nuevo trabajo, éste es un año maravilloso para solicitarlo, pero podría necesitar paciencia y persistencia para conseguir lo que quiere. Es probable que le tome hasta noviembre o diciembre encontrar el trabajo apropiado con el salario indicado.

Aunque cualquier decisión laboral está en sus manos, con la alineación Júpiter-Urano de este año, tiene un toque de suerte adicional y oportunidad —y la posibilidad para mayores ingresos— de su lado. Tenga presente esto si le ofrecen un ascenso o un nuevo trabajo, probablemente puede negociar por más.

Urano en Piscis, su octava casa solar de recursos comunes, acentúa lo inesperado en asuntos de dinero que involucran el de otros —ingresos de la pareja, dinero de su empleador, seguros, deudas, préstamos, hipotecas y herencias—. Pero todas las apuestas son erradas cuando el impredecible Urano entra en juego. Puede traer gastos imprevistos tan fácilmente como un golpe de suerte. Eso es aun más cierto con Júpiter involucrado este año. Estos dos planetas forman una alineación exacta en marzo, mayo y noviembre, o sea ventanas de oportunidad para ganancia económica y, desafortunadamente, pérdida. Use su sentido común y omita el riesgo. Invierta apenas lo mínimo —no todo el pago de la hipoteca en la compra de un boleto de lotería— y esté atento a las inversiones. También debería revisar sus informes de crédito y los de su familia para ver si hay errores.

Júpiter también se alinea con Saturno en Virgo, su segunda casa solar de dinero personal, incluyendo ingresos y hábitos de consumo. Esta colocación requiere mucha atención para entender las recompensas de Saturno que llegan, siguiendo las reglas y asumiendo la responsabilidad por sus acciones. Eso es exactamente lo que Saturno "espera" que haga con sus finanzas: pague deudas y no adquiera más, ahorre e invierta a largo plazo. Pero la energía de Saturno no está en su forma más pura este año. Alineado favorablemente con Júpiter, aumentará su probabilidad de frutos económicos. Saturno es restrictivo, Júpiter es expansivo, y cuando los dos se alinean favorablemente como lo hacen este año, puede obtener lo mejor de ambos y un mayor salario —si decide realizar lo que quiere, tome la iniciativa y busque oportunidades—.

Significado de los eclipses

Aun con toda la buena suerte en su vida laboral y de finanzas, existe la posibilidad de que las cosas fallen y afecten todas las buenas perspectivas. El formal Saturno también se alinea con el Urano de espíritu libre, así que sentirá un vaivén en asuntos de dinero y en ocasiones se preguntará cuándo llegará el siguiente gasto inesperado. Eso es más probable en enero, hacia el eclipse lunar de febrero 20 en Virgo, durante los meses de verano y en noviembre y diciembre. Sin embargo, recuerde que con Urano involucrado podría con la misma facilidad tener un golpe de suerte. La ley de Murphy podría aplicarse aquí —si tiene ahorros para cubrir gastos, tal vez no necesite hacer uso de sus reservas—.

Las relaciones están muy acentuadas este año mientras Neptuno continúa avanzando en Acuario, su séptima casa solar. Igual de importantes, y posiblemente más, son los otros tres eclipses del año en Leo y dos en Acuario. En lo que se refiere al amor, nadie supera a Neptuno. Este planeta místico e inspirativo suaviza corazones y estimula el carisma y los poderes de atracción. Pero, igual que los otros planetas, Neptuno tiene un lado negativo. Conocido también como el planeta de la ilusión y la confusión, Neptuno puede filtrar la verdad haciendo parecer todo bueno y agradable y finalmente terminar en desilusión cuando emerge la realidad. Lo que parece real puede o no serlo. En las relaciones, esto puede hacer difícil ver la verdadera persona detrás de la máscara de Neptuno. ¿Es amor, o está enamorado del amor? Debido a que ésa es una pregunta difícil de responder cuando Neptuno está activo, la elección sabia es aplazar el compromiso hasta que su visión se aclare. Saber cuándo es el momento indicado puede ser difícil, así que opte por un largo período de citas de amor informales antes de comprometerse. Esto es especialmente importante si el amor captura su corazón este año. Con el eclipse solar de febrero 6 y el eclipse lunar de agosto 16 en Acuario, el encanto de Neptuno es fuerte, ¡al igual que el suyo! Por eso puede agradecer al eclipse solar de agosto 1 en Leo, que le dará toda la chispa y brillo para atraer a alguien nuevo a su vida.

Las mismas pautas se aplican si considera una sociedad comercial este año o si necesita consultar a un profesional, tal como un abogado o un contador. Sea precavido si un posible socio lo busca para consolidar una empresa. Por ejemplo, no sería prudente hipotecar su casa o agotar el cupo de todas las tarjetas de crédito porque podría quedar con años de deuda y sin socio. Incluso sin la inversión financiera, poner toda su fe en las capacidades de alguien más es arriesgado en el mejor de los casos. Escuche su sexto sentido cuando le sugiera que todo no es exactamente como debería. Tal vez no identifique específicamente lo que lo perturba, pero ésa es razón suficiente para proceder con cautela. Con el tiempo descubrirá la verdad.

El lento Plutón pasará de Sagitario a Capricornio este año. En los trece años pasados, este planeta ha ocupado su quinta casa solar de hijos, romance, actividades de tiempo libre y creatividad. Durante su viaje, quizás ha experimentado todos los lados de este planeta intenso y transformativo mientras lo incita a que use su imaginación y explore nuevos pasatiempos y relaciones. Puede haber estado muy involucrado en las vidas de sus hijos, pero con Plutón en juego, es tiempo de darles más independencia para que dedique más la energía en su profesión.

Éste es un año de transición con Plutón entrando a Capricornio en enero 25, donde avanza hasta junio 12, antes de retroceder a Sagitario hasta noviembre 25. Después de eso, continúa en su viaje de 17 años a través de Capricornio. Esté atento a lo que sucede a su alrededor en el trabajo durante el período inicial de Plutón en Capricornio. Eso le dará una idea de lo que puede esperar de este poderoso planeta. Personas difíciles pueden ser parte de su vida, pero en general éste es el comienzo de un período en que puede dar saltos profesionales significativos, incluyendo un ascenso continuo hacia una posición importante, y empezará a tomar más seriamente su vida laboral. En combinación con la alineación de Júpiter-Saturno-Urano de este año, es aun más propicia la probabilidad para un ascenso en estatus el fin de año.

Si nació entre julio 22 y agosto 1, Saturno en Virgo, su segunda casa solar de recursos personales, entrará en contacto con su Sol entre enero y comienzos de agosto. Se sentirá conectado con su dinero, pero tendrá una sensación de intranquilidad con una tendencia oculta de preocupación como si todo no estuviera bien en su mundo financiero. Use esa sensación como incentivo para controlar detalladamente los gastos, estimular sus ahorros y fijar metas para aumentar los ingresos. Esto le ayudará a aliviar su mente. Sin embargo, en otro nivel, puede encontrarse cuestionando lo que es importante para usted y lo que valora en la vida, sólo para descubrir que la ostentación y el glamour están perdiendo parte de su brillo —¡no del todo!—. Como resultado, se da cuenta de que usted —junto con sus habilidades y talentos—son su patrimonio más importante. Que quién es y lo que tiene para dar al mundo tiene mucho más valor que la fachada y la presentación superficial. Esto le hará ganar un nuevo nivel de confianza que puede atraer a su vida más beneficios de Júpiter.

Si su cumpleaños es entre julio 22 y agosto 1, la evolución será gradual, durante los tres primeros meses del año y, después de un corto receso, de junio hasta comienzos de agosto. El mismo tiempo se aplica a asuntos financieros bajo consideración, progreso en el pago de deudas o ahorrar para compras. Su experiencia será mucho más enfocada y concentrada si nació entre el 22 y el 25 de julio, en parte porque el eclipse lunar de febrero 20 en Virgo en contacto directo con su Sol hace de esto un asunto más importante en su vida. Quizás debería aumentar los ahorros antes de este tiempo porque es posible un gasto extra. Pero eso también podría desencadenar una pequeña crisis finalmente positiva que lo motiva a poner en orden sus finanzas.

Si nació entre el 2 y el 15 de agosto, Saturno entrará en contacto con su Sol entre agosto y diciembre, con una repetición si su cumpleaños es entre el 5 y el 15 de agosto. Sea prudente y recuerde esto cuando empiece a hacer compras de fin de año. Si se entusiasma demasiado, seguro lo lamentará cuando lleguen las cuentas en enero. Use esta información para su beneficio, ahorre su dinero y pague en efectivo.

Si nació entre el 6 y el 15 de agosto, el tema financiero es doblemente acentuado porque Urano en Piscis, su octava casa solar de recursos comunes, también entrará en contacto con su Sol. Esto hace que sus oportunidades para ganar sean más grandes que las de otros nativos de Leo, pero también aumenta la posibilidad de gastos inesperados. La elección inteligente es hacer del ahorro una prioridad para estar solvente, si es necesario. También debería buscar mayores ingresos a través de un ascenso o un nuevo trabajo. Con esta combinación activa de planetas, existe la posibilidad de que pierda su trabajo por varias razones. Si esto sucede, las probabilidades de encontrar un nuevo empleo son buenas. Esté atento a lo que sucede en el trabajo, escuche los rumores y haga contactos para tener una transición tranquila. Por encima de todo, debe hacer un esfuerzo consciente para poner en orden sus finanzas y establecer un presupuesto que incluya ahorros, inversiones a largo plazo y fondos de retiro. Averigüe sobre las tasas de interés y refinancie un préstamo o hipoteca a un interés más bajo si le favorece. Haga lo mismo con el cubrimiento de los seguros. También es probable que gane a través de una herencia o la lotería este año.

Si nació entre el 11 y el 17 de agosto, Neptuno en Acuario lo inspirará para ver la vida no como es, sino como debería ser. ¡Sueñe en grande!, y luego actúe sobre sus sueños. Con este planeta mágico entrando en contacto con su Sol, la visualización complementa sus poderes de atracción y el aura de misterio lo rodea este año. Sólo tenga cuidado con lo que desea, porque es muy probable que consiga exactamente eso. Su intuición será especialmente activa, así que entre en contacto con su voz interior y aprenda a confiar en ella —poco a poco al principio si este concepto es nuevo para usted—. Ensaye la meditación, pero tenga un poco de cautela con otras personas, especialmente nuevos conocidos, porque tendrá la tendencia a ver lo que quiere ver en ellos, lo cual puede o no ser la realidad. También estará muy sensible a la adulación y el encanto este año —¡y usted mismo será un maestro en esto!—, una influencia maravillosa para momentos románticos memorables. Sin embargo, sea prudente y no se comprometa, al menos hasta el año siguiente, cuando disminuye la influencia de Neptuno. Lo que siente como amor, podría ser o no verdadero. Deberá ser igualmente cauteloso en asuntos de dinero, donde debe fiarse de hechos, no de promesas. Poner toda su fe en alguien más sería un error, especialmente en los meses alrededor del eclipse lunar de agosto 16 en Acuario, que permanece vigente durante seis meses después del eclipse. Sus sueños podrían ser intuitivos, incluso proféticos, este año. Mantenga lápiz y papel junto a su cama para registrar sus impresiones antes que desaparezcan en las esferas celestes. El olvido y una sensación de "perdido en el espacio" pueden acompañar esta influencia de Neptuno. Tomar notas puede ayudarle a seguir la pista de las cosas y eliminar la confusión mental, que puede estropear su mayor imaginación y creatividad.

Si nació entre el 20 y el 23 de agosto, será uno de los últimos de su signo en experimentar el contacto favorable de Plutón con su Sol desde Sagitario —antes de enero 25, y entre junio 13 y noviembre 25—. Con esta poderosa energía disponible, tendrá la resolución, pasión y continuidad para realizar casi todo lo que desea. Sin embargo, tenga cuidado con la tendencia de esforzarse demasiado. Relájese y reconozca cuándo es tiempo de terminar la labor del día, y tome descansos frecuentes si está haciendo trabajo físico. Si quiere hacer cambios físicos, tales como perder peso, este es el año apropiado. Tendrá el incentivo de seguir con esto, y más importante aun, de cambiar permanentemente su dieta y hábitos alimenticios para mantener un estilo de vida más sano. Un programa de ejercicio físico cae en la misma categoría. Comience lentamente y poco a poco construya su masa muscular a través de ejercicio regular en un gimnasio o caminando, montando en bicicleta o patinando diariamente.

Si nació entre el 22 y el 25 de julio, Plutón en Capricornio entrará en contacto con su Sol de enero 25 a junio 12, y de noviembre en adelante. Sentirá un deseo gradualmente creciente de transformar su vida profesional. No es exactamente una sensación de descontento, sino la sensación de que la vida pasa y es tiempo de dejar su huella en el mundo. Su mayor obstáculo aquí será convencerse de adoptar este nuevo camino para que pueda abrazar plenamente una nueva dirección. Dése tiempo para el cambio. A fin de año su mente y sus deseos estarán en sincronía y listos para seguir adelante. ¡Deje su huella en el mundo!

Leo/Enero

Puntos planetarios clave

Ha estado más concentrado y disciplinado desde julio pasado, y ahora cree que es tiempo de acelerarse mientras la gran cruz fija entra en contacto con su Sol. Sin embargo, hay factores que complican la situación. Venus, retrógrado desde el final del año pasado, confunde su eficiencia —tiene demasiadas cosas que terminar para seguir adelante—. Pueden presentarse obstáculos alrededor de enero 15, 18, 23 y 27. Si es así, son sólo otra etapa en el proceso, y asegurarán que pueda quitar las imperfecciones del sistema.

Sucesos planetarios sobresalientes

Aunque normalmente es saludable, puede sufrir más que del usual virus con Venus retrógrado en su sexta casa, así que cuídese. Éste es un tiempo para privarse de las fiestas y quedarse en casa.

Relaciones personales

Las relaciones en el trabajo tal vez no van bien con Venus retrógrado acentuando su sexta casa. Los problemas no son sólo algo que surgió este mes, sino asuntos que se han acumulado con el tiempo. Es tiempo de enfrentar lo que está sucediendo y modificar sus métodos y su comportamiento. Sin embargo, no todo está en sus manos. Se requieren dos para que ocurra. Si es el único que recibe crítica, señale las motivaciones comunes que comparte con las otras personas en la situación a fin de encaminarlas en los esfuerzos para lograr la armonía.

Finanzas y éxito

Un contacto Júpiter-Neptuno le da la oportunidad de revisar qué tan bien está cuidando su vida privada. Éste es el tiempo para mirar el largo túnel del futuro y ver qué potenciales puede desarrollar durante los seis años siguientes. También estará mirando los nueve años pasados para ver qué tan lejos ha llegado, examinar bien la situación actual y terminar cosas pendientes. La fecha clave es enero 27.

Días favorables 5, 6, 7, 10, 11, 15, 16, 20, 21, 25, 26

Días desafiantes 1, 2, 8, 9, 22, 23, 24, 29, 30

Leo/Febrero

Puntos planetarios clave

Hasta febrero 5 estará siguiendo el viaje en su nuevo camino que inició a mediados de enero, cuando una configuración importante de este mes es activada por Mercurio y el Sol. Dedique tiempo para sintonizarse con su realidad interior en febrero 5, cuando empieza el nuevo ciclo anual de Neptuno. La introspección puede ser reflejada por otros que tal vez no son conscientes de los mensajes que están trayendo.

Sucesos planetarios sobresalientes

Venus continúa su movimiento en febrero 3. Ahora puede volver a manejar su propio horario como lo vea apropiado, el cual debería incluir una rutina de ejercicios revigorizante y alimentos nutritivos. Regresará a la normalidad a fin de mes.

Relaciones personales

Sus relaciones laborales necesitan modificaciones. Si maneja un equipo, tal vez debió haber contratado, despedido o darle indicaciones adicionales a alguien. Es probable que dentro del grupo hayan surgido conflictos que necesitan ser resueltos. Si no se han solucionado, seguirán latentes y se arraigarán en el sistema, así que lo mejor es arreglar las cosas ahora antes de que eso ocurra. Entre más pronto en el mes lo maneje, mejor estará, puesto que Venus, el planeta clave, cambia de dirección en febrero 3. Es el momento de mirar profundamente qué espera de sus relaciones más cercanas. Si hay asuntos no resueltos, no puede deshacerse de ellos ignorándolos. Se requiere un enfoque constructivo para superar problemas serios, y la ayuda de otros puede ser necesaria.

Finanzas y éxito

Ha estado retrasado por lo menos seis semanas, y ahora podrá ponerse al día rápidamente. Las distracciones merman cuando todos empiezan a ponerse de acuerdo y a unir esfuerzos de nuevo.

Días favorables 2, 3, 6, 7, 11, 12, 16, 17, 21, 22

Días desafiantes 4, 5, 18, 19, 20, 25, 26

Leo/Marzo

Puntos planetarios clave

Su casa y su familia requieren más atención este mes, ya sea por reparaciones y renovaciones o necesidades familiares, mientras Júpiter se torna retrógrado en marzo 4 y hace su segundo de tres contactos con Neptuno en marzo 15. Las finanzas son débiles la mayor parte del mes mientras Mercurio avanza retrógrado a través de su octava casa del 2 al 25 de marzo. Una entrada inesperada de dinero viene de la familia cuando más lo necesita.

Sucesos planetarios sobresalientes

Está trabajando en crear felicidad y satisfacción, y ése es el factor más importante para estar saludable. Tener esto presente hará más fácil conservar una actitud optimista y un alto nivel de vitalidad.

Relaciones personales

Su mundo social ha tenido grandes alteraciones desde 1995, y ocurrirán más este año cuando el eclipse lunar enfoque las fuerzas transformativas de Plutón. Los hijos, si tiene, seguirán atravesando un cambio dramático. Los lazos románticos invocan sentimientos poderosos pero al mismo tiempo pueden ser inquietantes. Los sucesos relacionados con este campo energético en su vida se presentarán en marzo 14 y 29.

Finanzas y éxito

La presión en la profesión o la empresa ha mermado justo a tiempo para que las actividades se intensifiquen en el hogar. Con lo impredecible de sus finanzas, la familia provee el sustento necesitado este año, incluso si es sólo emocional o mental. Iniciando en marzo 4, este sustento puede ser interrumpido o ser más regular como reflejo de su situación. Si está pasando tiempos difíciles, es bueno tener presente que es temporal y que las limitaciones actuales alcanzarán un objetivo digno, porque va en la dirección correcta. Otras fechas clave este mes son marzo 1°, 14 y 29.

Días favorables 1, 2, 5, 6, 7, 10, 11, 12, 15, 16, 17, 20, 21, 29, 30

Días desafiantes 3, 4, 18, 19, 25, 26, 31

Leo/Abril

Puntos planetarios clave

En abril 5 se quita una carga de sus hombros cuando Saturno regresa al movimiento directo. En julio pasado, cuando entró a su signo, encontró útil tener responsabilidad y autodisciplina adicionales para realizar nuevos objetivos. Sus elecciones fueron puestas a prueba en el otoño, y tuvo que comprometerse a un plan de acción que comenzó en noviembre 22. Su empresa llegó a un crescendo en enero 27, y ahora puede empezar a ver cómo se desarrollarán las cosas. Todavía hay cuatro meses en esta fase de su plan, y luego otro año antes de que la presión pase a una nueva área.

Sucesos planetarios sobresalientes

Parte de su programa de perfeccionamiento de sí mismo incluye presentarse en una nueva forma. Se está viendo de manera distinta y cambiando su apariencia para reflejar su nueva identidad. Cuando Saturno cambia de dirección, tiene más claro cómo es su nuevo ser y lo que necesita hacer para realizar sus objetivos más eficazmente, y puede seguir adelante con un mayor sentido de claridad y optimismo.

Relaciones personales

Aunque puede ver cambios en el camino, todavía no es momento para que se presenten. Mientras tanto, enfrentar lo que está sucediendo le permitirá prepararse. Por ahora, puede habilitar su vida en muchas formas extendiéndose socialmente. Personas carismáticas que conoce alrededor de abril 8 pueden ser más desafiantes de lo que esperaba.

Finanzas y éxito

Hacer contactos ahora le traerá éxito en el futuro, incluso si no parece que hay un potencial. Hay armonías planetarias en abril 16, 19 y 20 para darle un estímulo adicional a la vida pública. Éste es un buen tiempo para hacer las llamadas telefónicas que generan nuevos negocios.

Días favorables 2, 3, 6, 7, 8, 11, 12, 13, 16, 17, 18, 25, 26, 29, 30

Días desafiantes 1, 14, 15, 21, 22, 27, 28

Leo/Mayo

Puntos planetarios clave

Este mes podría ser similar a enero en todo —menos la temperatura— mientras la gran cruz fija es repetida hasta mayo 14. Sin embargo, hay espacios azules entre las nubes cuando un gran trino Marte-Júpiter-Urano se forma simultáneamente, dándole la oportunidad de aprovecharse de los sucesos que ocurren.

Sucesos planetarios sobresalientes

Se está sintiendo más reservado este mes mientras Marte acentúa su duodécima casa, y no quiere ser el centro de atención por un tiempo. Aunque está ocupado, consigue el apoyo que necesita para sacar este tiempo y revitalizarse. Puede obtener ayuda para las tareas que requieren su vigilancia constante mientras sale de la presión.

Relaciones personales

El apoyo emocional y creativo viene de los lazos familiares y comerciales; lo más valioso ahora es saber que otros tienen fe en usted y sus objetivos. Momentos desafiantes se presentarán en mayo 4-15 y 22.

Finanzas y éxito

Puede sentir que está empezando de nuevo, pero hay más que eso. Necesita ampliar su perspectiva para ver otras partes del panorama general. En realidad, en lo que está ahora se inició en mayo de 2000. Así como sabe que lo que sube debe bajar —y es un hecho—, también sabe que usted regresará a la cima de una forma nueva y mejor. Cuando Júpiter alcance el punto medio en su ciclo en mayo 4, podrá sentir un poco de alivio, pero la mejor parte es saber que la verdadera libertad está sólo a dos meses. Será un camino cuesta abajo hasta completar las empresas de este año, que serán integradas completamente en su vida a fin de año.

Días favorables 4, 5, 9, 10, 14, 15, 22, 23, 27, 28, 31

Días desafiantes 11, 12, 13, 18, 19, 24, 25, 26

Leo/Junio

Puntos planetarios clave

La presión se intensifica ahora que Marte alcanza a Saturno en su signo en junio 17. Ésta es sólo otra etapa en la situación que surgió en julio pasado y se definió mejor en el otoño. Desde entonces, ha tenido puntos decisivos en enero, abril y mayo. Del 4 al 22 de junio, estará dedicado a actividades que resuelven más los asuntos asociados con sucesos culminantes del 17 al 22 de junio.

Sucesos planetarios sobresalientes

Ahora necesita tiempo para sí mismo para ganar claridad sobre los asuntos que enfrenta, por eso es el momento para incluirlo en su calendario. Puede ahorrar tiempo haciendo cosas por sí mismo que normalmente realizaría junto a otras personas, tales como trabajo en la oficina —cierre la puerta—, ejercicio y práctica espiritual.

Relaciones personales

Hay una debilidad en su relación personal que ha tratado de arreglar desde el verano pasado. Tomará un largo proceso de autocrítica y curación, además de la disposición de comprometerse honestamente con su pareja, si tiene una. Ahora hay una posibilidad de introducir nuevo conocimiento en la ecuación, especialmente alrededor de junio 7. Aunque no es una panacea, es un paso en la dirección correcta.

Finanzas y éxito

La interrupción de su corriente normal de ingresos puede ocurrir alrededor de junio 19 cuando empieza el período retrógrado de Urano. Es parte de un cambio más grande en la forma en que se gana el sustento. Ha estado buscando liberarse de limitaciones económicas, pero también lo abre a un mayor riesgo financiero. Los cinco meses siguientes le dan la posibilidad de reforzar su base, de modo que cuando sus ingresos fluctúen hacia abajo, tenga una reserva para apoyarse.

Días favorables 1, 2, 5, 6, 7, 10, 11, 19, 20, 23, 24, 27, 28, 29

Días desafiantes 8, 9, 14, 15, 21, 22

Leo/Julio

Puntos planetarios clave

La presión es liberada y ahora puede hacer progresos estables hacia sus metas personales. Júpiter lo ayuda en forma de apoyo del hogar y la familia una vez que regresa al movimiento directo en julio 6. Proyectos y personas en casa requieren un esfuerzo menos intenso, y ahora tiene más tiempo libre.

Sucesos planetarios sobresalientes

El período retrógrado de Mercurio empieza en su signo en julio 4, pero regresa rápidamente a Cáncer y su duodécima casa. Éste es un buen tiempo de retiro, cuando puede reponer su reserva energética después de unos meses agotadores. Un componente importante del retiro es tener tiempo para hacer lo que necesita, a fin de hallar el lugar de paz en sí mismo. Podría reorganizar su oficina en casa, terminar un proyecto o hacer un retiro espiritual. Entre menos esté expuesto a las energías de otros, mejor será para usted. La enfermedad podría ser un factor si ignora la necesidad de restaurarse y encontrar el camino de regreso a su centro.

Relaciones personales

Su casa es un mejor lugar para estar ahora, ya sea porque la dinámica de las relaciones es mejor o porque finalmente terminó un trabajo de remodelación. Es un buen tiempo para celebrar la vida: haga una fiesta o simplemente brinde con los que ama. Si ha estado esperando mudarse, podrá seguir adelante con sus planes en julio 6.

Finanzas y éxito

Experimentará un bache económico alrededor de julio 5, pero a la larga no sumará mucho, así que no gaste energía emocional en eso.

Días favorables 2, 3, 4, 7, 8, 9, 16, 17, 25, 26, 30, 31

Días desafiantes 5, 6, 12, 13, 18, 19

Leo/Agosto

Puntos planetarios clave

Éste será su mes más activo del año, cuando el Sol y Saturno se conectan para iniciar el nuevo ciclo anual de Saturno en agosto 7. Tiene una visión clara de cómo crear su nueva imagen, y está completamente dedicado a realizar sus objetivos. Durante el año siguiente, deberá decidir cómo equilibrar la realización de sus planes contra cumplir sus obligaciones y compromisos con otros. Los sucesos relacionados con este asunto se presentarán en agosto 10.

Sucesos planetarios sobresalientes

Tiene la tendencia a ser muy serio estos días, pero puede moderar su comportamiento sacando tiempo para reír y disfrutar la vida. Programe tiempo libre si encuentra difícil escaparse, y haga un compromiso consigo mismo en su vida para hacer algo divertido durante ese tiempo.

Relaciones personales

Los sucesos en agosto 10 traen un nuevo conocimiento de los obstáculos que enfrenta en sus relaciones. Si tiene pareja, hay una forma en la que él o ella no están ahí para apoyarlo —en realidad, puede agotar su energía debido a enfermedad o debilidad personal—. Es necesario fijar límites en la situación de modo que pueda seguir buscando sus objetivos. Si su pareja necesita apoyo adicional, tal vez es tiempo de que consiga a alguien más para que ayude cuando usted no puede, sin importar cómo se sienta al respecto su ser amado.

Finanzas y éxito

Podría sentir ganas de aliviar sus frustraciones saliendo de compras este mes, lo cual es probable que lo perturbe en términos de realizar sus planes para el futuro. No deje que su necesidad de hacer lo que sus amigos hacen lo lleve a gastar lo que en realidad no puede. El riesgo es mayor en agosto 13 y 29.

Días favorables 4, 5, 12, 13, 16, 17, 18, 21, 22, 23, 26, 27, 28, 31

Días desafiantes 1, 2, 3, 8, 9, 14, 15, 29, 30

Leo/Septiembre

Puntos planetarios clave

Tiene la satisfacción de ver progresos por sus esfuerzos del año pasado, y ahora cuenta con tiempo relativamente ininterrumpido para trabajar por sus metas. Sin embargo, los asuntos económicos requieren atención adicional, especialmente del 3 al 9 de septiembre, y podría sentir que es inaceptable el nivel de riesgo que tiene en sus ingresos. Aunque posteriormente se sentirá más tranquilo, una mayor estabilidad es un objetivo digno que puede ser realizado manteniendo una mayor reserva.

Sucesos planetarios sobresalientes

Tendrá más energía en su rutina de ejercicio después de septiembre 6, una vez que Marte inicie un contacto de apoyo con su Sol. Para mayor seguridad, trate de permanecer más cerca de casa cuando haga ejercicio, ya sea explorando su vecindario mientras corre o camina, o utilizando los centros recreacionales cercanos.

Relaciones personales

Aunque aquellos que apenas conoce lo ven muy poco estos días, los más cercanos ven cuán ocupado está. Su vida está llena de eventos y actividades con ellos y para ellos. Tiene grandes metas en mente, especialmente en lo que se refiere a las comodidades que quiere conseguir junto con su familia. Sus esfuerzos llegan a un punto culminante al final de octubre y conducen a otros éxitos en los dos años siguientes.

Finanzas y éxito

El tercero de tres contactos entre Júpiter y Neptuno ocurre en septiembre 24, animándolo a revisitar las metas que fijó en enero. Ha superado muchos obstáculos para llegar donde está ahora. Los dos meses siguientes lo verán terminando con esos planes mientras formula las ideas que lo subirán al siguiente escalón. Esfuerzos constantes lo habilitarán el año siguiente para crear cosas aun más grandes.

Días favorables 1, 9, 10, 13, 14, 17, 18, 19, 22, 23, 24, 27, 28

Días desafiantes 1, 2, 3, 8, 9, 14, 15, 29, 30

Leo/Octubre

Puntos planetarios clave

El empuje para mejorar su hogar y las relaciones está dando resultados, y esto es más evidente en octubre. Si a veces parece que sus mejores esfuerzos y buenas intenciones han caído en oídos sordos, a fin de mes descubrirá que esto no es así. Aunque todavía faltan dos meses para los resultados finales, algunas indicaciones iniciales, especialmente antes de octubre 15, revelarán que está en lo correcto.

Sucesos planetarios sobresalientes

Se siente con más energía porque Saturno en su signo no está tan activado por otros cuerpos celestes. Disfrutará más las actividades físicas si son al aire libre e incluyen amigos.

Relaciones personales

El último retrógrado de Mercurio este año comienza en octubre 28. Sacará a la luz asuntos en casa y le permitirá arreglar problemas reprimidos. Las comunicaciones a comienzos de mes revelarán la forma que tomarán las situaciones importantes, aunque los asuntos subyacentes serán los mismos con los que ha estado lidiando todo el año. Observe lo que experimenta en octubre 15, 22 y 24, porque los sucesos en esas fechas le darán indicaciones de lo que pasa, y tal vez evitará malentendidos. Puede solucionar problemas emocionales pasando tiempo juntos fuera de su casa —viendo una película o en evento comunal— para llevar su relación a un terreno neutral.

Finanzas y éxito

Confíe en sus instintos en octubre 9 y 10 para saber qué hacer con una oportunidad económica que surge. Esta oportunidad es aparentemente aleatoria, pero en realidad está basada en sus bondades pasadas, y alguien está tratando de regresarle el favor. Sin embargo, no la tome si no siente que es apropiada.

Días favorables 6, 7, 10, 11, 15, 16, 20, 21, 25, 26

Días desafiantes 2, 3, 8, 9, 22, 23, 24, 29, 30

Leo/Noviembre

Puntos planetarios clave

La vida en casa es atareada mientras los planetas se agrupan en su cuarta casa de vida familiar. Esto podría involucrar renovaciones o reparaciones, preparativos para recibir invitados, e interacciones animadas con otros miembros de la familia. Es un buen tiempo para hacer una limpieza, lavar las alfombras y poner una nueva capa de pintura en las paredes. Puede divertirse mientras aumenta la comodidad de su casa.

Sucesos planetarios sobresalientes

Si está trabajando en reparaciones o redecorando la casa, es importante ejercitar músculos de manera distinta a la forma en que están siendo fatigados mientras trabaja. Dé una caminata o corra durante el día. Puede ser más sensible a los gases de productos de limpieza y construcción de lo que cree, así que mantenga bien ventilado su espacio de trabajo. Sea más cuidadoso en noviembre 1°, 8, 11 y 17.

Relaciones personales

A pesar de pequeños retos que enfrenta con toda la actividad en casa, la vida con su familia es agradable. Sin embargo, en un tiempo de cansancio o estrés, es posible decir cosas equivocadas, especialmente en noviembre 11. Una excusa inmediata contribuirá a recrear la armonía.

Finanzas y éxito

Si se siente inspirado y optimista a medida que avanza el mes, es porque Júpiter está a punto de entrar a Sagitario y su quinta casa solar de diversión y creatividad. Durante el año pasado trabajó con dedicación para construir algo nuevo, y ahora las cosas serán más fáciles, ajustándose a sus grandes planes para el éxito. Es tiempo de dejar que su lado creativo fluya libremente, porque a través de lo que hace ahora descubrirá, y después realizará, su mayor potencial.

Días favorables 2, 3, 6, 7, 8, 11, 12, 16, 17, 21, 22, 30

Días desafiantes 4, 5, 18, 19, 20, 25, 26, 27

Leo/Diciembre

Puntos planetarios clave

Éste es el segundo año de su plan de perfeccionamiento personal, y ahora es tiempo de dedicarse con empeño a las tareas que fijó para sí mismo alrededor de agosto 7. En diciembre 5, el retrógrado de Saturno demarca un período de cinco meses de acción concentrada para cumplir sus objetivos personales. Esto requerirá autodisciplina y tal vez le causará malestar mientras reestructura su vida, pero sabe que será mejor una vez que se adapte.

Sucesos planetarios sobresalientes

Parte de la disciplina que está ejerciendo en su vida se extiende a cuidarse de nuevas formas. Una nueva dieta, estilo de vida y una rutina de ejercicio le irán bien ahora. La fuerte energía de Saturno hace más fácil fijar límites en sí mismo, así que si desea cambiar hábitos para bien, éste es un tiempo ideal para hacerlo.

Relaciones personales

Es más fácil manejar su proceso de desarrollo personal cuando tiene distracciones agradables. Éste es ciertamente el caso ahora, con un grupo de planetas en su quinta casa de diversión y romance. Los lazos amorosos están en primer plano en su mente, ya sea que involucren parejas románticas, hijos o amigos. Actividades deportivas, eventos culturales, fiestas y bailar en su club favorito podrían ser parte del plan. Hay energías poderosas en juego, así que no se afane por confiar en personas que no conoce. Ésta promete ser una estación festiva única que va a sobresalir entre otras.

Finanzas y éxito

Alrededor de diciembre 19, su trabajo es reconocido de una forma que generará más ingresos, incluso si no es enseguida. Mantenga sus esfuerzos constantes y solidificará este resultado en los meses venideros.

Días favorables 1, 4, 5, 8, 9, 10, 13, 14, 15, 18, 19, 27, 28, 31

Días desafiantes 2, 3, 16, 17, 23, 24, 29, 30

Tabla de Acciones de Leo

Estas fechas reflejan los mejores —pero no los únicos— días para el éxito en dichas actividades, según su signo solar.

	ENE	FEB	MAR	ABR	MAY	JUN	JUL	AGO	SEP	OCT	NOV	DIC
Mudanza			24, 25				11, 12					
Iniciar un curso		23, 24			15, 16			5, 6	2	26, 27		
Ingresar a un club				9, 10	6, 7	7, 8, 30	28, 29					
Pedir un aumento		21, 22						12, 22				
Buscar trabajo	7		30	25, 26				12-14			20	1, 27, 28
Buscar ayuda profesional			4, 5						11, 12			30
Buscar un préstamo			7	4	1							21
Ver un doctor			15, 29	25			2, 3	26, 27				
Iniciar una dieta		4	30				18	16				
Terminar una relación			5		25, 26							
Comprar ropa	4			24			13	11	6, 7	21, 26, 31		
Cambio de estilo, imagen				13, 14			13	1, 2		21		16
Nuevo romance						16, 17			6	31	27	
Vacaciones				6-15							9-11	7, 8

La Virgen
Agosto 22 a Septiembre 22

♍

Elemento:	Tierra
Cualidad:	Mutable
Polaridad:	Yin/Femenino
Planeta regidor:	Mercurio
Meditación:	Puedo tener tiempo para mí
Piedra preciosa:	Zafiro
Piedra de poder:	Peridoto, amazonita, rodocrosita
Frase clave:	Yo analizo
Símbolo:	Símbolo griego de contención
Anatomía:	Abdomen, intestinos, vesícula biliar
Color:	Marrón, gris, azul marino
Animal:	Animales domésticos
Mitos/Leyendas:	Demitrio, Astraea, Hygeia
Casa:	Sexta
Signo opuesto:	Piscis
Flor:	Pensamiento
Palabra clave:	Discriminando

Fortalezas y retos

Su ojo agudo y discerniente para los detalles, le da la capacidad de rápidamente formarse una idea de casi cualquier situación. Poco escapa de su atención, y tiene un talento extraordinario para combinar todas las piezas en un todo, como en un rompecabezas. Mientras los otros ven sólo los hechos individuales, usted los ve como un todo. Es su intuición que puede llevarlo un paso adelante de todos los demás.

Los nativos de Virgo tienen la reputación de ser muy ordenados y meticulosos. Algunos lo son, otros no. Ambos son muy organizados, incluso si se trata de un revoltijo "organizado" en un montón. También sobresale en planificación y eficiencia, y en encontrar fácilmente la forma mejor y más rápida de realizar una tarea en el trabajo, en casa o en su vida personal.

Con Mercurio, el planeta de la comunicación, como su regidor, es un aprendiz perpetuo y probablemente un ávido lector. El sentido común y el pensamiento práctico son su segunda naturaleza, y gracias a sus fuertes energías mentales es fenomenal en investigación y análisis. Pero con un cerebro que funciona horas extras, tiene la tendencia a preocuparse y jugar el juego de "¿qué sucederá si . . .?" —a menudo sin una buena razón, como se da cuenta después—.

Es polifacético y se adapta con facilidad, sigue el flujo de las cosas en la mayoría de situaciones —a veces demasiado—. Exprese sus ideas y opiniones sobre asuntos significativos, en lugar de quedarse callado o aprobar las opiniones de otros. Las personas lo respetarán por esto y, más importante aun, ganará confianza.

Relaciones personales

Muchos nativos de Virgo son tímidos, especialmente en sus años juveniles, antes de que la experiencia de la vida estimule la confianza. Aun así, se siente más cómodo con personas que conoce que en situaciones sociales donde la gente viene y va.

Puede ser difícil que conozca a esa persona especial porque discrimina tanto en el amor como con todo lo demás en la vida. Hasta que eso ocurra, está contento de esperar que aparezca la persona indicada. Incluso podría tener una relación a largo plazo sin compromiso o vida en común que durará años. Pero sin el impulso, carece de motivación para dar el siguiente paso. Sin embargo, la vida es muy diferente cuando encuentra a su alma gemela en lo que podría ser un momento mágico de amor a primera vista. Podría experimentarlo con un sensible Piscis, su signo opuesto, o con un nativo de Cáncer o Escorpión. El amor duradero es posible con uno de los otros signos de tierra, Tauro y Capricornio, o con otro Virgo. Sin embargo, Géminis y Sagitario probablemente no serán su mejor pareja.

Adora su familia, incluso si vive muy lejos de la mayoría de ellos. La educación fue enfatizada durante sus años de infancia, al igual que los valores y la ética —todo en un ambiente optimista que inculcaba un espíritu de aventura y descubrimiento—.

A diferencia de algunos signos, los nativos de Virgo no están especialmente motivados a tener hijos. Si usted los desea, es probable que tenga sólo uno o dos, posiblemente mucho después que sus contemporáneos. Como padre o madre, brinda mucho apoyo, pero también tiene altas expectativas para sus hijos. Tenga cuidado de no presionarlos demasiado y recuerde que los elogios mezclados con crítica constructiva es el mejor estímulo para el éxito.

Tiene un fuerte vínculo con sus amigos más íntimos, a quienes considera como familia. Otras amistades son de toda la vida con sólo contacto periódico, y se reencuentra con ellas como si llevara un día sin verlas. Nuevas personas entran y salen de su vida regularmente, a menudo por una razón específica que sólo reconoce después.

Profesión y dinero

Su profesión pasa por muchos cambios durante su vida, y cada progreso pone en marcha eventos para el siguiente, incluso si ocurre años después. La adaptabilidad es una de sus fortalezas, pero el enfoque puede ser un reto debido a su amplia serie de intereses profesionales. Consolidar sus talentos y habilidades en un solo campo conduce al éxito. Necesita un alto nivel de autonomía en su trabajo cotidiano con la libertad de estructurar y priorizar sus responsabilidades. Aun mejor es un trabajo que le permita fijar su propio horario o que brinde el máximo de flexibilidad.

Las finanzas son generalmente positivas debido a su poder de ingresos y naturaleza conservadora. Es un ahorrador, le puede ir bien con inversiones a largo plazo e hipotecas, y no le gusta usar el crédito, excepto cuando es para su ventaja. Usualmente es económico, pero hay ocasiones en que hace ostentación, especialmente con seres queridos. Haga lo mismo para usted de vez en cuando.

Su lado más brillante

A los nativos de Virgo les encanta trabajar . . . y trabajar . . . y trabajar. Así que no es sorprendente para nadie que lo que considera diversión, otros lo consideran trabajo. Mientras ellos desperdician el tiempo en las noches y fines de semana, usted es productivo, haciendo cualquiera de los muchos pasatiempos que tienen un resultado final práctico. Y su casa probablemente refleja todo el fruto de sus actividades creativas.

Afirmación del año

¡Quiero jugar!

Virgo: el año venidero

El viaje personal que inició el otoño pasado continúa este año, junto con oportunidades maravillosas para aumentar su influencia en el mundo y en su entorno inmediato. 2008 también es un año fabuloso para casi todo, incluyendo el juego, así que esté preparado para apartarse del trabajo cuando Júpiter, Saturno y Urano se alineen favorablemente con su signo, junto con Plutón, que hace su imponente entrada a Capricornio este año.

Un año animado con mucha diversión y emoción empieza con Júpiter en Capricornio, su quinta casa solar de recreación, hijos, creatividad, socialización y romance. Todo esto y más puede ser suyo durante este año de buena suerte. Sin embargo, hay un factor que podría presentar un reto. Con el expansivo Júpiter guiando el camino, tendrá tantas opciones que podría ser difícil escoger entre ellas. Elija la mejor y deje atrás el resto.

Si tiene hijos, 2008 será un año memorable porque los verá sobresalir y disfrutará muchas horas y días con ellos. Involúcrese en sus actividades, posiblemente como entrenador o apoyo del equipo, o como voluntario para un club estudiantil. Si está esperando tener hijos, su deseo podría hacerse realidad este año.

Júpiter también estimulará su sentido práctico de creatividad en la vida. Ponga en práctica un nuevo pasatiempo, algo que ha querido hacer durante años, o aprenda nuevas habilidades. Si es como muchos nativos de Virgo, probablemente tiene muchos proyectos a medias esperando su atención. ¡Ocúpese de eso este año!

Uno de los mayores beneficios que obtendrá de Júpiter este año es un mayor nivel de confianza y bienestar. El optimismo aumenta y estará en armonía consigo mismo y con el universo, en unidad con su vida y su potencial. ¡Esfuércese y póngalo a trabajar para usted!

2008 es uno de los mejores años si está buscando una pareja para compartir la vida. Tendrá más oportunidades de socializar y conocer más personas, quienes captarán la sutil vibración que indica que está dispuesto para el romance. Incluso parejas de mucho tiempo entrarán en acción con muchas noches y fines de semana memorables.

En asuntos del corazón, tendrá no sólo al afortunado Júpiter de su lado, sino también una alineación favorable Júpiter-Urano que puede tenerlo en el lugar indicado en el momento indicado. El amor a primera vista es una posibilidad clara, así que escuche su voz interior cuando sienta el impulso. Sin embargo, apresurarse a un compromiso podría ser un error. Con Urano en Piscis, su séptima casa solar, las relaciones son propensas a lo inesperado, y una repentina atracción podría ser amor verdadero o simplemente un enamoramiento a corto plazo. Sólo con el tiempo podrá saberlo con seguridad, así que deje que las cosas pasen y disfrute el momento. Podría conocer esa persona especial en marzo, mayo o noviembre, cuando la alineación Júpiter-Urano es exacta, o alrededor de la luna llena de julio 18 en Capricornio o la luna nueva en el mismo signo en diciembre 27.

Júpiter-Urano también lo conectará con otras personas —nuevos amigos y conocidos del trabajo— y querrá pasar más tiempo con los seres queridos. Escuche lo que las demás personas en su vida tienen que decir este año. Alguien podría tener un destello de conocimiento que le permita ver una relación o suceso con una perspectiva completamente distinta. Cualquiera podría traerle suerte en un momento inesperado y brindar el vínculo con un nuevo romance o contacto de trabajo. Haga de los contactos una prioridad.

Debido a que la quinta casa también gobierna la especulación —desde el juego de azar hasta el mercado de valores—, podría tener un gran golpe de suerte este año, gracias a Júpiter-Urano. Pero con el planeta de lo inesperado en la mezcla, podría fácilmente perder como ganar. Pese bien la proporción riesgo-ganancia si planea invertir, respalde opiniones y consejos de otros con sus propios hechos e investigaciones. Vale la pena comprar la lotería periódicamente; sin embargo, recuerde que sólo se requiere un billete para ganar. Su mejor apuesta sería unirse a un grupo en el trabajo para comprar el boleto.

Significado de los eclipses

Saturno, el máximo planeta de la responsabilidad y frutos ganados, continúa avanzando a través de Virgo, y tiene un estímulo energético adicional desde el eclipse lunar de febrero 20 en el mismo signo. Muchos experimentan los dos a tres años con Saturno en su signo solar como unos de menor vitalidad y arduo trabajo, junto con algo de remordimiento y un sentimiento de oscuridad. Sin embargo, estos años también tienen que ver con valorar su vida y progreso cuando una fase termina y otra comienza. Puede ser un período sorprendentemente motivacional que evoluciona de una mayor autoconciencia y un cambio gradual en las prioridades de la vida.

Sin embargo, la visita de Saturno a su signo viene con una adición experimentada sólo por pocos favorecidos —y usted está entre ellos—. Debido a que algunos planetas se mueven más rápidamente que otros, es sólo en años selectos que Júpiter y Saturno forman la alineación beneficiosa de este año. Júpiter suaviza la seriedad de Saturno, y Saturno suaviza la energía expansiva de Júpiter. El resultado es lo mejor de ambos: optimismo realista y numerosas oportunidades para crear su propia suerte. ¡Es un regalo especial del universo diseñado sólo para usted!

Cada vez que dos planetas forman un contacto favorable como el de Júpiter-Saturno, es tentador relajarse y dejar que la vida vaya a la deriva. Cierta cantidad de eso es bueno, especialmente cuando Saturno está en su signo, pero demasiado de algo bueno puede crear la pérdida de oportunidades. Y, curiosamente para alguien que está tan enfocado en la productividad, las oportunidades de este año tendrán más que ver con el juego y la gente que con el trabajo, de acuerdo con la influencia de la quinta casa de Júpiter. Júpiter es el planeta que guía a Saturno y Urano, así que aproveche la energía de este planeta alegre y la actitud "de hacerse cargo" de Saturno para perseguir sus sueños mientras adiciona mucha diversión y creatividad práctica a su vida. Por encima de todo, se encontrará en una zona de comodidad que hace más fácil expresar sus habilidades y talentos y esforzarse con riesgos calculados.

La otra parte de la configuración planetaria es la alineación de Saturno con Urano, abarcando su primera y séptima casa solar. Puede esperar que algunas relaciones sean estresantes y otras sean estables y edificantes. Varias lo tomarán por sorpresa, cuando las personas actúen de manera impropia, al menos desde su perspectiva. Con esta alineación también es posible que decida terminar una relación cercana. Sin embargo, eso no es de ningún modo un hecho. Con esfuerzo y compromiso los dos pueden superar el obstáculo del cambio y seguir adelante. Esta alineación también advierte sobre las decisiones repentinas en una relación romántica —pros o contras—. Déle tiempo, y encuentre la forma de ejercer su independencia dentro del contexto de la unión. Las medidas tomadas ahora, pueden tener una influencia kármica; tome sus decisiones de acuerdo a ello.

Neptuno continúa avanzando a través de Acuario, su sexta casa solar de trabajo y salud. Aunque este planeta no está involucrado en la principal configuración planetaria de este año, tiene poder adicional debido a dos eclipses en Acuario y uno en su opuesto solar, Leo, su duodécima casa solar de autorenovación. Neptuno y los eclipses lo animan a visualizar y adoptar —o continuar— un estilo de vida saludable que incluya una dieta nutritiva y ejercicio regular, además de tiempo libre para explorar su creatividad e intereses de ocio y disfrutar la compañía de amigos y seres queridos. Todo se trata de equilibrio.

Es posible que se sienta desilusionado de su vida laboral. Pero también podría sentirse inspirado, o un poco de las dos cosas. Otros definitivamente tendrán una influencia importante y, conectándose con las indicadas, puede aumentar su credibilidad. Sin embargo, es probable que no todo el mundo lo apoye, pues Neptuno también es conocido por la ilusión y la confusión. Alguien que parece estar de su lado podría no estarlo, especialmente alrededor del eclipse lunar de agosto 16 en Acuario y en los seis meses siguientes. Proteja su trabajo y tenga cuidado de no compartir secretos y planes. Escuche su sexto sentido, que este año estará tan activo como su creatividad.

Plutón pasa de Sagitario a Capricornio en enero 25, retrocede a Sagitario en junio 13, y reentra en Capricornio en noviembre 26 para el equilibrio de su tránsito de 17 años en ese signo. Durante el largo viaje de Plutón a través de Sagitario, el enfoque era sobre el hogar y la familia, y probablemente también siguió nuevas direcciones personales y profesionales. Todos estos asuntos llegan a un punto crucial este año mientras completa el viaje que inició hace 13 años. Finalice proyectos o asuntos domésticos o familiares que están retrasados. Plutón en Capricornio habilita a Júpiter en el mismo signo este año. Sin embargo, a largo plazo experimentará un mayor interés en los asuntos de la quinta casa mientras el planeta de la transformación lo incita a reivindicar su lugar en el mundo con más confianza. ¡Crea en sí mismo!

Si nació entre agosto 22 y septiembre 1°, Saturno lo animará a enfocarse en nuevas direcciones personales. Tome su tiempo para mirar atrás, para ver dónde ha estado y qué ha realizado. Es el primer paso en un viaje que se desarrollará durante los siguientes 28 años, en el cual podrá maximizar sus fortalezas, destrezas y talentos. Deberá resolver remordimientos, especialmente los que podrían limitar su potencial de éxito. También es esencial que trate bien su cuerpo. Duerma lo suficiente y haga del descanso y la relajación una prioridad. Tomará más tiempo recuperar su energía, que se menguará más rápidamente. Esto es cierto si cumple años entre el 22 y el 25 de agosto, porque Saturno concentrará la fuerza en su Sol en abril y mayo. También tendrá el mayor potencial para obtener lo máximo del sabio consejo de Saturno mientras redirige su vida. Si nació entre agosto 26 y septiembre 1°, este proceso se desarrollará más lentamente, con tiempo para considerar sus opciones de enero hasta marzo y para completarlas en junio o julio.

Si nació entre el 2 y el 15 de septiembre, Saturno entrará en contacto con su Sol durante los últimos cinco meses de 2008, y de nuevo el año siguiente si su cumpleaños es después de septiembre 5. Se beneficiará más de la alineación Júpiter-Saturno-Urano, pero también experimentará retos más grandes en las relaciones, en parte debido a la visión variable de su lugar en el mundo. Trate de ver la perspectiva opuesta además de la suya. Piense en su vida, sus metas y prioridades a comienzos del año a fin de que esté preparado para tomar medidas cuando surjan las oportunidades. Y, si está buscando pareja, identifique las cualidades que más valora en otras personas.

Si nació entre el 6 y el 15 de septiembre, Urano en Piscis, su séptima casa solar de relaciones, entrará en contacto con su Sol. Espere cambios en las relaciones iniciados por usted y otros. Aunque es posible que corte lazos con una o varias personas cercanas a usted, es igualmente posible que en junio o noviembre descubra todo un nuevo aspecto de alguien que creía que conocía bien. La gente lo inspira y edifica si está abierto a nuevas ideas y conocimientos, y también aprenderá mucho de sí mismo y cómo interactuar con los demás. Un torbellino de amor a primera vista podría hacerlo perder el control. Disfrute, pero no comprometa su corazón todavía. Lo que surge en un destello puede terminar del mismo modo cuando Urano se aleje de su Sol el próximo año.

Si nació entre el 11 y el 15 de septiembre, experimentará intranquilidad, descontento o desilusión con su vida laboral. Visto desde una perspectiva, esto puede ser muy bueno porque lo inspirará a luchar por una mezcla sana de trabajo y diversión. Pero esta situación puede ser muy frustrante, en especial para un Virgo trabajador. Este no es el año para buscar un nuevo trabajo. Con Neptuno involucrado, sus posibilidades de éxito disminuyen e, incluso si toma medidas, es probable que se decepcione. ¡Tenga paciencia! 2009 le traerá muchas oportunidades porque Júpiter estará en Acuario. Alguien que conocerá alrededor del eclipse lunar de agosto 16 en Acuario, podría ser su vínculo para un trabajo fabuloso, así que haga el esfuerzo por tener contactos y conocer más gente. También debería ser un poco cauteloso con lo que dice en el trabajo. Algunos pueden no ser tan dignos de confianza como cree. Debido a que Acuario es uno de sus signos de salud, hágase un favor y comience el año con un examen médico.

Si nació entre el 19 y el 22 de septiembre, Plutón en Sagitario, su cuarta casa solar del hogar y la familia, entrará en contacto con su Sol antes de enero 25 y de junio 13 a noviembre 25. Tal vez decida mudarse, comprar o vender una propiedad, o remodelar gran parte de su casa. Quizás se presentarán dificultades con un compañero de vivienda, y sería bueno esperar hasta el año siguiente si está pensando en pedirle a alguien —amigo o amante— que venga a vivir con usted, o viceversa. Algunos nativos de Virgo ven su rutina interrumpida cuando un hijo adulto regresa a vivir a casa. Si tiene padres o parientes mayores, podrían requerir tiempo y atención este año, incluyendo ayuda con sus asuntos o arreglar una nueva situación para vivir. En un nivel personal, tendrá un deseo profundo de cambio y sentirá la necesidad de tomar el control de su vida. Pero entre más trate de hacer que eso suceda, es menos probable que ocurra, porque Plutón opera en su propio horario y a su propio modo. La manera más fácil de manejar el tránsito de Plutón es dejar que los cambios ocurran naturalmente, y saber que el resultado será un conocimiento más profundo de sí mismo.

Si nació entre el 22 y el 25 de agosto, estará entre los primeros de su signo que se beneficiarán del largo tránsito de Plutón en Capricornio. Con este poderoso planeta en alineación favorable con su Sol, se sentirá habilitado y descubrirá plenamente su fuerza interior, junto con una nueva confianza para expresarse a través de actividades creativas. Si tiene hijos, ellos realzarán su vida como nunca antes, pero tenga cuidado de no presionarlos demasiado en su deseo de verlos triunfar. Más bien, bríndeles oportunidades para que exploren y desarrollen sus talentos naturales a su propio ritmo.

Virgo/Enero

Puntos planetarios clave

Las relaciones familiares y los asuntos domésticos presentan retos este mes. Será difícil concordar las necesidades y deseos de todos, y se sentirá exigido al máximo tratando de hacerlo todo y complacer a todos. Hay una solución simple: no lo haga. Deje que los demás hagan la parte que les corresponde. Éste no es el mejor mes para alquilar o comprar una casa, invitar a alguien a vivir en su casa, o realizar proyectos importantes de renovación de la vivienda. Espere si puede.

Sucesos planetarios sobresalientes

¡Es tiempo de divertirse! Salga a fin de mes cuando Venus y Plutón se unen a Júpiter en Capricornio, su quinta casa solar de romance y recreación. Si está buscando una nueva pareja, la semana de la luna nueva de enero 8 podría cumplir su deseo. Pídale a un amigo que arregle una cita.

Relaciones personales

A mediados de mes puede tener la oportunidad de conocer a alguien fascinante que podría ser una conexión profesional valiosa, y lo mismo se aplica al final de enero. Por lo general, las relaciones de trabajo serán positivas —los vínculos personales son el reto—, pero deberá escoger bien sus palabras en las semanas antes y después de que Mercurio, su planeta regente, se torna retrógrado en enero 28 en Acuario, su sexta casa solar de trabajo cotidiano.

Finanzas y éxito

La mejor noticia profesional de enero es Marte. El planeta ardiente se pondrá directo en Géminis, su décima casa solar de la profesión, en enero 30. Pronto notará que se desarrollan de nuevo proyectos aplazados desde noviembre pasado. Si está pensando en un ascenso o un nuevo puesto, actualice su currículum de modo que esté listo para usarlo en febrero o marzo.

Días favorables 2, 4, 7, 8, 9, 10, 11, 14, 21, 24, 29

Días desafiantes 5, 6, 12, 13, 18, 19, 23

Virgo/Febrero

Puntos planetarios clave

La luna llena de febrero 20 en Virgo tiene que ver con usted. También está conectada con las relaciones en su vida. Es probable que haya tensión con alguien cercano —amigo, colega, pareja o ser querido—. Aunque podría estar tentado a cortar lazos, un poco de distancia probablemente es una mejor elección. Sus pensamientos y sentimientos serán más claros el mes siguiente, después de haber tenido tiempo para reflexionar y poner las cosas en perspectiva.

Sucesos planetarios sobresalientes

Aproveche su creatividad práctica en la primera semana de febrero, cuando una alineación Venus-Júpiter-Urano lo animará a aprender un nuevo hobby o revivir uno que solía disfrutar. También podrá encontrar soluciones únicas y más ingeniosas que lo hacen sobresalir en el trabajo, así que comparta sus grandes ideas.

Relaciones personales

Venus en Capricornio también estimulará su vida social, y con ella vendrán oportunidades para una nueva relación. Eso podría ocurrir en el momento menos esperado, una cuestión de suerte que después resulta ser casi fatídico. Si tiene hijos, le encantará pasar tiempo con ellos, cuyos comentarios podrían generar nuevos discernimientos. Algunos nativos de Virgo celebran la llegada de un nuevo miembro en la familia.

Finanzas y éxito

Este mes es uno de los mejores para ganancias y recompensas. Con la luna nueva de febrero 6 en Acuario, su sexta casa solar de trabajo cotidiano, tendrá más incentivo y entusiasmo para una alta productividad. La bonificación es Marte en Géminis, su décima casa solar de la profesión, que le da la ocasión para impresionar a quienes toman las decisiones. Sin embargo, recuerde que Mercurio es retrógrado hasta febrero 18, así que revise bien los detalles importantes.

Días favorables 3, 4, 5, 6, 7, 12, 16, 17, 21, 25

Días desafiantes 2, 9, 13, 18, 19, 22, 28

Virgo/Marzo

Puntos planetarios clave

Podría sentir presión económica alrededor de la luna llena de marzo 21 en Escorpión, su segunda casa solar de recursos personales. Trate de guardar dinero en efectivo antes de ese tiempo para lo que probablemente será un gasto inesperado, y que podría primero llamar su atención a comienzos de marzo. Un amigo puede necesitar su ayuda financiera. Ayúdelo si cree que es correcto hacerlo, pero no espere que le paguen.

Sucesos planetarios sobresalientes

Marte avanzará en Cáncer, su undécima casa solar, de marzo 4 a mayo 8. Eso es ideal para paseos de primavera con amigos y reuniones con gente del mismo parecer. Tenga cuidado de no involucrarse con grupos que esperen una contribución. Si es miembro de un club de inversiones, estimule un enfoque moderado.

Relaciones personales

Las relaciones estarán muy acentuadas este mes, empezando con la luna nueva de marzo 7 en Piscis, su séptima casa solar. Venus entrará al mismo signo en marzo 12, seguido por Mercurio dos días después. Es una combinación ideal para parejas y solteros, además de relaciones y sociedades comerciales. Encontrará a las personas abiertas a peticiones y brindando más apoyo que lo usual, y algunas le traerán suerte cuando Júpiter contacte favorablemente a Urano en Piscis. Sin embargo, también habrá días estresantes en que la gente tratará de bloquear el progreso. Sea paciente.

Finanzas y éxito

El trabajo será especialmente satisfactorio a comienzos de marzo, cuando Mercurio y Venus están en Acuario, su sexta casa solar. Simplemente no crea todo lo que oiga, y tome las promesas como posibilidades, no como garantías. Examine bien los hechos.

Días favorables 2, 3, 5, 7, 10, 11, 16, 20, 24, 25, 30

Días desafiantes 1, 6, 8 12, 14, 19, 21, 26

Virgo/Abril

Puntos planetarios clave

No se sorprenda si la luna llena de abril 20 en Escorpión, su tercera casa solar, genera el deseo de alejarse de todo. Haga reservaciones para el mes siguiente u opte por un fin de semana en lugar de unas largas vacaciones. Las alineaciones planetarias a comienzos del mes siguiente serán más favorables si quiere visitar otra parte del país o el mundo.

Sucesos planetarios sobresalientes

Tal vez desee ingresar a un grupo voluntario o involucrarse en una actividad en la que se reúnen fondos para una buena causa cuando Marte en Cáncer, su undécima casa solar, se alinea con Júpiter y Urano la cuarta semana de abril. Además de ayudar a los menos afortunados, esto podría traerle suerte o un nuevo romance, que también podrían darse a través de un amigo o un nuevo conocido.

Relaciones personales

Las relaciones cercanas estarán en su mejor momento la primera semana de abril, cuando Mercurio y Venus terminarán su recorrido anual a través de Piscis, su séptima casa solar. Marte en Cáncer también desencadenará invitaciones y socialización con amigos, quienes tendrán un papel importante en su vida este mes. Planee viajes de un día más adelante en abril para satisfacer su deseo de nuevos horizontes.

Finanzas y éxito

Aunque usted o su pareja, o ambos, podrían obtener ganancias financieras este mes, también tendrá un presupuesto ajustado en ocasiones. Gastos relacionados con hijos y actividades de recreación podrían requerir algunos ajustes, y es probable que deba tomar decisiones difíciles. Sea muy cauteloso con las inversiones, y tenga al día el cubrimiento y las primas de los seguros. También es posible que su compañía reduzca beneficios.

Días favorables 1, 3, 7, 10, 15, 16, 18, 21, 25, 26

Días desafiantes 2, 5, 11, 12, 17, 19, 22

Virgo/Mayo

Puntos planetarios clave

Marte entrará a Leo, su duodécima casa solar de autorenovación, en mayo 9. Esa es una razón para programar días libres este mes y dar énfasis al descanso y la relajación diarios. A pesar de lo que podría creer, es bueno para usted y su salud que haga un alto en el trabajo en favor de la diversión.

Sucesos planetarios sobresalientes

Éste es el mes para hacer un viaje de vacaciones merecido, con la luna nueva de mayo 5 en Tauro y la luna llena de mayo 19 en Escorpión, el eje de su novena-tercera casa solar. A comienzos del mes podría ser su mejor elección porque su vida profesional será agitada los últimos diez días de mayo; o si quiere opte por varios fines de semana largos en sitios cercanos favoritos donde sabe que puede relajarse. También podría disfrutar un seminario o conferencia de fin de semana o de una semana, donde mezcle diversión con aprendizaje.

Relaciones personales

Éste será un mes favorable para las relaciones, gracias a la segunda alineación afortunada de Júpiter-Urano. Júpiter en Capricornio, su quinta casa solar de romance y recreación, une su generosa energía con Urano en Piscis, su séptima casa solar de relaciones. El dúo sin duda generará oportunidades para conocer gente y socializar, y aumentará la probabilidad de un nuevo romance. Algunos harán planes para una unión de toda la vida. También podría hacer un contacto comercial afortunado.

Finanzas y éxito

Su vida laboral puede ser menos satisfactoria que lo usual cuando primero Mercurio, y luego el Sol y Venus, todos en Géminis, su décima casa solar, choquen con Saturno en su signo a comienzos y finales de mayo. Retrasos y frustración son probables con Mercurio volviéndose retrógrado en mayo 26.

Días favorables 1, 4, 5, 9, 11, 12, 17, 18, 23, 24, 28

Días desafiantes 3, 6, 8, 13, 19, 21, 22, 25, 27

Virgo/Junio

Puntos planetarios clave

La vida familiar será un poco estresante cuando Plutón regrese a Sagitario, su cuarta casa solar, cinco días antes de la luna llena en el mismo signo. La tensión profesional probablemente será la razón, pero también es probable que deba lidiar con problemas mecánicos y reparaciones, con la persona con quien vive, o un pariente que necesita su ayuda. No es un buen momento para hacer cambios en su forma de vivir.

Sucesos planetarios sobresalientes

Marte en Leo, su duodécima casa solar, es su aliado este mes. Incluso si no pudo cumplir el objetivo del descanso diario en mayo, lo recibirá este mes. Ensaye la meditación. Si tiene dificultad para sentarse quieto, dé una caminata diaria y deje que su mente divague. El ejercicio moderado también lo ayudará a desestresarse.

Relaciones personales

Tendrá otra forma de relajación este mes: momentos de diversión con amigos. Junio 18 será especial cuando Venus entra a Cáncer, su undécima casa solar, seguido por el Sol en junio 20. Incluso podría reconectarse con un viejo amigo o amante que no ha visto en mucho tiempo, o conocer un alma gemela.

Finanzas y éxito

También podría planear seguir el flujo de las cosas en el trabajo porque los días agitados serán tan comunes como los de calma, junto con lo predecible y lo inesperado. No hay duda que tendrá oportunidades de brillar, con la luna nueva de junio 3 en Géminis, su décima casa solar. Las personas y las relaciones serán el principal obstáculo, cuando el Sol, Mercurio y Venus en el mismo signo choquen con varios planetas, y Mercurio esté retrógrado hasta junio 19. Esté atento; tenga cuidado con las personas en quienes confía. Es probable que al final tenga éxito.

Días favorables 3, 5, 6, 7, 9, 14, 19, 20, 22, 24, 28

Días desafiantes 2, 4, 10, 15, 16, 18, 23, 25, 30

Virgo/Julio

Puntos planetarios clave

Marte entra en juego otra vez, porque pasará a su signo en julio 1°. Aunque disfrutará la energía adicional que trae, Marte también lo animará a correr riesgos atípicos, de lo cual podría arrepentirse. Sea especialmente cauteloso alrededor del día 10, cuando Marte se alineará con Saturno. También haga del dormir una prioridad; lo necesitará para mantener el ritmo.

Sucesos planetarios sobresalientes

Venus entrará a Leo, su duodécima casa solar de autorenovación, en julio 12, seguido por el Sol el día 22 y Mercurio el día 26. Una vez que estos tres planetas hagan su transición a Leo, encontrará más fácil relajarse algunas noches y fines de semana. También estará contento con su propia compañía. Consiéntase.

Relaciones personales

Prepárese para la diversión de verano traída por la luna nueva de julio 2 en Cáncer, su undécima casa solar de amistad, y la luna llena de julio 18 en Capricornio, su quinta casa solar de romance y recreación. El único reto podría ser cuadrar todas las citas, paseos y eventos sociales en su calendario. Hágalo porque una oportunidad como ésta se presenta sólo una o dos veces al año. Si está soltero, un romance de amor a primera vista podría capturar su corazón en las tres primeras semanas de julio cuando el Sol, Mercurio y Venus en Cáncer se alinean con Júpiter y Urano.

Finanzas y éxito

Los primeros nueve días de julio, cuando Mercurio está en Géminis, su décima casa solar, reflejará el ambiente de trabajo que experimentó en junio. Conserve la calma y haga lo que más pueda para evitar personas difíciles y juegos de poder. Deje que otros manejen sus propias diferencias.

Días favorables 2, 7, 9, 16, 17, 20, 22, 25, 26

Días desafiantes 5, 6, 8, 10, 11, 12, 21, 28, 29

Virgo/Agosto

Puntos planetarios clave

Agosto presenta dos lunas nuevas: la primera en Leo en agosto 1°, su duodécima casa solar, y la segunda en su signo en agosto 30. Esto le da lo mejor de ambas, con tiempo para consolidarse y prepararse para la llegada del Sol a su signo, y una oportunidad para iniciar nuevas direcciones personales —todo en el mismo mes—. Pero puede encontrar que el proceso es estresante en ocasiones cuando se cuestione si va por el camino correcto. Crea en sí mismo y esté seguro de sus decisiones. Si no se ha hecho un examen médico este año, es un buen mes para programarlo.

Sucesos planetarios sobresalientes

Mercurio, Venus y Marte llegarán a Libra, su segunda casa solar de recursos personales, más adelante en este mes. Eso es prometedor para su cuenta bancaria, aunque es más probable que obtenga las ganancias de este trío favorable en septiembre. Mientras tanto, recuerde mantener su presupuesto porque puede tener el deseo de gastar en exceso.

Relaciones personales

Las relaciones familiares y otros vínculos cercanos serán estresantes en ocasiones. Gran parte de la tensión se centra alrededor de su creciente independencia y deseo de esforzarse, que no caerá bien a quienes se han acostumbrado a su atención. Luche por el equilibrio y acuerdo, y trate de no decir lo que después podría lamentar.

Finanzas y éxito

La luna llena de agosto 16 en Acuario, su sexta casa solar, aumentará el ritmo en el trabajo. Pero deberá estar especialmente alerta y consciente de lo que ocurre a su alrededor. Alguien podría tratar de llevarlo a conclusiones erróneas y tal vez experimentará un período de desilusión o ignorará detalles que usualmente determina. Tome las cosas con calma.

Días favorables 3, 7, 8, 12, 13, 14, 21, 22, 26, 30, 31

Días desafiantes 4, 6, 10, 11, 17, 18, 19, 23, 25, 27

Virgo/Septiembre

Puntos planetarios clave

Los asuntos domésticos podrían traer retos durante las primeras tres semanas del mes. Un problema mecánico es de nuevo posible, y las relaciones familiares pueden ser estresantes. Pero podrá resolver cualquier dificultad después de que el Sol entre a Libra el 22 de septiembre.

Sucesos planetarios sobresalientes

Se beneficiará de la energía personalmente edificante de una alineación favorable Júpiter-Saturno que une su quinta y primera casa solar. Todo lo que haga se beneficiará de su creatividad práctica y única, y podría conocer a alguien fascinante la primera semana del mes. Si tiene hijos —o nietos—, o espera tenerlos, tal vez tendrá una razón para celebrar.

Relaciones personales

Las personas, especialmente las cercanas a usted, tendrán la atención de la luna llena de septiembre 15 en Piscis, su séptima casa solar. No estará de acuerdo con todas todo el tiempo, y algunas lo frustrarán e irritarán, pero todo eso es parte de la vida y sin duda obtendrá más conocimiento de la naturaleza humana que le servirá mucho en el futuro. Tendrá facilidad con las palabras y encantará a casi todos después de que Venus entre a Escorpión, su tercera casa solar de comunicación, en septiembre 23.

Finanzas y éxito

El Sol, Mercurio, Venus y Marte visitarán a Libra, su segunda casa solar de recursos personales, en diferentes períodos este mes para estimular su posibilidad de ingresos. También tendrá el beneficio de la luna nueva de septiembre 29 en el mismo signo. Es posible un aumento, bonificación o triunfo afortunado, y es muy probable que tenga los fondos para cubrir gastos adicionales que surjan. Apueste a la lotería. Pague las cuentas con tiempo; Mercurio se torna retrógrado en septiembre 24.

Días favorables 1, 3, 4, 10, 12, 16, 18, 19, 21, 22, 26

Días desafiantes 7, 8, 9, 14, 15, 23, 28

Virgo/Octubre

Puntos planetarios clave

Encontrará mucho que celebrar durante este mes sin contratiempos. Pero con el Sol, Mercurio y Venus entrando en contacto con Neptuno y Júpiter, será propenso al optimismo a ultranza y a ver lo que desea ver en lugar de la realidad. Deje que prevalezca el pensamiento práctico y, si tiene dudas, pídale una opinión objetiva a alguien en quien confíe.

Sucesos planetarios sobresalientes

La armonía familiar y doméstica regresará, gracias a Venus en Sagitario, su cuarta casa solar, desde octubre 18 en adelante. Ésta también es una influencia maravillosa para recibir amigos y embellecer su espacio. Incluso si no está listo para iniciar un proyecto importante de renovación de la casa, puede empezar a planearlo.

Relaciones personales

Se deleitará en conversaciones animadas y charlas largas con los más allegados mientras varios planetas avanzan en Escorpión, su tercera casa solar de comunicación, que también es el sitio de la luna nueva de octubre 28. Contactos planetarios favorables también traerán oportunidades de socializar y conocer personas durante todo octubre. Entre ellas podría estar alguien que abre la puerta de una magnífica oportunidad personal o profesional. Sin embargo, tal vez llegue el fin de mes antes de que obtenga los detalles, porque Mercurio estará retrógrado hasta octubre 15.

Finanzas y éxito

El Sol estará en Libra, su segunda casa solar de recursos personales, hasta octubre 21, y Mercurio avanzará en el mismo signo todo el mes. Juntos, podrían generar un aumento de salario o, como el mes pasado, una ganancia afortunada. Entre a un concurso o apueste a la lotería la primera y última semana de octubre. Pague las cuentas con tiempo de nuevo este mes, y revise los estados de cuentas para ver si hay errores.

Días favorables 7, 11, 12, 16, 20, 23, 24, 26, 28, 29

Días desafiantes 4, 5, 7, 8, 13, 15, 18, 25

Virgo/Noviembre

Puntos planetarios clave

Marte despertará interés en renovaciones en la casa cuando entre a Sagitario, su cuarta casa solar, en noviembre 16. Desafortunadamente, también aumenta la posibilidad de un contratiempo doméstico, así que tenga cuidado en la cocina y cuando trabaje con herramientas. También asegúrese de consultar a miembros de la familia antes de que ponga en marcha un proyecto. Podrían tener otras ideas.

Sucesos planetarios sobresalientes

La comunicación seguirá siendo una fortaleza este mes mientras el Sol avanza en Escorpión, su tercera casa solar, hasta noviembre 20, y Mercurio está en el mismo signo del 4 al 22 de noviembre. Deberá estar especialmente alerta y atento a mediados de mes, cuando ambos planetas chocan con Neptuno en Acuario, su sexta casa solar de trabajo cotidiano. Revise bien los detalles y no crea todo lo que oye.

Relaciones personales

Su vida social empezará a acelerarse en noviembre 12, cuando Venus entra a Capricornio, su quinta casa solar. También tendrá un mayor carisma que es ideal para atraer un nuevo interés romántico o encantar a su pareja. Con la unión favorable de este mes de Júpiter con Saturno y Urano, es casi seguro que se beneficiará de un encuentro casual, posiblemente con una persona poderosa, porque Plutón regresa a Capricornio el día 26. Esté atento a las oportunidades.

Finanzas y éxito

Los asuntos económicos y su vida laboral son en su mayor parte rutina. Sin embargo, con Saturno formando una alineación exacta con Urano a través del eje de su primera-séptima casa solar, es doblemente importante que revise bien las credenciales si necesita consultar a un profesional.

Días favorables 2, 7, 12, 16, 17, 19, 20, 24, 25, 29

Días desafiantes 1, 3, 6, 9, 13, 14, 15, 28

Virgo/Diciembre

Puntos planetarios clave

La tensión aumenta de nuevo en el hogar cuando el Sol, Mercurio y Marte en Sagitario, su cuarta casa solar, chocan con varios planetas. Piense con calma y resista la tentación de tomar decisiones aceleradas, incluso cuando miembros de la familia presionen sus límites. Los problemas mecánicos domésticos seguirán siendo una posibilidad, pero no intente reparar las cosas por sí mismo. A la larga será menos costoso llamar a un experto.

Sucesos planetarios sobresalientes

Una increíble alineación de planetas en Capricornio en los días alrededor de la luna nueva de diciembre 27 en el mismo signo podría traerle toda la suerte que desearía. Inténtelo en la lotería de nuevo —pero no apueste el pago de la hipoteca— y, si está buscando el amor, únase a otros solteros para salir en la noche o pídale a un amigo que le presente a alguien que podría ser una gran pareja. Algunos nativos de Virgo reciben un nuevo miembro en la familia y otros celebran los éxitos de sus hijos.

Relaciones personales

Las actividades sociales de fin de año serán excelentes, gracias al Sol, Mercurio, Venus, Marte, Júpiter y Plutón —más la luna nueva— en Capricornio, su quinta casa solar, en diferentes tiempos. Acepte todas las invitaciones que pueda, y organice unas por su cuenta, pero pídale a alguien que conduzca el auto. ¡Diviértase con seguridad!

Finanzas y éxito

Estará entre los pocos favorecidos en el trabajo después de que Venus entre a Acuario, su sexta casa solar, en diciembre 7. La luna llena de diciembre 12 en Géminis, su décima casa solar, lo tendrá enfocado profesionalmente. Aproveche los eventos sociales de negocios para conocer mejor a quienes toman las decisiones. Uno de ellos podría ser su mentor para el éxito.

Días favorables 1, 2, 3, 9, 11, 13, 14, 17, 22, 27, 28

Días desafiantes 4, 5, 6, 8, 12, 18, 19, 23

Tabla de Acciones de Virgo

Estas fechas reflejan los mejores —pero no los únicos— días para el éxito en dichas actividades, según su signo solar.

	ENE	FEB	MAR	ABR	MAY	JUN	JUL	AGO	SEP	OCT	NOV	DIC
Mudanza	4-6	29		23, 24			13			31	4, 25	
Iniciar un curso	2, 3		24, 25				11, 12			28		
Ingresar a un club			15, 16			23, 28	2, 3, 11				16, 17	
Pedir un aumento					15	12		5	1, 2, 29	27		
Buscar trabajo	9	6, 7	4, 5		25, 26				11, 12		7	2, 3, 31
Buscar ayuda profesional			6, 7	4	1	25	21, 22				11	
Buscar un préstamo			8	5, 14, 23, 24								8
Ver un doctor			5, 17, 18	14				1	12			
Iniciar una dieta			5		25, 26	22		16				
Terminar una relación	2, 3				22	23						
Comprar ropa	7, 8	3	29, 30		24			12-14				1, 27, 28
Cambio de estilo, imagen					13, 14			12, 20, 30			20	
Nuevo romance	8							12, 13		7	30	1, 27, 28
Vacaciones				19-30	1-5			21-23				

LIBRA

El Equilibrio
Septiembre 22 a Octubre 22

Elemento:	Aire
Cualidad:	Cardinal
Polaridad:	Yang/Masculino
Planeta regidor:	Venus
Meditación:	Yo equilibro los deseos conflictivos
Piedra preciosa:	Ópalo
Piedra de poder:	Turmalina, kunzita, ágata de encaje azul
Frase clave:	Yo equilibro
Símbolo:	Escalas de justicia, el atardecer del Sol
Anatomía:	Riñones, parte inferior de la espalda, apéndice
Color:	Azul, rosado
Animal:	Pájaros de plumas brillantes
Mitos/Leyendas:	Venus, Cenicienta, Hera
Casa:	Séptima
Signo opuesto:	Aries
Flor:	Rosa
Palabra clave:	Armonía

Fortalezas y retos

Para Libra, la vida es equilibrio. Evita los extremos todo lo posible —excepto, a veces, por los chocolates y golosinas— y busca el punto medio. Es su zona de comodidad, como lo son la gracia, el encanto y la armonía. Da un alto valor a la cooperación, compromiso y justicia. Sin embargo, cuando es presionado hasta el extremo, su ira es inolvidable.

Los nativos de Libra son a menudo descritos como indecisos. Lo que los demás no entienden es su capacidad de ver los pros y los contras de cualquier situación. Tanto así que puede involucrarse en un debate animado, adoptando cualquier lado de un asunto. Ésta es una razón por la que muchos Libras prefieren profesiones en el campo legal. Pero la indecisión puede ser un gran reto, si no escoge se convierte en la regla en lugar de la excepción. Recuerde: no decidir es una decisión.

Puede ser reservado en ocasiones, aunque casi siempre agradable, con las habilidades sociales necesarias. También es intuitivo y de este modo un poco impresionable frente a las auras y energías que lo rodean. Compasivo y comprensivo, tiene el oído abierto cuando alguien lo necesita y no se involucra emocionalmente.

En todas las cosas actúa con clase, y muchos nativos de Libra son atractivos. Sin embargo, otros descubren pronto que usted es mucho más que una fachada bonita. Es un magnífico estratega que puede adelantarse casi a cualquiera, lo cual le da a menudo una ventaja.

Tenga o no talento artístico, tiene un ojo, especialmente para el color y el diseño —sin duda es reflejado en su apariencia, ropa y la decoración de la casa—. Algunos se dedican a apoyar las artes. Sin embargo, otros llevan esto al extremo y son trepadores sociales excesivamente presumidos.

Relaciones personales

Suele tener un amplio círculo de contactos de trabajo, amistades y conocidos. Sin embargo, ninguno de ellos se acerca a los sentimientos por su pareja —y su necesidad y deseo de una—. La vida de soltero es un concepto extraño para la mayoría de los nativos de este signo, y tampoco les atrae ir a un lugar o hacer algo por si solos. La compañía es tan importante como el amor.

Con esta fuerte motivación de unir su alma con la de otra persona, puede confundir el enamoramiento con el verdadero amor.

Una cosa es estar enamorado, y otra estar enamorado del amor. Tenga presente esto en su búsqueda de una pareja y tome su tiempo en lugar de precipitarse a un compromiso. Es un romántico que llenaría cada hora con unión si pudiera. Para usted, la vida en común no es solamente eso, sino un sentimiento de unidad donde los dos son una sola entidad, no sólo dos mitades de un todo. El amor con Aries, su signo opuesto, podría ser lo máximo en pasión pura. También podría ser compatible con Leo o Sagitario, o uno de los otros signos de aire, Géminis y Acuario, u otro Libra. Sin embargo, sólo un nativo de Cáncer o Capricornio muy especial podría capturar su corazón.

Tiene un sentido profundo de responsabilidad por su familia, especialmente por sus padres, de los cuales uno puede haber estado ausente gran parte durante sus años de infancia. Aunque su vida de hogar probablemente no fue despreocupada, fue una excelente experiencia de aprendizaje que posteriormente le sirvió. Si tiene hijos, tiene el mismo sentido de responsabilidad por ellos, pero también se siente un poco desapegado de sus hijos en sus primeros años. Su relación se profundiza cuando son adultos, cuando se convierten más en amigos que padre/madre e hijo.

Muchos de sus amigos son muy importantes en su vida y también personas destacadas y bien relacionadas. Su círculo es amplio y su popularidad envidiable. Disfruta de entretener a sus amistades con gran estilo, simulando una gran producción de cine. Si se dedica a las artes o está involucrado en otros grupos, es un líder solicitado, tanto por sus habilidades como por sus relaciones. También tiene talento para hacer que cada amigo se sienta como si fuera el más especial en su vida.

Profesión y dinero
Tiene el don para trabajar con el público; es un talento que debería aprovechar en la profesión que escoja, donde el cambio es la regla en lugar de la excepción. Debido a que usa su intuición para sintonizarse con tendencias en desarrollo, puede estar un paso adelante de la competencia y cambios futuros. Un ambiente de trabajo agradable es imprescindible para la felicidad laboral, y también necesita la libertad para usar su energía creativa dentro de la estructura establecida.

Con un buen manejo financiero y la posibilidad de máximos ingresos, puede alcanzar su potencial de riqueza. Es económico, pero no necesariamente en un sentido tradicional. Para usted, todo se trata del valor. Si un artículo vale su precio, lo compra; si no es así, sigue adelante. Un enfoque conservador produce los rendimientos más altos con inversiones, así como algo arriesgado tiene el potencial para pérdida considerable. Sin embargo, los riesgos bien calculados podrían ser rentables, al igual que las inversiones en bienes raíces.

Su lado más brillante

Su intuición es fenomenal. Reconoce las cosas instintivamente, sabiendo lo que es cierto y lo que es falso. Para usted, los primeros pensamientos e impresiones son usualmente los mejores. Cuando empieza a analizar las cosas, comienza a evaluar los pros y los contras, diluyendo el efecto de su sexto sentido.

Afirmación del año

Disfruto de mi compañía tanto como
el tiempo que paso con otras personas.

Libra: el año venidero

El hogar, la familia y los asuntos domésticos son temas importantes en 2008, junto con una vida social activa y oportunidades para brillar en el trabajo. Todo esto es debido a una alineación planetaria importante que une a Júpiter, Saturno y Urano durante todo el año, y el paso de Plutón de Sagitario a Capricornio.

El expansivo Júpiter, que visita cada signo cada doce años, avanza en Capricornio, su cuarta casa solar. Este planeta afortunado podría incitarlo a mudarse, remodelar y redecorar, o alquilar o comprar una nueva casa. También disfrutará muchos momentos felices con la familia y mientras recibe amigos. Incluya en la mezcla contactos de posibles trabajos, porque uno o más de ellos podrían ser de ayuda a lo largo del año para avanzar en sus metas profesionales. Debido a que Júpiter favorece casi todo lo doméstico este año, podría desarrollar un interés por la comida fina o la decoración de interiores, el arreglo de muebles o la jardinería. Sin importar qué decida hacer para mejorar su casa este año, con seguridad le traerá muchas horas de satisfacción y placer.

Júpiter se alinea favorablemente con Urano en Piscis, su sexta casa solar de trabajo y salud, en marzo, mayo y noviembre. Deberá mantener abiertos sus ojos y oídos durante los dos primeros contactos, que podrían generar un suceso o vínculo que conduce a un nuevo puesto u otra oportunidad de trabajo en noviembre. Sin embargo, sea precavido si sus pensamientos se dirigen a una empresa casera. Aunque es posible que esto funcione a favor, no hay garantías. Y con el estrafalario Urano involucrado, la que parece ser una propuesta gananciosa, podría ser desfavorable. Pero tal vez valga la pena intentarlo como un empleo suplementario; luego, si las cosas van bien el año siguiente, puede reconsiderar la renuncia a su trabajo diario. Además, podría conseguir un puesto fabuloso con su empresa actual u otra compañía que simplemente sea irresistible.

Las relaciones comerciales se benefician del trabajo en equipo más que nunca. Sea el primero en brindar ayuda y use su maravilloso don de comunicación para ayudar a que otros lleguen a un acuerdo. Definitivamente va a sobresalir en la comunicación e ideas brillantes este año, y lo buscarán por soluciones ingeniosas e inspiración. A su vez, las personas despertarán nuevos discernimientos y serán su vínculo con información personal y comercial.

Júpiter también hace una fácil alineación con Saturno en Virgo, su duodécima casa solar de autorenovación, en enero, septiembre y noviembre. La energía del serio Saturno es distinta del animado Júpiter, y en especial porque la duodécima casa también representa lo que está oculto. Sin embargo, este contacto favorable le da lo mejor de ambos planetas mientras refuerza el énfasis del año en el hogar y la familia porque Saturno rige a Capricornio, su cuarta casa solar.

Siendo conocido como la persona más sociable, este año se sorprenderá —y sorprenderá a quienes lo rodean— cuando en ocasiones prefiera su propia compañía en lugar de socializar, en parte porque quiere mermar un poco el ritmo de su vida para seguir sus propios intereses. También disfrutará estar en casa, en su propio espacio, donde puede estar cómodo y ser usted mismo. El tiempo con la familia será más significativo, y querrá rodearse de seres queridos mientras establece nuevas tradiciones para los años venideros. Júpiter-Saturno es una influencia maravillosa para proyectos domésticos, especialmente si tiende a hacer los trabajos de la casa. Tendrá las ideas y el incentivo y puede adquirir fácilmente las habilidades necesarias para hacer el trabajo.

En otro nivel, se encontrará pensando en el pasado y cómo se aplica al futuro, y puede integrar los dos exitosamente para forjar nuevas direcciones personales y autoentendimiento. Las experiencias familiares sin duda serán un tema importante y deberá tomar la iniciativa para resolver asuntos pendientes, especialmente si cree que de algún modo lo están deteniendo. Por lo general, los parientes serán receptivos, y estará abierto a sus ideas y perspectivas.

Noviembre trae una alineación exacta de Saturno y Urano y quizás la culminación de sucesos relacionados con su contacto de un año con Júpiter. Si no es en noviembre, ocurrirá en diciembre, cuando tendrá una oportunidad para reflexionar en lo que ha aprendido y experimentado este año.

Debido a que Urano y Saturno se extienden sobre el eje de su sexta/duodécima casa, debería tener como prioridad un estilo de vida sano este año. Cuídese a sí mismo y comience el año con un chequeo médico. Sea honesto con su médico y tome en serio sus consejos. Si necesita adelgazar, enfóquese en un cambio en los hábitos alimenticios y la nutrición, en lugar de la pérdida de peso.

De esa forma no se sentirá que está haciendo sacrificios. Si necesita ponerse en forma, comience lentamente, y déle a su cuerpo la posibilidad de adaptarse. Incluso la caminata diaria puede hacer maravillas con el tiempo.

Significado de los eclipses

Neptuno continúa su tránsito a través de Acuario, su quinta casa solar de romance, recreación, hijos y creatividad. Todo tendrá un lugar especial en su vida este año porque también hay dos eclipses en ese signo. El eclipse solar de febrero 2 pone a fluir la energía, y el eclipse lunar de agosto 16 la mantiene enfocada. Debido a que el eclipse de agosto está en contacto directo con Neptuno, es el más probable de los dos en despertar un nuevo romance o reencender la pasión del compromiso. Si está buscando algo nuevo, la ventaja está a su favor, pero la persona que parece ideal puede no serlo. Déle tiempo a esto y no piense en comprometerse a largo plazo hasta al menos el año siguiente. También explore su creatividad, posiblemente con un proyecto doméstico. Redecore una habitación o toda su casa. Sus hijos serán una alegría, pero también deberá vigilarlos y estar atento a sus actividades y amigos. El eclipse solar de agosto 1° en Leo, su undécima casa solar de amistad y actividades en grupo, promete una vida social activa y oportunidades para invitar nuevos rostros a su círculo. También podría involucrarse en un club u organización, posiblemente para beneficiar las artes.

Plutón completa su tránsito en Sagitario, que está en su tercera casa solar, este año. Entra a Capricornio en enero 25, retrocede a Sagitario en junio 13, y regresa a Capricornio en noviembre 26. Durante los últimos trece años con Plutón en Sagitario, la comunicación y el aprendizaje fueron temas importantes en su vida. Pudo haber estudiado seriamente o de manera despreocupada, y viajado mucho a sitios cercanos o conocidos. Eso empieza a disminuir este año cuando Plutón entra a Capricornio, cambiando el énfasis a su cuarta casa solar del hogar y la familia. Plutón refuerza la influencia de Júpiter en el mismo signo, y también acentúa comienzos y finales. Éste es un gran año para organizar las cosas pendientes en su vida, desde las relaciones hasta proyectos y todas las cosas dejadas para otro día —incluso si ese día fue hace años—.

Si nació entre septiembre 22 y octubre 14, Saturno entrará en contacto con su Sol desde Virgo, su duodécima casa solar de autorenovación. Mirará más a su interior en busca de respuestas a preguntas, asuntos y situaciones del pasado sin resolver. Algunos pueden involucrar a su familia e infancia mientras se esfuerza por un mejor entendimiento de sí mismo y su lugar en el mundo. Durante todo este viaje de conocimiento interior se beneficiará del tiempo consigo mismo e incluso —contrario a su característica— puede disfrutar de las horas con su propia compañía. Todo esto es un proceso muy natural que lo prepara para nuevas direcciones personales cuando Saturno entre a su signo en dos años. Aunque gran parte de este proceso será interno y sutil mientras su pensamiento y percepción cambian gradualmente, también tendrá momentos memorables de conocimiento repentino que lo conducirán a donde necesite ir. Podría desarrollar un interés en investigar sus raíces y así descubrir su historia genealógica con la ayuda de parientes mayores, y uno de ellos podría enseñarle mucho acerca de la vida. Si nunca ha tenido el tiempo para conocer bien a unas de estas personas, tome la iniciativa este año. Enriquecerá su vida y la de ellos. Debido a que la duodécima casa también rige la salud, hágase un examen médico, y luego siga sus recomendaciones. Saturno puede darle la fuerza interior y resolución para hacer cambios, de manera lenta pero segura.

Si nació entre el 22 y el 25 de septiembre, la influencia de Saturno estará compactada en un corto marco de tiempo —abril y mayo—, y activará la energía del eclipse solar de febrero 20 en Virgo, que contactará directamente a su Sol. Saturno y el eclipse lo animan a descubrir —o redescubrir— su verdadero ser y a explorar habilidades y talentos aún no desarrollados. También puede tener algunos retos en las relaciones a consecuencia de su creciente necesidad de poder personal. Si su cumpleaños es entre el 26 y el 30 de septiembre, su experiencia saturniana se desarrollará más lentamente, primero en enero, febrero y marzo, y de nuevo en el verano. Si nació entre el 1 y el 14 de octubre, Saturno entrará en contacto con su Sol entre agosto y diciembre; y si su cumpleaños es entre el 7 y el 14 de octubre, tendrá otro contacto con Saturno el año siguiente.

Si nació entre el 7 y el 15 de octubre, Urano entrará en contacto con su Sol desde Piscis en su sexta casa solar. Sentirá como si su ambiente laboral estuviera en un estado de cambio perpetuo, y el cambio y lo inesperado serán más la regla que la excepción. Aunque es difícil —incluso imposible— saber lo que este estrafalario planeta activará, estos son algunos cambios posibles: responsabilidades laborales, supervisor, lugar de trabajo o colaboradores. Ninguno de estos cambios por sí solos incitará acción de su parte, al menos no a comienzos del año. Pero los cambios en el trabajo, más su creciente descontento e incomodidad con su vida laboral, podrían hacer que partiera en octubre, noviembre o diciembre, cuando la alineación de Saturno-Urano es más fuerte. Piense bien en lugar de actuar impulsivamente. Una vez que los vínculos se cortan, no podrá dar marcha atrás a la decisión, y cambiar por sólo cambiar no es siempre la mejor solución. Tome un enfoque similar si sus pensamientos se dirigen a una empresa casera. Esta podría ser una opción buena para usted, pero sólo si puede hacerlo sin riesgo financiero y si tiene los contactos necesarios y la clientela para establecer rápidamente una base sólida. Si ya ha hecho sus millones y ha sido suficiente —¡retírese!—.

Si nació entre el 12 y el 17 de octubre, Neptuno entrará en contacto con su Sol desde Acuario, su quinta casa solar. Esta alineación favorable llenará su aura con glamour y misterio, y su encanto y carisma suavizarán incluso el alma más malhumorada. Use esta energía para atraer a alguien sensacional o para deleitarse en una luna de miel de un año con su pareja, sin importar cuántos años han estado juntos. Su ojo artístico y su expresión creativa estarán en plenitud, así que asegúrese de encontrar una forma de usar esta energía. Ensaye un nuevo hobby o retorne a uno que dejó a un lado cuando se interesó en cosas diferentes. No se sorprenda si su sexto sentido es más fuerte o emerge por primera vez. Escuche sus presentimientos y aprenda a confiar en su voz interior: entre más lo haga, más confiable será. Sin embargo, las inversiones requieren cautela porque Neptuno puede enmascarar la realidad. Su mejor camino es el moderado, con decisiones respaldadas por hechos, no sólo por la recomendación de alguien. Y en lo que concierne a sus hijos será más tolerante; es probable que ganen más discusiones que usted este año.

Si nació entre el 20 y el 23 de octubre, estará entre los últimos de su signo en tener a Plutón en Sagitario en contacto con su Sol —antes de enero 25 y junio 13-noviembre 25—. Auque esto podría motivarlo a tomar un curso por diversión o ganancia, o a explorar sitios cercanos que han estado en su lista durante muchos años, la mayor influencia de Plutón será en un nivel mental. Su visión sobre muchos temas, en especial sobre sí mismo, cambiará sutilmente mientras el pensamiento profundo hace que su perspectiva sea distinta. Como parte de este proceso, puede aprovechar su fuerza interior y usarla para adquirir más poder personal. El resultado será una mayor confianza en sí mismo y lo liberará para dar nuevos pasos audaces en el mundo.

Si nació entre el 22 y el 25 de septiembre, Plutón en Capricornio entrará en contacto con su Sol entre enero 25 y junio 12, y de noviembre 26 en adelante. Esta poderosa influencia representa un cambio profundo o, en términos de Plutón, transformación. Experimentará todo, desde frustración hasta más poder personal, desde confusión hasta sabiduría. El factor más importante que se debe entender respecto a Plutón es que casi siempre es mejor dejar que los sucesos se desarrollen a su debido tiempo. Entre más trate de controlar las cosas, menos éxito tendrá. Si está listo para hacer un cambio personal importante, tal como su dieta o estilo de vida general, Plutón le dará la determinación para hacerlo. Puede estar seguro de que una vez que Plutón se ponga en marcha, mirará atrás y quedará asombrado.

Libra/Enero

Puntos planetarios clave

Planee con anticipación si intenta viajar a larga distancia en enero. Estará propenso a retrasos y cancelaciones. Por encima de todo, deberá ser cauteloso en la carretera; trate de evitar viajes largos en auto. Problemas mecánicos son más que posibles, especialmente las primeras tres semanas de enero, cuando la comunicación será frustrante y la información difícil de conseguir. La paciencia lo ayudará.

Sucesos planetarios sobresalientes

La casa es el lugar más cómodo para estar cuando el Sol, Mercurio, Venus y Plutón se unan a Júpiter en Capricornio, su cuarta casa solar, en diferentes tiempos este mes. Si su objetivo es una casa nueva o remodelada, haga planes, pero espere hasta febrero o marzo para comenzar. Con Mercurio tornándose retrógrado en enero 28, sus pensamientos e ideas seguirán desarrollándose.

Relaciones personales

Su vida sentimental tendrá un buen estímulo de Mercurio en Acuario, su quinta casa solar, después de enero 6, y el Sol en el mismo signo desde enero 20 en adelante. Será una ventaja, ya sea que esté en una relación establecida o en búsqueda de pareja. Su vida social también estará en territorio positivo, gracias a la luna llena de enero 22 en Leo, su undécima casa solar de amistad.

Finanzas y éxito

Es probable que tenga más que suficiente para estar ocupado en el trabajo, junto con lo que en ocasiones parecerá una serie de cambios interminable. Es seguro que se originará una tensión de este sentimiento de incertidumbre, y las relaciones laborales podrían tener roces en ocasiones. Siga adelante y deje que los demás resuelvan sus diferencias. No necesita la disputa, a pesar de su instinto de promover la cooperación.

Días favorables 2, 4, 7, 8, 9, 10, 11, 14, 21, 27, 28

Días desafiantes 1, 5, 6, 12, 13, 18, 19, 26

Libra/Febrero

Puntos planetarios clave

Febrero será un mes fácil. Eso es bueno, porque con la luna llena de febrero 20 en Virgo, su duodécima casa solar, es prudente que no se presione demasiado. Sueño, descanso y una dieta saludable ayudará a estimular su sistema inmune y de este modo a reducir la probabilidad de un resfriado o la gripe. Haga de la relajación una prioridad el fin de semana después de la luna llena.

Sucesos planetarios sobresalientes

Los asuntos domésticos lo deleitarán mientras Venus avanza en Capricornio, su cuarta casa solar, hasta febrero 16. Si quiere organizar una reunión, hágalo en la primera semana del mes, cuando Venus se alineará maravillosamente con Júpiter y Urano. Aproveche su creatividad e intuición, que estarán activas durante todo febrero, y serán una ventaja si está planeando renovaciones en la casa.

Relaciones personales

La diversión, socialización y romance estarán más intensos este mes, gracias a la luna nueva de febrero 6 en Acuario, su quinta casa solar. Tendrá su mayor encanto y carisma después de que Venus entre al mismo signo en febrero 17, lo cual aumentará la probabilidad de atraer a alguien nuevo. Con Mercurio retrógrado en Acuario hasta febrero 18, deberá confirmar fechas, horas y lugares antes de salir. Si tiene hijos, ellos lo inspirarán. Algunos nativos de Libra recibirán un nuevo miembro en la familia.

Finanzas y éxito

El Sol pasará a Piscis, su sexta casa solar, en febrero 19, cuando puede esperar que su carga laboral aumente gradualmente. Trate de adelantar trabajo todo lo posible, porque el mes siguiente será agitado. Revise bien el trabajo hecho después de que Mercurio se torne directo.

Días favorables 3, 4, 5, 6, 7, 15, 17, 21, 23, 24, 25

Días desafiantes 2, 9, 13, 14, 18, 19, 22, 28

Libra/Marzo

Puntos planetarios clave

Espere tensión familiar a comienzos y finales de marzo, cuando varios planetas chocarán con Plutón en Capricornio, su cuarta casa solar. Las presiones laborales podrían ser la razón, pero un problema mecánico doméstico también es posible. Revise credenciales antes de programar una reparación, y haga lo mismo si planea consultar a un profesional, tal como un contador.

Sucesos planetarios sobresalientes

Será el centro de atracción bajo los rayos brillantes de la luna llena de marzo 21 en su signo. La energía lunar le dará más confianza en sí mismo, pero las personas cercanas a usted podrían quejarse de que está menos atento a sus necesidades y menos dispuesto a transigir. Eso está bien, siempre que escoja lo correcto; después de todo, incluso los nativos de Libra orientados a la asociación tienen derecho a su propio tiempo.

Relaciones personales

Tendrá oportunidades de socializar con amigos y colegas mientras Venus avanza en Acuario, su quinta casa solar, hasta marzo 11, y Mercurio transita en el mismo signo hasta marzo 13. El romance capturará el corazón de algunos nativos de Libra, mientras otros harán un contacto profesional afortunado el segundo fin de semana del mes.

Finanzas y éxito

Marzo tiene la capacidad de ser uno de los mejores meses de 2008 en lo que a la profesión se refiere. La luna nueva de marzo 7 en Piscis, su sexta casa solar, lo tendrá entre los pocos favorecidos en el trabajo y dirigido hacia el éxito. Aun mejor es Marte, que llegará a Cáncer, su décima casa solar de la profesión y el estatus, en marzo 4. El dúo lo tendrá perfectamente ubicado para que sobresalga de la competencia, ya sea que esté contento con su puesto actual o en búsqueda de uno nuevo o un ascenso. Sólo tenga cuidado de no hacer algo que afecte a alguien más.

Días favorables 2, 4, 5, 9, 10, 16, 17, 21, 22, 23, 31

Días desafiantes 1, 6, 8, 12, 13, 21, 26, 29

Libra/Abril

Puntos planetarios clave

Sea un poco cauteloso respecto a quien confía este mes. Alguien podría decir algo para llevarlo a conclusiones erróneas en asuntos de dinero. Sea muy prudente con las inversiones, y si contrata a alguien para una reparación en la casa o compra aparatos o muebles, considere una garantía adicional.

Sucesos planetarios sobresalientes

Llamará mucho la atención, gracias a Marte en Cáncer, su décima casa solar, y su alineación afortunada con Júpiter y Urano. Una oportunidad emocionante y con posibilidades lucrativas podría surgir de repente la cuarta semana de abril. Explórela, pero sólo si no requiere una inversión financiera importante.

Relaciones personales

Experimentará todas las facetas de las relaciones este mes —los altibajos con todos sus efectos— mientras se pone en contacto con una amplia variedad de personas. Su fenomenal don de comunicación lo beneficiarán en casa y en el trabajo, que tienen el potencial de conflicto cuando Mercurio en Aries, su séptima casa solar, desde abril 2 en adelante, y Venus en el mismo signo después del día 5, choquen con varios planetas. Ambos planetas y la luna nueva de abril 5 en Aries serán una ventaja para promover la cooperación y el acuerdo mientras estimula a otros a cambiar sus puntos de vista.

Finanzas y éxito

El panorama económico es generalmente positivo, aunque pueden surgir gastos alrededor de la luna llena de abril 20 en Escorpión, su segunda casa solar de recursos personales. Con alineaciones favorables del Sol y Mercurio en Tauro, su octava casa solar de recursos compartidos, usted o su pareja podrían beneficiarse de un aumento de salario, bonificación u obsequio familiar.

Días favorables 1, 9, 10, 13, 14, 18, 21, 23, 25, 26

Días desafiantes 4, 6, 11, 12, 17, 19, 22

Libra/Mayo

Puntos planetarios clave

Si puede elegir, aplace los viajes hasta junio. A comienzos de este mes, Mercurio en Géminis, su novena casa solar, chocará con Saturno, y el Sol y Venus harán lo mismo a finales de mayo. La situación será complicada por Mercurio, que se tornará retrógrado en mayo 26. Estas influencias planetarias también harán difícil averiguar el origen de la información, y algunas decisiones serán aplazadas, para su frustración.

Sucesos planetarios sobresalientes

Las alineaciones planetarias de mayo hacen de este mes una buena elección si quiere rehacer una o varias habitaciones, o hacerle una limpieza a su casa. Las cosas que descarte podrían producirle un beneficio en una venta de garaje o una tienda de segunda, o podría encontrar una posesión preciada que creía perdida hace mucho tiempo.

Relaciones personales

Sus actividades sociales de verano se iniciarán en mayo 9, cuando Marte entre en Leo, su undécima casa solar. Amistad, reuniones y paseos llenarán sus horas de fin de semana y las noches hasta el fin de junio, y tendrá muchas oportunidades para ampliar sus contactos personales y comerciales. Alguien que conoce a mediados de mayo podría resultar ser un contacto valioso en julio.

Finanzas y éxito

Los asuntos económicos serán acentuados todo el mes primero con la luna nueva de mayo 5 en Tauro, y luego con la luna llena de mayo 19 en Escorpión, cuando influencien el eje de su octava-segunda casa solar. Las ganancias son posibles de nuevo este mes, con menos probabilidad de gastos extras. Pero también deseará gastar en ocasiones, posiblemente en muebles o aparatos electrónicos. Cómprelos si puede, pero lea la letra menuda y las normas de devolución, y considere una garantía prolongada.

Días favorables 3, 6, 7, 10, 15, 16, 17, 20, 26, 30, 31

Días desafiantes 2, 8, 13, 14, 19, 21, 22, 27, 29

Libra/Junio

Puntos planetarios clave

Nuevos horizontes se insinuarán con la luna nueva de junio 3 en Géminis y la luna llena de junio 18 en Sagitario —el eje de su tercera-novena casa solar—, y quizás estará listo para empacar sus maletas y viajar a sitios conocidos o desconocidos. Use la primera semana de junio para obtener lo mejor de las alineaciones planetarias de este mes. Una demora o cancelación todavía es posible, porque Mercurio estará retrógrado hasta junio 19. Tenga cuidado en la carretera todo el mes, en especial después de que Plutón regrese a Sagitario en junio 13.

Sucesos planetarios sobresalientes

Las lunas nueva y llena también lo animan a aprender lo que más pueda este mes, ya sea por su cuenta, en una conferencia o seminario, o en un curso corto. El conocimiento obtenido le ayudará en el trabajo en julio, y podría beneficiarlo si está pensando en un ascenso.

Relaciones personales

Continuará disfrutando el tiempo con sus amigos mientras Marte avanza en Leo, su undécima casa solar. Podría tener el deseo de pertenecer a un grupo social del mismo parecer más adelante este mes, cuando Marte se alineará con Neptuno y Plutón. No se sorprenda si las personas cuentan con usted para el liderazgo. Si tiene hijos, deberá dedicar tiempo para conocer a sus amigos y quizás dirigir un proyecto para recaudar fondos para sus actividades.

Finanzas y éxito

Podría tener una oportunidad hacia el fin de mes, cuando el Sol y Venus estarán en Cáncer, su décima casa solar de la profesión, para hablar con alguien importante que toma decisiones y lo impresiona. Esté atento; podría escuchar sobre una posible oportunidad.

Días favorables 3, 5, 7, 8, 11, 12, 13, 21, 22, 26, 27

Días desafiantes 1, 2, 4, 15, 16, 18, 23, 25, 30

Libra/Julio

Puntos planetarios clave

Será difícil conseguir información los primeros diez días de julio, cuando Mercurio en Géminis, su novena casa solar, chocará con varios planetas. La paciencia lo ayudará. También debe seguir siendo cauteloso en la carretera y si trabaja con herramientas, pues durante este tiempo hay posibilidades de accidentes.

Sucesos planetarios sobresalientes

Probablemente disfrutará tener un poco más de tiempo para estar en casa este mes, en especial después de la luna llena de julio 18 en Capricornio, su cuarta casa solar. La energía lunar también podría animarlo a iniciar un proyecto de renovación en la casa, pero julio es mejor para planear que actuar porque estará ocupado en el trabajo.

Relaciones personales

Su vida social seguirá siendo activa, con el Sol, Mercurio y Venus avanzando en Leo, su undécima casa solar de amistad. Éste es uno de sus mejores períodos en el año para hacer contactos y conocer más personas, y algunos nativos de Libra inician a fin de mes un nuevo romance con un amigo o el amigo de un amigo. Si quiere hacer una reunión, el tercer o cuarto fin de semana serán los mejores.

Finanzas y éxito

¡Piense en grande! ¡Sea la estrella que es! Con la luna nueva de julio 2 —y el Sol, Mercurio y Venus más adelante este mes— en Cáncer, su décima casa solar, su popularidad y credibilidad llegarán a nuevas alturas. Éste es el mes para buscar un ascenso o un nuevo puesto. Haga la solicitud en los pocos días de la luna nueva y podría lograr su objetivo antes de que concluya julio. Incluso si está contento con el status quo, tendrá múltiples oportunidades de mostrar sus habilidades y talentos como en una inversión en su futuro.

Días favorables 3, 4, 9, 13, 14, 17, 18, 19, 20, 22, 26, 27

Días desafiantes 5, 6, 8, 10, 15, 16, 21, 28, 29

♎ Libra/Agosto ♎

Puntos planetarios clave

El Sol, Mercurio y Venus entrarán a Virgo, su duodécima casa solar, en diferentes tiempos este mes. Aunque usualmente éste es un período más tranquilo, un tiempo de consolidación y preparación para la llegada del Sol a su signo, es probable que sea todo lo contrario este año. Los tres planetas chocarán con Saturno, Urano y Plutón, así que habrá días en que estará en continuo movimiento, lidiando con un obstáculo tras otro. Sea más cuidadoso detrás del volante, en la cocina, y si trabaja con herramientas. También trate de acostarse temprano todas las noches; ahora será más fácil agotarse.

Sucesos planetarios sobresalientes

Espere con ilusión el fin de mes cuando Mercurio y Venus llegarán a su signo. Eso es razón suficiente para que se consienta con un día o fin de semana en un spa. Salga de compras, ¡se lo merece!

Relaciones personales

Amigos y familia avivarán su corazón, pero también lo frustrarán en ocasiones y lo dejarán preguntándose cómo pudo haberlos juzgado mal. Enfóquese en los puntos sobresalientes, y note los otros como peculiaridades de la naturaleza humana, de la cual tiene un entendimiento innato. Es posible que un amigo lo decepcione alrededor de la luna llena de agosto 16 en Acuario, que también incitará a algunos nativos de Libra a terminar una relación amorosa.

Finanzas y éxito

Podría tener gastos domésticos adicionales este mes, pero existe la posibilidad de que se beneficie de un obsequio inesperado. En general, un enfoque financiero moderado será la mejor elección. Si es posible, evite compras costosas porque las alineaciones planetarias sugieren problemas mecánicos ocultos.

Días favorables 1, 5, 12, 13, 14, 15, 20, 21, 22, 28, 30

Días desafiantes 4, 10, 11, 18, 19, 23, 24, 25, 27, 29

♎ Libra/Septiembre ♎

Puntos planetarios clave

Es bueno mantener énfasis en el descanso y conducir con cuidado mientras el Sol está en Virgo, del 1° al 21 de septiembre. Necesitará descanso adicional para mantener el ritmo rápido generado por Mercurio, Venus y Marte en su signo. Si no ha tenido una evaluación médica recientemente, ahora es un buen momento para hacerlo. Programe un examen.

Sucesos planetarios sobresalientes

El Sol empezará su recorrido anual a través de su signo en septiembre 22, y la luna nueva está en Libra en septiembre 29. Marque esas fechas en su calendario. Con ambas vendrá un entusiasmo renovado por la vida y la motivación de hacer lo mejor posible. Estará listo para definir nuevas direcciones personales, pero sería bueno esperar hasta el mes siguiente porque es probable que sus objetivos cambien mientras Mercurio avanza retrógrado de septiembre 24 a octubre 14.

Relaciones personales

Sus poderes de atracción seguirán estando en su máximo potencial con Venus en su signo hasta septiembre 23, y estará en armonía con muchas personas, especialmente seres queridos. Pero también estará concentrado más que lo usual en usted, lo cual podría dejar a algunos preguntándose si ha perdido interés en sus vidas y actividades. Eso está bien. Incluso un nativo de Libra orientado a la gente tiene el derecho a ser el centro de atención.

Finanzas y éxito

Estará muy ocupado en el trabajo cuando la luna llena de septiembre 15 en Piscis active su sexta casa solar. Conservar el ritmo podría ser un reto en ocasiones, especialmente debido a personas difíciles y lo que parece ser un cambio constante. Siga adelante y evite las luchas de poder.

Días favorables 1, 2, 3, 6, 11, 12, 21, 24, 25, 29, 30

Días desafiantes 8, 9, 14, 15, 17, 20, 23, 28

Libra/Octubre

Puntos planetarios clave

Las dos primeras semanas de octubre serán propensas a confusiones y malentendidos, y el optimismo excesivo puede conducir a contratiempos. Con Mercurio retrógrado hasta octubre 15, deberá pedir clarificación en lugar de suponer que todo está bien, y examinar bien los detalles. No ponga mucha fe en las promesas hechas por otros; pueden o no cumplirse, a pesar de lo que digan.

Sucesos planetarios sobresalientes

Tendrá una facilidad extraordinaria con las palabras después de que Venus entre a Sagitario, su tercera casa solar, en octubre 18. Eso será una ventaja en conversaciones y citas importantes, y las personas estarán muy dispuestas a hacer favores. Conseguirá casi todo lo que pida —dentro de lo razonable—.

Relaciones personales

Las relaciones serán un tema importante más adelante este mes, cuando la luna llena de octubre 14 ilumine su séptima casa solar. Tendrá muchas oportunidades de conocer personas y trabajar con ellas en una variedad de situaciones. Sin embargo, lo mejor de lo mejor será el tiempo con seres queridos, y momentos románticos para los nativos de Libra enamorados. El compromiso está pronosticado para algunos.

Finanzas y éxito

Sus fondos podrían multiplicarse a fin de mes. Por tal razón agradezca a varios planetas y la luna nueva de octubre 28 en Escorpión, su segunda casa solar de recursos personales. Aun mejor es Marte, que entrará al mismo signo en octubre 3. Alineaciones planetarias bellas y afortunadas podrían darle un aumento, bonificación o golpe de suerte. Pero también tendrá deseos de gastar. Eso está bien si termina el mes con más de lo que tenía al principio.

Días favorables 1, 3, 5, 9, 14, 17, 20, 21, 22, 26, 27

Días desafiantes 4, 8, 12, 13, 15, 18, 19, 25

♎ Libra/Noviembre ♎

Puntos planetarios clave

La alineación planetaria inusual de este año conformada por Júpiter, Saturno y Urano terminará este mes cuando los tres planetas formen una alineación exacta entre sí. Esto podría incitarlo a lanzarse a un proyecto importante de renovación de la casa, mudarse debido a un trabajo, o establecer una empresa casera cuando Plutón regrese a Capricornio, su cuarta casa solar. Considere todos los pros y los contras antes de actuar. Tendrá la fuerte tentación de tomar una decisión inmediata, pero lo que haga ahora se reflejará durante muchos años.

Sucesos planetarios sobresalientes

La casa será su lugar favorito —y el más cómodo— para estar después de que Venus entre a Capricornio, en noviembre 12. Es una influencia maravillosa para recibir amigos y pasar tiempo con la familia. También puede aprovechar a Venus al arreglar su casa para las fiestas de fin de año, o quizás prepararla para venderla.

Relaciones personales

Las noches y fines de semana con amigos íntimos y la familia estarán entre los momentos y recuerdos más apreciados. Sin embargo, tal vez deba evitar algunos parientes, porque Mercurio y Venus chocarán con varios planetas. Alguien podría tratar de meterlo en un desacuerdo en el vecindario o la comunidad, pero es mejor dejar que los demás libren sus propias batallas.

Finanzas y éxito

Los asuntos económicos serán en su mayor parte status quo, aunque debería ser cauteloso respecto a las inversiones y poner en riesgo los fondos, porque la luna llena de noviembre 13 estará en Tauro, su octava casa solar de recursos compartidos. Éste no es el mejor mes para firmar un contrato o solicitar un préstamo o hipoteca. Si quiere hacerlo, lea todo cuidadosamente antes de firmar y pida consejo profesional si es necesario.

Días favorables 5, 7 10, 16, 17, 18, 22, 23, 24, 27, 30

Días desafiantes 1, 6, 8, 9, 13, 14, 15, 21, 28

♎ Libra/Diciembre ♎

Puntos planetarios clave

Como en meses recientes, deberá ser cauteloso en la carretera, en la cocina y cuando trabaje con herramientas. El Sol, Mercurio y Marte en Sagitario, su tercera casa solar, formarán contactos difíciles con varios planetas que podrían generar un accidente. Serán muchas las distracciones y tal vez esté en ocasiones inusualmente de mal genio. Cálmese y esté alerta.

Sucesos planetarios sobresalientes

Diciembre traerá una increíble alineación de planetas en Capricornio, su cuarta casa solar, en los días alrededor de la luna nueva de diciembre 27. Es probable que tenga mucho que celebrar, además de sorpresas agradables. Si espera comprar o vender una propiedad, todo podría ser finalizado en ese tiempo. Algunos nativos de Libra recibirán un nuevo miembro en la familia o se beneficiarán de una herencia familiar.

Relaciones personales

Las relaciones familiares serán como en noviembre, algunas positivas y estimulantes, y otras que preferiría evitar. La socialización durante las celebraciones de fin de año lo pondrá en contacto con amigos después de que Venus entre en Acuario, su quinta casa solar, en diciembre 7. Ésa es una influencia prometedora si está buscando el amor, que podría tomarlo con sorpresa la última semana del mes.

Finanzas y éxito

Su vida laboral será variable, con períodos lentos y períodos agitados. También lo frustrará en ocasiones cuando las decisiones son demoradas y los proyectos detenidos, sólo para ser reemplazados por cambios de última hora y fechas tope adelantadas. Es probable que los asuntos económicos sean lo mismo, aunque generalmente más estables. Aun así, evite la ostentación.

Días favorables 2, 3, 7, 8, 11, 16, 21, 24, 29, 30

Días desafiantes 5, 6, 12, 13, 15, 18, 19, 26

Tabla de Acciones de Libra

Estas fechas reflejan los mejores —pero no los únicos— días para el éxito en dichas actividades, según su signo solar.

	ENE	FEB	MAR	ABR	MAY	JUN	JUL	AGO	SEP	OCT	NOV	DIC
Mudanza	7, 8	3, 4			23, 24			12-14			30	1, 27, 28
Iniciar un curso	4-6	28, 29	1							31	1, 23-31	
Ingresar a un club				13, 14			31	1, 2, 5, 6	6-8	21-23		
Pedir un aumento	17		24, 25				11, 12			1	25	
Buscar trabajo			15-19	30	1						7, 8	
Buscar ayuda profesional				9, 10, 14								8
Buscar un préstamo				25, 30	1, 5	28		21, 22				
Ver un doctor			7	4	1						7, 20	
Iniciar una dieta		21									20	
Terminar una relación						26	23					
Comprar ropa	9		4, 5						11, 12	14	6	
Cambio de estilo, imagen		23						5	1, 29			19, 20
Nuevo romance	9	6	4, 5			11-13			11, 12			
Vacaciones					25-31	1-16						

El Escorpión
Octubre 22 a Noviembre 22

♏

Elemento: Agua
Cualidad: Fijo
Polaridad: Yin/Femenino
Planeta regidor: Plutón (Marte)
Meditación: Puedo mostrar mis sentimientos
Piedra preciosa: Topacio
Piedra de poder: Obsidiana, ámbar, citrino, granate, perla
Frase clave: Yo creo
Símbolo: La cola del escorpión
Anatomía: Sistema reproductivo
Color: Marrón, negro
Animal: Reptiles, escorpiones, pájaros de presa
Mitos/Leyendas: El Fénix, Hades y Perséfone, Shiva
Casa: Octava
Signo opuesto: Tauro
Flor: Crisantemo
Palabra clave: Intensidad

Fortalezas y retos

Su dominio de sí mismo es profundo, su resolución implacable y su paciencia inquebrantable. Cuando fija su mente, nada se atraviesa entre usted y un objetivo. Es más eficiente para alcanzar metas a corto que a largo plazo, debido a que cree que un éxito conduce al siguiente. Pero puede esperar durante años, si es necesario. Incluso nativos de Escorpión más evolucionados sucumben a la cruel característica de este signo —"no se enojan, se desquitan"— para superar obstáculos en su camino. También es terco, cuando ceder podría ser más conveniente.

Sigiloso y astuto, también es valiente, digno de confianza y creativo. Su sexto sentido le da la ventaja en muchas situaciones. Tiene el don de sentir lo que otras personas quieren y necesitan, y analiza las cosas en un instante, especialmente cuando se requiere una acción rápida. Combinado con sus poderes de persuasión, usualmente obtiene información con mínimo esfuerzo.

Plutón, su planeta regente, adiciona intensidad a la capacidad transformativa de Escorpión. Puede convertir un montón de cosas y sobrantes en algo útil —como reciclar artículos de segunda mano y de tiendas de descuento para lograr una asombrosa decoración de la casa—. Periódicamente, hace lo mismo con usted, ya sea un cambio de dieta, una nueva imagen o eliminar un hábito; y con su increíble fuerza de voluntad, usualmente tiene éxito. Algunos también tienen un poder curativo.

Sus emociones son profundas, aunque pocos advierten de cuán sensible puede ser. Detrás de su máscara fuerte y autoprotectora hay un alma humanitaria cuyos sentimientos son heridos fácilmente, y que realiza actos indiscriminatorios de bondad.

Relaciones personales

Sus relaciones abarcan desde lo intenso a lo inspirativo y práctico. Con tantas personas diferentes en su vida, se beneficia de diversas experiencias, además de oportunidades para observar las complicaciones psicológicas de la naturaleza humana.

El amor, romance y pasión son tan esenciales para su bienestar como la comida, aire y agua. Necesita el profundo vínculo emocional que llega a través de la unión amorosa, aunque puede ser idealista en asuntos del corazón. También es posesivo porque no imagina la vida sin la persona que ama, y esto puede conducir a celos infundados. La lección aquí es la confianza, que fortalece su vida de pareja.

Sus relaciones familiares son una inusual combinación de lazos irrompibles y un frío desapego. Es muy cercano —mejor amigo— con algunos y distante o incluso separado de otros. Como padre o madre es tolerante —el que más a menudo cede—. Pregúntese si en realidad les está haciendo un favor a sus hijos. Conozca a sus amigos e involúcrese en sus vidas y actividades.

Es muy exigente respecto a quiénes escoge como amigos, y sólo confía en unos pocos por completo. Algunos de ellos quizás son compañeros de trabajo actuales o del pasado, o personas que se encuentra en actividades u organizaciones relacionadas con la profesión. Disfruta salir en las noches y las charlas animadas con quienes conoce mejor, mucho más que grandes eventos donde se espera que socialice con otras personas.

Profesión y dinero

Es apto para puestos influyentes y sus metas ambiciosas incluyen un sitio alto en su profesión. Como líder e inspirador, sobresale en unir personas y recursos para producir un cambio constructivo. En su trabajo cotidiano prospera en un ambiente agitado que brinde oportunidades para iniciar y liderar proyectos. Podría disfrutar del trabajo físico, pero tenga presente que en cualquier trabajo puede presionarse demasiado a sí mismo y a otros. De vez en cuando necesita dar un paso atrás para tener una nueva perspectiva.

Generalmente afortunado en asuntos de dinero, tiene la capacidad para tener grandes ingresos y fondos considerables. Conocimiento, información y presupuesto son sus claves para el éxito financiero porque en ocasiones tiende a ser ostentoso. Las inversiones cautelosas pueden producir ganancias, pero sea prudente y consciente y no ponga su fe en consejos que no estén respaldados por su propia investigación.

Su lado más brillante

Es un psicólogo natural fascinado por el comportamiento humano y lo que motiva a actuar a las personas. Sin embargo, las impresiones superficiales no son suficientes. Desea saber el significado profundo de sus acciones, para satisfacer su curiosidad y almacenar el conocimiento para su uso futuro y su búsqueda de autoentendimiento.

Afirmación del año

Las personas enriquecen mi vida.

Escorpión: el año venidero

El 2008 tiene toda la capacidad para ser un año fabuloso, con énfasis en un estilo de vida activo, romance, amistad y socialización. Todo esto y más es suyo mientras Júpiter, Saturno y Urano forman una alineación inusual, y Plutón cambia su enfoque.

Aunque es de pocas palabras, podría descubrir la tendencia a abrirse más este año. Júpiter en Capricornio, su tercera casa solar de comunicación, lo anima a hacerlo. Nunca será un hablador —esa no es su naturaleza— pero gracias a la influencia de Júpiter tendrá la confianza adicional para hablar y compartir sus pensamientos, opiniones e ideas. También verá las cosas desde una perspectiva práctica y de conjunto, porque mezcla eficazmente la visión y la experiencia.

En un nivel cotidiano, Júpiter en Capricornio acentúa un mayor ritmo diario que en ocasiones será agitado. Deberá planear y programar bien su tiempo porque las llamadas, reuniones, recados y otras cosas pueden consumir rápidamente horas preciadas. Aunque usualmente es muy organizado, podría ser difícil ir al paso de los detalles de la vida. El desorden puede rápidamente salirse de sus manos si no hace un esfuerzo consciente por dominarlo. Más importante aun, en ocasiones experimentará lo mismo en un nivel mental. Trate de reservar media hora cada día para aclarar y centrar su mente.

Debido a que sus pensamientos se distraerán más a menudo este año, será más fácil dejar que su mente divague. Eso es magnífico cuando esté en un lugar seguro, pero imprudente cuando se encuentre detrás del volante. Concéntrese en lo que está sucediendo a su alrededor. Un accidente no es una forma de conseguir un nuevo vehículo, lo cual podría hacer este año.

Viajar ahora podría interesarle, aunque es probable que quiera viajes rápidos en lugar de unas vacaciones prolongadas. Fines de semana largos pueden brindar el descanso que necesita, ya sea que visite sitios históricos cercanos, se registre en un hotel de lujo local o vaya a un área de recreación.

La suerte natural de Júpiter es multiplicada por su conexión con Urano en Piscis, su quinta casa solar, en marzo, mayo y noviembre. Destellos de conocimiento e ideas innovadoras acompañan esta influencia, que también estimula su intuición. Simplemente "sabrá" cuándo está en el camino correcto, y los presentimientos pueden ubicarlo en el lugar y momento indicados. Las actividades creativas se benefician de su enfoque original, pero debe ser un poco cauteloso en el juego y las inversiones. La energía impredecible de Júpiter-Urano puede llenar sus bolsillos con oro o dejarlo con las manos vacías. Si tiene hijos, o espera tenerlos, este año podría traerle mucho de qué alegrarse, y ellos lo sorprenderán y deleitarán. El amor también aparece en 2008, ya sea que haya encontrado su alma gemela o todavía esté buscando. Disfrute el momento y el romance, pero evite el compromiso incluso si están totalmente en armonía. Una vez que la influencia de Júpiter-Urano empiece a menguar a fin de año, puede tener un cambio de sentimientos. Mientras tanto, socialice y diviértase. Un encuentro casual cerca de su casa podría iniciar un romance apasionado, o podría conocer a alguien a través de un pariente casamentero.

Júpiter también hace una alineación favorable con Saturno en Virgo, su undécima casa solar de amistad y actividades en grupo. Disfrutará de noches casuales, paseos y conversaciones largas con viejos amigos, y podría nacer un interés romántico o conocer a una posible pareja. También es el año para reconectarse con amigos que no ha visto en años, y rodearse de aquellos que estimulan su pensamiento. Aprenderá mucho de sus amigos más íntimos. Si pertenece a un club, organización profesional o está involucrado en las actividades de sus hijos, evite aceptar demasiadas responsabilidades, en especial en enero, mayo y noviembre, cuando la alineación es exacta, o alrededor del eclipse solar de febrero 20 en Virgo. Podría terminar haciendo todo el trabajo mientras otros observan. Incluso si otros no son tan calificados, sea un líder y comparta las responsabilidad y el mérito. Será una gran experiencia que puede beneficiarlo en su profesión y vida personal. También debería conocer los amigos de sus hijos y estar atento a sus actividades para asegurarse de que no más de las que pueden realizar.

En otro nivel, sus pensamientos se dirigirán al tema de las metas en la vida mientras se pregunta qué quiere lograr personal y profesionalmente, a corto y largo plazo. Tómese su tiempo. Examine todas sus opciones, incluso las que nunca antes ha considerado, y deje que las cosas se den a medida que avanza el año. En diciembre tendrá un mejor sentido de a dónde se dirige, además de las prioridades en su vida.

En noviembre, Urano y Júpiter estarán alineados exactamente a través del eje de su quinta-undécima casa solar. Este contacto estresante, aunque algo suavizado por Júpiter, podría generar dificultades en una amistad o relación romántica ese mes o en diciembre. Aunque debería hacer lo que es correcto para usted y su estilo de vida, una vez que el lazo es cortado, será difícil, o imposible, dar marcha atrás a la decisión. Esto es más probable que ocurra en su vida si nació entre el 9 y el 13 de noviembre.

Significado de los eclipses

Neptuno continúa avanzando en Acuario, su cuarta casa solar del hogar y la familia. Tal vez se ha mudado o ha redecorado la casa —o pensado en ello— en los últimos diez años. También pudo haber tenido problemas con el agua en su vivienda. Todas son posibilidades este año, principalmente debido a los dos eclipses en Acuario: un eclipse solar en febrero 6, y un eclipse lunar en agosto 18. El eclipse lunar es el más poderoso de los dos porque entra en contacto con Neptuno, así que inspírese y redecore una habitación o toda su casa con la ayuda de la energía creativa de este año. Sin embargo, Neptuno también puede ser confuso y engañoso, así que quizás éste no es el mejor año para comprar una propiedad o una nueva casa, o para compartir su vivienda con alguien más. Revise regularmente su casa en busca de escapes, y no deje abierta la llave del agua de la bañera. Un pariente o uno de sus padres podrían necesitar su ayuda, posiblemente debido a un problema de salud.

También habrá un eclipse solar en agosto 1° en Leo, su décima casa solar de la profesión, que lo coloca en el camino al éxito. Aproveche cada oportunidad de mostrar sus habilidades y talentos, porque lo que haga ahora, comenzará a dar resultado el año siguiente. Sin embargo, con tres eclipses acentuando el eje de su cuarta-décima casa solar, en ocasiones sentirá el estrés de manejar una profesión exitosa y la vida de hogar. La comunicación es esencial en ambos frentes.

Plutón pasa de Sagitario a Capricornio en enero 25, aunque hace una última visita a Sagitario de junio 13 a noviembre 25, antes de regresar a Capricornio. Durante el tránsito de trece años de Plutón en Sagitario, su segunda casa solar, pudo haber experimentado altibajos financieros. Este año evalúe lo que ha aprendido, además de su estado financiero, incluyendo el patrimonio neto, inversiones y fondos de retiro. Luego ponga en marcha los planes para hacer cambios necesarios. Plutón en Capricornio refuerza la influencia de Júpiter mientras lo invita a analizar profundamente sus pensamientos y deseos interiores. Notará que sus actitudes respecto a muchas cosas están cambiando gradualmente a medida que realinea sus propósitos y objetivos.

Si nació entre octubre 23 y noviembre 14, Saturno en Virgo, su undécima casa solar de amistad, formará una alineación placentera con su Sol entre enero y comienzos de agosto. Tendrá muchas oportunidades de dedicar sus horas libres a la amistad, además de aumentar su círculo de amigos. Entre ellos podría estar alguien que se convierte en un amigo de toda la vida, y también es probable que haga contactos de trabajo valiosos. Sus amigos más cercanos lo apoyarán excepcionalmente, y usted hará lo mismo por ellos, actuando como un animador con pensamientos, ideas, consejos y dirección que enriquecen sus vidas de maneras no vistas. Probablemente uno de ellos cambie su vida, aunque quizás no lo reconocerá plenamente en varios años. En el proceso aprenderá más sobre la gente, además de la vida en general y lo que más valora.

Planee unos viajes de fin de semana sólo para usted y sus amigos, o unan fuerzas y ofrezcan voluntariamente sus habilidades y talentos para una buena causa. Como grupo, podrían impulsar un proyecto para mejorar la comunidad, o enfrentar un problema que necesita atención. Es probable que su mensaje sea bien recibido y tenga un impacto positivo, cualquiera sea el resultado. Más importante aun, sentirán que han hecho algo de valor.

Puede tomar un enfoque similar en el trabajo, donde la labor en equipo tiene éxito. Avance y sea un líder, el que estimula a otros a ser organizados, generar ideas, solucionar problemas y fijar metas concretas. Las personas valorarán su pensamiento sólido además de su experiencia y pericia.

Si nació entre el 26 y el 31 de octubre, lo que ponga en marcha en enero, febrero y marzo, se realizará y completará en junio, julio y agosto. Si nació entre el 23 y el 25 de octubre, tendrá un abril y mayo atestados mientras Saturno enfoca su energía en su Sol y activa el propósito del eclipse lunar de febrero 20 en Virgo. Si nació entre el 1° y el 14 de noviembre, Saturno entrará en contacto con su Sol entre agosto y diciembre.

Si nació entre el 6 y el 14 de noviembre, obtendrá lo mejor del tránsito de Urano en Piscis, su quinta casa solar, este año. Este planeta le da un nivel adicional de carisma mientras aumenta su aura misteriosa e hipnotizante. Eso es ideal si está buscando a alguien para amar, pero no se detenga ahí. Use su encanto en todas las áreas de la vida, desde su profesión hasta socializar.

Su sexto sentido naturalmente fuerte se refuerza este año, aunque podría sorprenderlo. La mayoría de los nativos de Escorpión describen su intuición como sentimientos en lugar de pensamientos. Eso podría cambiar este año, o tal vez se beneficie de ambos. Si nunca ha explorado o aprendido a confiar en su sexto sentido, comience lentamente y desarrolle una relación de confianza con su voz interior. La intuición no será una parte pequeña de su creatividad, lo cual puede hacerlo salir del montón en formas prácticas o artísticas, en ideas y soluciones. Tal vez deba hacer un curso para aprender un nuevo hobby, o profundizar en diseño gráfico.

Si está esperando un nuevo miembro en la familia, podría realizar ese sueño. Si ya tiene hijos, ellos lo inspirarán de formas inusuales, y juntos crearán muchos recuerdos especiales. Déles muchas oportunidades para que descubran sus talentos e intereses, que pueden o no ser los suyos, y apóyelos en sus elecciones, mientras les promueve su independencia.

La actividad física es tan saludable para usted como para sus hijos. Si quiere ponerse en forma, aprenda algún deporte individual, ingrese a un gimnasio o haga una actividad familiar. Caminen, monten en bicicleta o patinen juntos. Tendrán la resolución de seguir hasta el final y se sorprenderán de los resultados.

Si nació entre el 11 y el 16 de noviembre, deberá reservar varias noches a la semana y algunos fines de semana para disfrutar las comodidades del hogar. Con Neptuno contactando su Sol desde su cuarta casa solar, la casa será su refugio, el lugar donde puede alejarse del mundo para reequilibrarse sin interferencia exterior. La música será especialmente relajante, y podría ensayar la meditación para tener acceso a su voz interior y liberar su subconsciente. Si necesita una nueva cama, regálese una; dormirá más tranquilo y despertará más descansado. Tendrá sueños más vívidos este año, así que deje lápiz y papel junto a la cama para que tome apuntes de los más significativos y pueda analizarlos después.

Es muy importante que esté atento a los escapes de agua en su propiedad y hacer reparaciones inmediatas. Trate de aplazar la compra de una nueva casa. Si no es posible, asegúrese de obtener un informe escrito por un inspector de casas licenciado contratado por usted.

Si nació entre el 19 y el 22 de noviembre, Plutón entrará en contacto con su Sol desde Sagitario, su segunda casa solar, del 1° al 24 de enero, y de junio 13 a noviembre 25. Use el primer período para fijar metas financieras para el año venidero y luego dirija su enfoque para el largo plazo. Establezca un presupuesto mensual y anual que incluya ahorros, inversiones y fondos de retiro. Si la deuda es un problema, diseñe un plan para acelerar los pagos. Dependiendo de la cantidad que deba, podría estar libre de la deuda a fin de año si se fija ese objetivo con toda su usual determinación. Todo es cuestión de prioridades. Los ingresos podrían aumentar en junio o noviembre.

Plutón también lo reta a evaluar sus hábitos de consumo como parte de un proceso de conjunto para intensificar lo que más valora. Piense seriamente en esto. Es probable que descubra que lo que valora es mucho más profundo que los usuales "dinero y éxito". Una vez que termine, póngalo todo por escrito para reforzar el mensaje en su mente.

Si nació entre el 23 y el 25 de octubre estará entre los primeros de su signo en experimentar a Plutón en Capricornio. Su poderoso planeta regente entrará en contacto con su Sol de enero 25 a junio 12, y otra vez de noviembre 26 en adelante. Como un escorpión, sabe todo acerca de la naturaleza transformativa de Plutón y está familiarizado con sus manifestaciones positivas y negativas. Use este contacto de Plutón para un cambio personal positivo, en lugar de resistirse a lo que sabe que al final es inevitable. Póngase en forma, adopte una dieta más nutritiva y un estilo de vida más saludable, elimine un mal hábito, y capacítese para hacer y alcanzar lo que fortalezca su cuerpo, vida, profesión y relaciones personales.

Escorpión/Enero

Puntos planetarios clave

Las finanzas son el problema —o continúan siéndolo—. Si ha habido transtornos económicos constantes desde noviembre pasado cuando Marte se volvió retrógrado en Géminis, pronto será un recuerdo lejano. Marte reanuda el movimiento directo en enero 30. Sin embargo, antes de esa fecha, Venus en Sagitario —Géminis y Sagitario son sus signos solares de dinero— chocarán con varios planetas. Así que fortalézcase para unos obstáculos, tenga paciencia y conserve la fe.

Sucesos planetarios sobresalientes

Estará en continuo movimiento, yendo a prisa de un lugar a otro todo el mes, mientras la luna nueva de enero 8 en Capricornio, su tercera casa solar de viajes rápidos y comunicación, acelera su ritmo cotidiano. Esté atento a buenas noticias de un amigo o pariente a fin de mes. Si está buscando un puesto de liderazgo en un club, organización o su comunidad, la ventaja está a su favor. Si puede hacerlo, salga el fin de semana al terminar enero.

Relaciones personales

Las personas, especialmente amigos o posiblemente un vecino o pariente, le traerán suerte este mes. Hable con la gente, pídale a amigos que le presenten sus amigos, y trate a todos como posibles contactos, personal o profesionalmente. Un encuentro casual podría despertar un romance apasionado alrededor de la luna nueva.

Finanzas y éxito

Disfrute más tiempo en casa antes de la luna llena de enero 22 en Leo, su décima casa solar de la profesión. Después de eso, tendrá que manejar su tiempo cuando los deberes profesionales compitan con las responsabilidades domésticas. También es una maravillosa oportunidad de mostrar sus habilidades y talentos en preparación para un potencial ascenso en marzo o abril. ¡Saque el mayor partido de esto!

Días favorables 2, 4, 7, 8, 9, 10, 16, 17, 20, 21, 24, 29

Días desafiantes 5, 6, 12, 13, 18, 19, 22, 23, 26

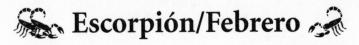 # Escorpión/Febrero

Puntos planetarios clave

Una amistad o relación amorosa estará tensa bajo la luna llena de febrero 20 en Virgo, su undécima casa solar. La conversación y el pensamiento profundo le ayudarán a aclarar las cosas, pero a fin de cuentas la mejor elección podría ser cortar lazos o al menos limitar el contacto por un tiempo, incluso si está renuente a hacerlo.

Sucesos planetarios sobresalientes

No se sorprenda si de repente está interesado en todas las cosas domésticas cuando la luna nueva de febrero 6 en Acuario activa su cuarta casa solar. Venus entrará al mismo signo en febrero 17, el día antes de que Mercurio se torne directo, también en Acuario. Es un buen momento si quiere hacer una redecoración menor, y para recibir amigos el último fin de semana del mes.

Relaciones personales

Las relaciones familiares serán sobresalientes, aunque deberá escoger bien sus palabras para evitar malentendidos mientras Mercurio está retrógrado. Una vez que el Sol pase a Piscis, su quinta casa solar, en febrero 19, estará listo para salir de la casa, ir a sitios y hacer cosas con amigos, otras familias y sus hijos. Algunos nativos de Escorpión se conectarán de inmediato con un nuevo interés romántico a comienzos de febrero cuando Venus en Acuario se alineará con Júpiter y Urano.

Finanzas y éxito

Marte seguirá cobrando fuerza en Géminis, su octava casa solar de recursos compartidos. Este mes debería traer progresos significativos en asuntos económicos que presentaron obstáculos en los meses pasados, especialmente a mediados de febrero cuando un cheque o pago faltante finalmente podría aparecer.

Días favorables 3, 4, 5, 6, 7, 8, 12, 17, 21, 25

Días desafiantes 2, 9, 11, 13, 14, 18, 22, 26, 28

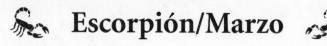

Escorpión/Marzo

Puntos planetarios clave

Al aumentar la tensión en el trabajo en este mes, es muy prudente dejar que la luna llena de marzo 21 en Libra, su duodécima casa solar, lo anime a hacer lo que necesite para relajarse cada noche y el fin de semana. También sea más cauteloso en la carretera porque Marte en Cáncer formará contactos planetarios propensos a accidentes.

Sucesos planetarios sobresalientes

Se deleitará en las comodidades de hogar a comienzos de este mes mientras Mercurio y Venus terminan su tiempo en Acuario, su cuarta casa solar. Ocúpese en la casa, finalice un proyecto de decoración, o disfrute el tiempo con personas preferidas en su espacio favorito.

Relaciones personales

A finales de marzo, podría sentir que el mes ha sido una gran fiesta. Por eso puede agradecer a la luna nueva de marzo 6 en Piscis, su quinta casa solar. Con Mercurio en el mismo signo desde marzo 14 en adelante, tendrá todas las palabras correctas para encantar casi a todo el mundo. Ésa es una situación ideal para Venus en Piscis después de marzo 11, si está buscando a alguien nuevo o quiere crear los momentos románticos y apasionados perfectos con su pareja. También le encantará pasar tiempo con sus hijos.

Finanzas y éxito

El trabajo será estresante más adelante en marzo, cuando el Sol en Aries, su sexta casa solar, chocará con Marte y Plutón. Las luchas de poder son tan probables como personas difíciles que se niegan a escuchar, razonar o ceder, incluso un poco. Será difícil evitar estas situaciones, pero haga lo que más pueda. Si un viaje de negocios es imprescindible, o está planeando una presentación, trate de programarlo para mediados de mes; las personas serán más receptivas.

Días favorables 2, 3, 7, 10, 11, 16, 20, 24, 25, 30

Días desafiantes 1, 6, 8, 12, 19, 21, 26, 29

Escorpión/Abril

Puntos planetarios clave

Su determinación estará por encima de la norma en las dos semanas que siguen después de la luna llena de abril 20 en su signo. Eso es magnífico, pero también tendrá la tendencia a excederse y presionarse al máximo a sí mismo y a otros. Vaya con calma y disfrute de la atención adicional que recibe. Las personas encontrarán su aura magnética simplemente irresistible.

Sucesos planetarios sobresalientes

La primavera es tiempo de diversión, al menos los primeros días de abril cuando Mercurio y Venus estén en Piscis, su quinta casa solar. Visite amigos y ocupe las horas nocturnas con un hobby u otra actividad de ocio, de modo que esté descansado y listo para lo que serán tres semanas agitadas en el trabajo.

Relaciones personales

Las relaciones personales se destacarán a finales de este mes. Mercurio entra a Tauro, su séptima casa solar en abril 17, seguido por el Sol en abril 20. Ambos planetas se alinean maravillosamente con otros, así que estará en sincronía con seres queridos, su pareja y amigos íntimos. La comunicación lo favorece y la conversación fluye fácilmente. Comparta sus pensamientos, tensiones, deseos y amor.

Finanzas y éxito

Use la energía de la luna nueva de abril 5 en Aries, su sexta casa solar, para trazar un plan ambicioso de todo lo que quiere realizar durante el mes. Su carga laboral se multiplicará y, desafortunadamente, otra vez tendrá que lidiar con personas difíciles. Si es posible, trate de no programar charlas importantes, reuniones y citas hasta los últimos días de abril, cuando las personas serán más complacientes y tendrá mucha más probabilidad de obtener lo que quiere.

Días favorables 3, 4, 7, 13, 14, 15, 16, 21, 25, 26, 30

Días desafiantes 2, 5, 6, 12, 19, 22, 23, 29

Escorpión/Mayo

Puntos planetarios clave

Los asuntos económicos sobresalen en mayo. Gastos adicionales son probables hacia el fin de mes, y en ocasiones experimentará una crisis económica cuando el Sol, Mercurio y Venus en Géminis, su octava casa, choquen con Saturno. Sin embargo, más importante aun es Mercurio, que se tornará retrógrado en mayo 26. Confusiones, errores y pagos faltantes son posibles, así que deberá estar atento a las finanzas personales y familiares. También revise su informe de crédito después de que Mercurio se torne directo el mes siguiente.

Sucesos planetarios sobresalientes

La luna llena de mayo 19 está en su signo nuevamente este mes. Seguirá sintiéndose con energía, seguro de sí mismo y con determinación. La energía lunar también le dará la oportunidad de conocer mejor a las personas, en especial las más cercanas a usted. Dé énfasis al acuerdo y haga todo lo que pueda por ayudarlas.

Relaciones personales

Las relaciones personales serán edificantes este mes como fueron en abril. La luna nueva de mayo 5 en Tauro, su séptima casa solar, concentrará su atención en los seres queridos mientras lo anima a disfrutar muchas noches y fines de semana de unión y alegría. Algunos nativos de Escorpión se enamorarán o se comprometerán con su pareja.

Finanzas y éxito

Disminuirá el ritmo de trabajo estresante del mes pasado, y tendrá el reconocimiento merecido ahora que Marte está en Leo, su décima casa solar de la profesión y el estatus. Aunque la acción se centra en otra parte durante todo mayo, tendrá muchas oportunidades de mostrar sus habilidades y talentos a quienes toman las decisiones. Aprovéchelas porque lo que haga ahora puede traer ganancias este verano.

Días favorables 1, 4, 5, 9, 10, 12, 17, 18, 23, 24, 28

Días desafiantes 6, 11, 19, 21, 22, 25, 27, 29

Escorpión/Junio

Puntos planetarios clave

Estará más concentrado en la profesión que en la diversión de verano mientras Marte avanza en Leo, su décima casa solar. Eso puede generar estrés en el hogar. Aunque las horas serán limitadas y se sentirá forzado, el tiempo con amigos y parientes, y para sí mismo, será tan bueno para usted como lo es para ellos.

Sucesos planetarios sobresalientes

El Sol y Venus entrarán en Cáncer, su novena casa solar, más adelante en este mes para despertar un interés en el conocimiento y los viajes. Ésa es una buena razón para ver las posibilidades de aprendizaje a distancia por diversión o beneficio, y para considerar un viaje de verano con amigos o la familia. Podría realizar las dos cosas asistiendo a una conferencia relacionada con su profesión, un club u organización, este mes o el siguiente.

Relaciones personales

Aunque las relaciones familiares fluctuarán —al igual que una relación amorosa—, probablemente estará en contacto con viejos amigos. Entre ellos tal vez está un antiguo interés amoroso o alguien que podría serlo. También es posible que conozca un alma gemela, o sea inspirado por la sabiduría de un pariente mayor o mentor.

Finanzas y éxito

La luna llena de junio 18 en Géminis y la luna nueva de junio 3 en Sagitario acentúan el eje de su segunda-octava casa solar de dinero. Haga una evaluación financiera, incluyendo deudas, ahorros, hábitos de consumo, fondos de inversión y retiro, e ingresos potenciales. Luego ponga en marcha los planes para iniciar cambios positivos después de que Mercurio se torne directo en junio 19. Gastos inesperados son posibles, pero también podría tener un golpe de suerte, aumento o bonificación. Ponga a prueba su suerte en un concurso o la lotería, podría ser el próximo ganador.

Días favorables 3, 5, 6, 9, 13, 14, 19, 20, 24, 28

Días desafiantes 1, 2, 4, 10, 15, 18, 23, 25

Escorpión/Julio

Puntos planetarios clave

Las finanzas seguirán requiriendo su atención mientras Mercurio está en Géminis, su octava casa solar, hasta julio 9. También podría perder o extraviar un artículo valioso, así que tenga cuidado, especialmente cuando esté en público, y tome precauciones para proteger información financiera de ojos curiosos.

Sucesos planetarios sobresalientes

Julio es un mes ideal para un viaje de vacaciones o negocios. Con la luna nueva en julio 2, el Sol, Mercurio y Venus maravillosamente alineados en Cáncer, su novena casa solar, se favorece un viaje tranquilo y relajante. Tiene otra opción si en una o dos semanas no es posible. La luna llena de julio 18 en Capricornio, su tercera casa solar, es magnífica para una salida de fin de semana a finales de julio o comienzos de agosto. También podría tomar un curso por diversión a fin de tener un nuevo hobby o las habilidades para su último interés en su tiempo libre.

Relaciones personales

Julio empieza con la llegada de Marte a Virgo, su undécima casa solar de amistad. Aproveche al máximo este estímulo en su vida social que continuará hasta mediados de agosto. En este mes tendrá muchas oportunidades de conocer más personas, y al menos una que podría convertirse en una amistad de toda la vida. Si está en riña con un amigo íntimo alrededor de julio 10, cuando Marte entra en contacto con Saturno, un poco de distancia les dará la posibilidad de pensar las cosas.

Finanzas y éxito

Julio le dará la oportunidad de sobresalir cuando primero Venus y luego el Sol y Mercurio entren a Leo, su décima casa solar de la profesión y el estatus. Aunque es improbable que ahora vea algún desarrollo, julio es un tiempo excelente para sentar las bases de lo que podrían ser ganancias significativas en agosto.

Días favorables 2, 3, 7, 9, 11, 12, 16, 17, 22, 26, 30

Días desafiantes 5, 6, 8, 10, 13, 15, 21, 28, 29

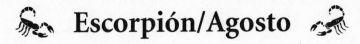

Escorpión/Agosto

Puntos planetarios clave

Deberá estar especialmente alerta en casa en los días cercanos y las dos semanas siguientes de la luna llena de agosto 18 en Acuario, su cuarta casa solar. Un problema mecánico —o el clima— podría generar un escape o filtración de agua, y aun sería posible que usted o alguien de la familia olvide cerrar la llave de la tina de baño.

Sucesos planetarios sobresalientes

Los últimos días de agosto traerán un ritmo un poco más lento que recibirá con agrado después de un mes agitado. Aproveche a Mercurio y Venus en Libra, su duodécima casa solar, para disfrutar un fin de semana libre de estrés y tiempo para sí mismo. Lea, vea televisión o videos, y pase tiempo con su gente preferida.

Relaciones personales

Las relaciones serán edificantes y estresantes este mes cuando el Sol, Venus, Mercurio y Marte en Virgo, su undécima casa solar, chocan con varios planetas. Una amistad podría acabarse cuando descubra que la persona que creía conocer es alguien totalmente distinto. Si está involucrado en una actividad en grupo, tal como un club u organización, las personas pueden dirigirse a usted para que se haga cargo cuando alguien falla de alguna forma. Piense bien antes de aceptar. Podría ser una propuesta desfavorable y mucho más esfuerzo del que imagina. También sea cauteloso al manejar, especialmente a mediados de mes.

Finanzas y éxito

La luna nueva de agosto 1° en Leo, su décima casa solar de la profesión y el estatus, podría ubicarlo como el centro de la atención y traer un ascenso u oportunidad emocionante que lo hará sobresalir. Aprovéchela, pero sólo después de que haya visto todos los detalles y sepa de qué se trata.

Días favorables 1, 2, 3, 7, 12, 13, 14, 21, 22, 26, 28, 30

Días desafiantes 4, 6, 10, 11, 16, 18, 19, 23, 24, 25

Escorpión/Septiembre

Puntos planetarios clave

Éste es el período del año en que debe relajarse un poco y escuchar su sexto sentido. Es un tiempo de preparación y consolidación cuando el Sol entra a Libra en septiembre 22, su duodécima casa solar. Con Mercurio en Libra todo el mes, sus pensamientos se dirigirán al interior, haciendo de éste un gran período para pensar en las nuevas direcciones personales que deberá seguir en octubre. En ocasiones será difícil calmar su mente porque el enérgico Marte estará en Libra todo el mes, y Mercurio se tornará retrógrado en septiembre 24.

Sucesos planetarios sobresalientes

Su encanto irresistible estará en su mejor momento cuando Venus avance en Escorpión de septiembre 23 a octubre 17. Use este período mágico para atraer lo que quiera, desde dinero hasta relaciones y éxito mundano. Ensaye la visualización si hay algo que desea y cree merecer.

Relaciones personales

Aunque el Sol estará en Virgo, su undécima casa solar, hasta septiembre 21, disfrutará reuniones tranquilas con amigos íntimos mucho más que eventos sociales. Lo mismo se aplica a las dos semanas que siguen después de la luna llena de septiembre 15 en Piscis, su quinta casa solar de recreación y romance. Es posible que la energía lunar traiga a alguien nuevo a su vida, pero si una relación amorosa actual no cumple con sus expectativas, tal vez es el momento de tomar otro camino.

Finanzas y éxito

Un gasto adicional es probable la tercera semana de septiembre cuando el Sol en Virgo chocará con Plutón en Sagitario, su segunda casa solar. Si es posible, aplace compras importantes, tales como muebles o aparatos electrónicos, hasta después de que Mercurio se torne directo el mes siguiente.

Días favorables 3, 4, 5, 6, 10, 13, 14, 18, 19, 22, 26

Días desafiantes 7, 8, 9, 17, 20, 23, 27, 28

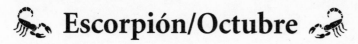 **Escorpión/Octubre**

Puntos planetarios clave

El Sol en Libra, su duodécima casa solar, junto con Mercurio, seguirán estimulando el pensamiento profundo y la contemplación. Gran parte de su pensamiento se centrará en lo que valora y en sus prioridades cambiantes en la vida. Aplace decisiones importantes hasta después de que Mercurio se torne directo en octubre 15.

Sucesos planetarios sobresalientes

Es el centro de la atención. Marte entrará a Escorpión en octubre 3, seguido por el Sol en octubre 22 y la luna nueva de octubre 28. Con Venus en su signo hasta octubre 18, todo suma para lo que podría ser un mes sensacional de ganancias personales, contactos favorables y noticias positivas y estimulantes. Habrá ocasiones en que estará tentado a correr riesgos atípicos. Use su sentido común y no abuse demasiado de su suerte.

Relaciones personales

Con tanto énfasis en usted este mes, atraerá muchas personas a su círculo. Un encuentro casual podría despertar un romance apasionado, una nueva amistad o un contacto comercial valioso, así como contactos con hermanos y otros parientes. Si tiene hijos, ellos lo inspirarán con sus comentarios ingenuos pero intuitivos; escuche atentamente lo que dicen.

Finanzas y éxito

Su vida laboral requerirá más atención las dos últimas semanas de octubre. Ésa es la influencia de la luna llena de octubre 14 en Aries, su sexta casa solar. Así que planee con anticipación y programe el resto de su vida conforme a eso. Las finanzas empezarán a mejorar notablemente después de que Venus entre a Sagitario, en octubre 18, pero tendrá que esperar hasta el próximo mes antes de que vea el total de los beneficios.

Días favorables 1, 6, 7, 11, 12, 19, 20, 23, 24, 28, 29

Días desafiantes 4, 5, 8, 13, 15, 18, 22, 25

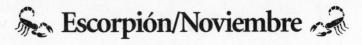

Escorpión/Noviembre

Puntos planetarios clave

Tenga cuidado si trabaja en la casa a mediados de mes. El Sol y Mercurio en su signo chocarán con Neptuno en Acuario, su cuarta casa solar. Lo que podría parecer una reparación sencilla, será mucho más complicada, a pesar de lo que un amigo o miembro de la familia le diga. Llame a un profesional; al final será menos costoso.

Sucesos planetarios sobresalientes

Noviembre presentará la alineación exacta de Júpiter, Saturno y Urano, que generará una oportunidad, y al mismo tiempo cambio y posiblemente riesgo. Tenga cuidado con los recursos económicos, pero esté abierto a lo que podría ser una oportunidad maravillosa de ganar dinero. Podría tener una idea magnífica para un producto innovador o descubrir de repente que un hobby podría producir un buen ingreso adicional.

Relaciones personales

Personas, especialmente seres queridos, tendrán una mayor importancia bajo la luna llena de noviembre 13 en Tauro, su séptima casa solar. Esta influencia también acentúa la sociedad comercial y consultas profesionales, aunque, con la importante configuración planetaria de este mes, deberá revisar las credenciales y alinearse sólo con quienes son dignos de confianza a nivel personal y económico.

Finanzas y éxito

Marte entra en Sagitario, su segunda casa solar de recursos personales, en noviembre 16. Es seguido por el Sol en noviembre 21, y Mercurio en noviembre 23. Con toda esta actividad planetaria, más la luna nueva en noviembre 27, puede esperar que los asuntos económicos fluctúen. Gastos inesperados son tan probables como un empuje en los ingresos. Mantenga su presupuesto bajo control y evite las deudas.

Días favorables 4, 7, 8, 11, 12, 16, 17, 20, 24, 25, 26

Días desafiantes 1, 3, 9, 13, 14, 15, 19, 28

Escorpión/Diciembre

Puntos planetarios clave

Marte entrará a Capricornio, su tercera casa solar, en diciembre 27, la fecha de la luna nueva en el mismo signo. Con el Sol, Mercurio, Júpiter y Plutón también en Capricornio, podría recibir noticias fantásticas a fin de mes. Algunos nativos de Escorpión afortunados podrían beneficiarse con un golpe de suerte, tal como una herencia inesperada, un concurso o la lotería. Tenga cuidado en la carretera; la probabilidad de accidentes será alta.

Sucesos planetarios sobresalientes

Se deleitará pasando tiempo en casa y momentos preciados con seres queridos después de que Venus entre a Acuario, su cuarta casa solar, en diciembre 7. Arregle y decore su casa para las fiestas de fin de año y, si se siente ambicioso, reforme su alcoba pintando las paredes, comprando un nuevo colchón y cobijas para asegurar un buen sueño, noche tras noche.

Relaciones personales

La comunicación está en primer plano con el énfasis de diciembre en su tercera casa solar. Haga hincapié en estar en contacto con todas las personas importantes en su vida, además de vecinos y amigos que están lejos. Entre ellos podría estar alguien que resulta ser su amuleto de buena suerte. Organice una reunión festiva después de que Venus entre a Acuario.

Finanzas y éxito

La luna llena de este mes en diciembre 12 estará en Géminis, su octava casa solar de recursos compartidos. La influencia lunar podría generar una prima de fin de año para usted, su pareja o ambos. Sin embargo, con el Sol, Mercurio y Marte en Sagitario, podría estar tentado a ostentar en regalos de fin de año. Eso es maravilloso si tiene el dinero disponible, pero no se endeude.

Días favorables 1, 4, 8, 14, 17, 21, 22, 27, 28

Días desafiantes 5, 6, 12, 13, 15, 18, 19

Tabla de Acciones de Escorpión

Estas fechas reflejan los mejores —pero no los únicos— días para el éxito en dichas actividades, según su signo solar.

	ENE	FEB	MAR	ABR	MAY	JUN	JUL	AGO	SEP	OCT	NOV	DIC
Mudanza	9, 10	23-25	4, 5		13, 14				11, 12			
Iniciar un curso	2-6			25, 26				12-14				22-31
Ingresar a un club	24				30			12,13,22,30				20, 21
Pedir un aumento	4			24	1, 5					31		
Buscar trabajo	14		9	6-16	6		23, 24					8
Buscar ayuda profesional				30				21, 22				9, 10
Buscar un préstamo		15		9, 10		30	28			17		
Ver un doctor				9				5	29		11	8
Iniciar una dieta										14		
Terminar una relación						28		22	19		13	
Comprar ropa				4						11, 12		6
Cambio de estilo, imagen			24	20			11, 12			1, 28	25	
Nuevo romance			7, 15, 16, 24							12		
Vacaciones			15, 16		8, 9		2-11					

SAGITARIO

El Arquero
Noviembre 21 a Diciembre 21

Elemento:	Fuego
Cualidad:	Mutable
Polaridad:	Yang/Masculino
Planeta regidor:	Júpiter
Meditación:	Puedo dedicar tiempo a explorar mi alma
Piedra preciosa:	Turquesa
Piedra de poder:	Lapislázuli, azurita, sodalita
Frase clave:	Yo entiendo
Símbolo:	La flecha del arquero
Anatomía:	Caderas, muslos, nervio ciático
Color:	Azul royal, púrpura
Animal:	Animales de patas planas
Mitos/Leyendas:	Atenea, Chiron
Casa:	Novena
Signo opuesto:	Géminis
Flor:	Narciso
Palabra clave:	Optimismo

Fortalezas y retos

Guiado por el expansivo Júpiter, su planeta regente, hace todo en grande —grandes planes, ideas, proyectos, grandes horizontes—. Es motivado por la búsqueda de conocimiento y aventura, un alma independiente que recibe el día con optimismo. Aunque es intuitivo, su previsión es más una visión general; deja los detalles a otros y libera su mente para soñar y explorar.

Idealista, ético y honesto, dice las cosas como son, sin ver una razón para mentir. Es directo —a veces demasiado—. Piense antes de hablar; un poco de tacto contribuye a construir relaciones positivas. Es mejor no decir ciertas cosas, a pesar de su deseo de ilustrar a los demás.

El mundo es su mundo, si es un ávido viajero o si prefiere los viajes mentales para lograr más conocimiento. El aprendizaje es una forma de vida, formal o informal, de placer o para avanzar en su profesión. Aunque es razonable, tiene la tendencia a definir la verdad según sus creencias en lugar de una objetividad basada en los hechos. Su vida activa ayuda a refrenar la intranquilidad, como lo hacen las actividades deportivas, pero con tantos intereses, su energía puede esparcirse. En realidad no puede hacerlo todo, a pesar de su deseo, así que aprenda a priorizar. La mayoría de las personas nacidas bajo su signo son guiadas por una fe firme, ya sea religiosa o filosófica, y usted es un campeón de justicia y valores tradicionales, ambos temas fuertes en su vida.

Relaciones personales

Las relaciones románticas pueden ser desafiantes, no porque no se relacione bien con la gente, sino porque la libertad e independencia encabezan su lista de prioridades. La mayoría de las relaciones requieren cierto nivel de compromiso, lo cual no está dispuesto a hacer —al menos hasta que un alma gemela entre a su vida—. Y eso podría ser mucho después que sus contemporáneos —o nunca—. Mientras tanto, disfruta las citas románticas, enamorarse y desenamorarse en segundos.

Cuando el amor eclipsa su vida aventurera, ve el compromiso como un negocio aceptable para satisfacer su corazón y sus pasiones. Es imprescindible que su pareja aprecie su estilo de vida, que incluso la unión más fuerte no cambiará. Su pareja ideal podría ser su signo opuesto —Géminis, quien tiene suficiente chispa para mantener la vida y el amor interesantes durante años—. Tiene mucho en común con Aries, Leo y Sagitario. Libra o Acuario lo estimulan mentalmente, mientras podría chocar con un Virgo o Piscis.

Aprecia su familia, aunque tiende a idealizar esas relaciones, y uno de sus padres tal vez no estuvo disponible durante su infancia. Ve el hogar y la familia como el sitio donde puede retirarse para renovarse y reactivarse en la compañía de los que más ama. Si tiene hijos, sea consistente con su estilo paternal. Sus hijos se beneficiarán de eso tanto como la participación en sus actividades.

Es un gran amigo para aquellos cercanos a usted. Disfruta ir a lugares y hacer cosas con sus amigos. Para ser tan independiente, no le gusta ir a sitios solo, y a veces prefiere ir en pareja que en grupo. El romance crece de la amistad para algunos sagitarianos, y casi todos necesitan y quieren como pareja a alguien que también sea su mejor amigo.

Profesión y dinero

Algunas de sus elecciones profesionales más populares son en el campo legal, educación, religión y publicidad. Sin importar cual escoja, el factor crítico es que debe sentir que su profesión le ayuda a brindar un servicio útil. Cuando hace falta este componente, va en su búsqueda para satisfacer sus talentos, pero en la profesión apropiada y el puesto indicado, está feliz de quedarse por años. La rutina en el trabajo lo atrae y, cuando las condiciones son adecuadas, es implacable en su resolución y es conocido como un buen trabajador.

En cuanto al dinero, oscila entre el derroche y el ahorro, y puede hacerlo rendir más que la mayoría. Algunos se sorprenden de lo poco que necesita para mantener su estilo de vida. La seguridad es importante, algo que sólo logra plenamente más tarde en la vida. Podría endeudarse si cae en la trampa de usar las cosas para satisfacer su necesidad de bienestar emocional. Si esto es un reto, guarde bajo llave sus tarjetas de crédito, pague las deudas, y habitúese a ahorrar y pagar en efectivo.

Su lado más brillante

Tiene el talento de inspirar a otros con su ingenio, entusiasmo y conocimiento. Incluso el más pesimista responde a su perspectiva alegre y consejos sabios. Trate de no ser tan idealista esperando que todos reaccionen con igual nivel de optimismo. Siembre semillas y véalas crecer.

Afirmación del año

Tengo éxito personal, profesional y económico.

Sagitario: el año venidero

El 2008 presenta una alineación importante de Júpiter, Saturno y Urano, y la llegada de Plutón a Capricornio. Esta configuración ocurre pocas veces, así que puede esperar que este año sea inusual en muchas formas. Para usted, todo se trata de dinero, su hogar y su profesión, con oportunidades para ganar en todas estas áreas.

¿Busca dinero? La ventaja está por completo a su favor para tener una cuenta bancaria más amplia a fin de año, gracias al afortunado Júpiter en Capricornio, su segunda casa solar de recursos personales. Un buen aumento, una bonificación, o ambos, son posibles, junto con la posibilidad de ganancias inesperadas. Pero hay una trampa: tendrá la tentación de gastar. Su reto es llegar a diciembre con más dinero que el que tenía en enero. Establezca un presupuesto al empezar el año y propóngase aferrarse a él. Incluso si quiere consentirse un poco para celebrar su buena suerte, espere hasta que el dinero esté en las manos. No hay garantía de que Júpiter cumplirá; es sólo una promesa.

Mire a su alrededor. ¿Está su espacio atestado? ¿Están sus armarios y cajones llenos de ropa que viste rara vez o nunca usa? ¿Sus áreas de almacenaje están hasta el tope? Si esta descripción se ajusta a su casa, fije la meta de limpiar y organizar este año. Desarrolle un plan de acción y ejecútelo habitación por habitación. Aquellas cosas buenas que descarta podrían generarle dinero.

Ayudando a todos estos esfuerzos está Plutón en Capricornio de enero 25 a junio 12 y de noviembre 26 en adelante. Use el primer período de Plutón para limpiar la casa. Este planeta transformativo hará mucho más fácil deshacerse de las cosas, limpiar y reciclar lo que ya no necesita. Es probable que mantenga su forma de vivir de esta forma, al menos durante los siguientes 17 años mientras Plutón se mueva a través de Capricornio.

Es aun más importante poner sus finanzas en orden y por el buen camino este año, porque Plutón puede tener un impacto muy positivo o muy negativo sobre los asuntos de dinero. Una buena cantidad de dinero, incluso riqueza, podría estar en su futuro, pero también podría dejarlo luchando para pagar las cuentas a fin de mes. Todo depende de su actitud y enfoque, empezando por asumir la responsabilidad de su vida financiera. Es probable que marzo o abril traigan el primer reto en forma de decisiones económicas, gastos adicionales o el vaivén de gastar versus ahorrar. Si se beneficia de consejos para iniciar su plan a largo plazo, consulte a un profesional en febrero.

Como parte de este proceso puede contar con la fuerza intensificada de Plutón, mientras completa su recorrido de 13 años en Sagitario de junio 13 a noviembre 25. Aproveche esta energía para aumentar su resolución y fuerza de voluntad para hacer cambios personales y financieros favorables.

Júpiter se alinea con Urano en Piscis, su cuarta casa solar del hogar y la familia, en marzo, mayo y noviembre. Si necesita incentivo financiero adicional, el deseo de una nueva casa podría ser el motivador final. Si decide no mudarse, es un año maravilloso para hacer arreglos en la casa por sí mismo que producirán grandes ganancias con mínima inversión. ¡Aprenda las habilidades que necesita y adelante! Use su imaginación y creatividad, rompa algunas reglas y haga un diseño único. Todo esto es posible debido a la generosidad de un pariente; podría recibir una herencia grande e inesperada de un familiar.

Urano en su cuarta casa solar señala lo inesperado, desde visitantes por sorpresa hasta reparaciones y modernización de la casa con lo último en tecnología. Es posible que se haya mudado muchas veces desde que Urano entró a Piscis en 2003, o que hijos adultos o compañeros de vivienda se hayan instalado y luego marchado. Este año podría traer más de lo mismo, junto con amigos que llegan sin anunciar. Si está abierto a la idea, su casa puede convertirse en un lugar de reunión preferido este año.

2008 también trae la oportunidad de dejar su huella en el mundo cuando el eclipse lunar de febrero 20 en Virgo active su décima casa solar de la profesión. Saturno está en el mismo signo todo el año —y hasta mediados de 2010—. Estos son años cumbre, cuando esfuerzos pasados pueden dar resultado con un aumento de estatus —si sigue las reglas y asume la responsabilidad de sus acciones—. Lo que hace a este año especialmente propicio es la alineación favorable de Júpiter con Saturno, conectando su dinero y su profesión. Esto, naturalmente, aumenta la posibilidad para un ascenso o un nuevo puesto maravilloso —con un salario a la altura—. Enero, septiembre y noviembre son meses clave. Use enero para ver las posibilidades, de modo que pueda tenerlas presentes mientras avanza el año. Empezará a ver oportunidades específicas desde julio hasta mediados de agosto, un tiempo ideal para buscar trabajo y ver resultados en septiembre. Aunque el período julio-agosto podría traer una oferta o ascenso, es más probable en noviembre o incluso diciembre. ¡Saturno requiere paciencia!

Otra influencia significativa asociada con esta alineación de tres planetas, es el encuentro exacto de Saturno con Urano en noviembre. Debido a que el dúo planetario abarca el eje de su décima-cuarta casa solar, los intereses profesionales podrían chocar con los del hogar y la familia. Luche por el equilibrio y busque el apoyo de compañeros de trabajo y miembros de la familia por igual. Podría mudarse por un nuevo empleo o un ascenso, especialmente si nació entre el 8 y el 12 de diciembre. La idea de una empresa casera podría cruzar su mente en este tiempo. Piense bien antes de dar ese paso tan audaz. El hecho de que el dinero fluya en su camino este año, no significa que continuará haciéndolo. Una buena alternativa podría ser conservar su empleo y desarrollar un negocio suplementario con potencial de crecimiento.

Neptuno, ahora en su decimoprimer año en Acuario, su tercera casa solar, continúa ampliando su perspectiva mientras lo reta a ver más allá de lo evidente. La verdad puede ser ilusiva, y la percepción confundida con la realidad. Pregunte y piense, en lugar de suponer. Podría sorprenderse con lo que descubre de la vida y los que lo rodean, además de sus propios puntos de vista tenidos desde hace mucho tiempo. Cuando libere sus pensamientos, alimentará su creatividad y empezará a enfocar la solución de problemas con una mentalidad completamente distinta. Tome nota de sentimientos y presentimientos; son su voz interior, su sexto sentido. La intuición puede ser un guía útil este año si aprende a dejarla fluir y respalda sus impresiones con hechos. También debería ensayar la visualización. Será especialmente hábil en ella y con práctica podrá manifestar casi todo lo que desee.

Significado de los eclipses

Lo que hace a este año importante para todas estas cosas son dos eclipses en Acuario: un eclipse solar en febrero 6 y un eclipse lunar en agosto 16. El segundo es especialmente significativo porque contactará directamente a Neptuno. Estos eclipses, más un eclipse solar en agosto 1° en Leo, su novena casa solar, también hacen a 2008 un buen año para viajar, cerca o lejos, y aprender. Tome una clase por diversión para enriquecer su mente.

Sin embargo, Neptuno requiere un manejo cuidadoso en algunas situaciones. Usted es franco y confiable, y en ocasiones toma los sucesos y personas como lo que parecen ser. Aunque eso es admirable, la cautela es a veces una mejor elección. Las palabras encantadoras serán su especialidad este año, pero también atraerá a otros con el mismo talento. Si algo suena demasiado bueno para ser cierto, probablemente lo es. Tenga especial cuidado con las promesas, que pueden o no ser bienintencionadas, pues algunas personas le dirán sólo lo que usted quiere oír. Si tiene razón para firmar un contrato, lea toda la letra menuda y, en asuntos muy importantes, consulte a un profesional y siga el consejo objetivo. Esto es llamado autoprotección, así que no deje que nadie lo convenza de otra cosa. En un nivel puramente práctico, este probablemente no es el mejor año para comprar un vehículo, y deberá revisar las credenciales y reputación de quienes hacen reparaciones.

Si nació entre noviembre 22 y diciembre 14, Saturno entrará en contacto con su Sol desde Virgo, su décima casa solar, entre enero y comienzos de agosto. Este tránsito puede satisfacer sus metas profesionales, pero también indica menor vitalidad, frustración y la sensación general de que está dando vueltas. ¡Tenga paciencia! Simplemente Saturno está poniendo a prueba su resistencia y compromiso. Si en realidad quiere lo que quiere, Saturno es su aliado. Por encima de todo, este contacto Saturno-Sol tiene la reputación de entregar exactamente lo que usted merece. Es el momento de cosechar los frutos. Pregúntese qué es lo que realmente desea, qué ha ganado y qué merece. La respuesta podría ser tan simple como un ascenso, o tan compleja como una dirección profesional completamente nueva que es satisfactoria personal y profesionalmente. Luego diseñe un plan que le ayudará a cumplir su objetivo en sincronía con la práctica energía de Saturno. Lo que haga ahora, determinará su sendero profesional durante muchos años.

Saturno también aumenta la posibilidad de conflicto con un supervisor, incluso si hasta ahora no ha sucedido. Si ve que esta situación se está desarrollando, trate de analizarla objetivamente, y recuerde que siempre se requiere del diálogo. Es posible que sus capacidades hayan excedido su trabajo y tenga una actitud de "hacerse cargo" que amenaza la responsabilidad de su supervisor, o que la mayor confianza lo incita a ir más lejos. Cualquiera sea la razón, esté atento porque en el futuro podría necesitar una buena recomendación.

A pesar de una pesada carga laboral, o tal vez debido a ella, este año debería darle prioridad al dormir bien, el descanso, el ejercicio, una dieta nutritiva y relajación. Sólo cuando esté en su mejor forma podrá cumplir sus expectativas. Si eso requiere que dé algo a cambio, que así sea. Vale la pena el esfuerzo para maximizar las posibles ganancias del año.

Si nació entre el 25 y el 30 de noviembre, las acciones y sucesos que ocurren en enero, febrero y marzo serán concluidos en junio, julio y comienzos de agosto. Sin embargo, si su cumpleaños es entre el 22 y el 24 de noviembre, su experiencia saturniana será consolidada en el período de abril-mayo cuando Saturno active el propósito del eclipse lunar de febrero 20 en Virgo. **Si nació entre el 1° y el 14 de diciembre,** observe lo que está sucediendo a su alrededor los primeros siete meses del año y esté atento para potenciales avances profesionales. Así estará preparado para actuar cuando Saturno entre en contacto con su Sol entre agosto y diciembre.

Si nació entre el 6 y el 14 de diciembre, el cambio doméstico es posible, incluso inevitable, en algún nivel. Es el más probable de su signo en remodelar o redecorar su casa, además de mudarse o ver a un pariente o a la persona con quien comparte su vivienda instalarse o marcharse en junio, noviembre o diciembre. Uno de sus padres, ya mayores, puede necesitar su ayuda, y usted también podría beneficiarse de una herencia familiar cuando Urano contacte su Sol desde Piscis, su cuarta casa solar.

Estos cambios son en parte incitados por lo que le está sucediendo. Está a las puertas del cambio porque Urano genera un impulso independiente que se sale de la norma de, incluso, su libre espíritu. Como todo lo demás en la vida, esto puede tener un resultado positivo o negativo. Todo depende de las elecciones que haga. A veces, un contacto Urano-Sol es tan fuerte que las personas cortan lazos o hacen otros cambios importantes en sus vidas pensando poco en las consecuencias, lo cual lamentan posteriormente. Otros, incluyendo los que tienen el beneficio del conocimiento de la astrología, entienden que es sólo otro proceso de crecimiento y uso de la energía planetaria para descubrir, por ejemplo, habilidades y talentos no reconocidos anteriormente. Téngalo presente mientras avanza 2008; las decisiones y medidas tomadas bajo la influencia de Urano rara vez son irreversibles.

Si nació entre el 11 y el 15 de diciembre, Neptuno lo inspirará cuando entre en contacto con su Sol desde Acuario, su tercera casa solar. ¡Sueñe en grande! ¡Luego haga realidad esos sueños! Eso podría parecer una propuesta fácil, pero llevarla a cabo requerirá esfuerzo y compromiso. Con este planeta místico encontrándose con su Sol, podría fácilmente ir a la deriva en un mar de preguntas y sueños de vigilia. Y eso sería un desperdicio terrible de esta conexión potencialmente edificante que puede desatar su creatividad, visión e intuición. Las palabras encantadoras lo llevan a todas partes este año, y podría escribir la novela que siempre ha soñado, entrenarse para mejorar sus habilidades de oratoria o diseño gráfico, o probar sus habilidades en el baile de salón.

Pero también será el más propenso a los aspectos engañosos de Neptuno. Tenga cuidado de las personas a quienes confía secretos, y asegúrese de consultar a un profesional competente antes de firmar un contrato. Contacte sólo contratistas calificados para todo, desde una reparación sencilla de la casa, hasta una renovación importante.

Si nació entre el 18 y el 22 de diciembre, está entre los últimos de su signo en experimentar el contacto Plutón-Sol en Sagitario. Este planeta poderoso e intenso es un transformador de la vida porque presiona para un cambio profundo en el nivel más profundo. Al final de 2008, se dará cuenta de que ha atravesado un proceso evolutivo que lo retó a tomar posesión de sí mismo y sus acciones, en cierta medida a allanar el terreno en preparación para una nueva dirección personal. Por fuera, esto puede manifestarse como el compromiso para, por ejemplo, ponerse en forma o dejar un mal hábito. Definitivamente tendrá la fuerza de voluntad y la resolución que necesita para lograr resultados asombrosos. Pero también deberá cuidarse de la falta de objetividad y obsesión, porque estará tan enfocado, que será difícil tener una clara visión sobre muchas cosas.

Si nació entre el 22 y el 24 de noviembre, Plutón entrará en contacto con su Sol desde Capricornio, su segunda casa solar. Deberá estar especialmente atento a los asuntos de dinero y, más importante, poner en marcha planes para asegurar su futuro económico, no sólo este año, sino para largo plazo. Las medidas y decisiones tomadas ahora, establecerán la tendencia para los siguientes 17 años, así que use la energía de Plutón para desarrollar su capacidad natural de riqueza, dólar por dólar, a través de ahorros y buenas intenciones.

Sagitario/Enero

Puntos planetarios clave

La vida en general lo frustrará en ocasiones este mes, cuando sentirá que nada está funcionando como quiere. Tenga paciencia. Las cosas empezarán a mejorar la última semana del mes, una vez que Venus pase a Capricornio. Antes de eso, chocará con varios planetas, generando tensión en el hogar y el trabajo. Éste no es tiempo para decir lo que piensa. Dé énfasis a la discreción.

Sucesos planetarios sobresalientes

Tendrá una actitud más curiosa y aventurera este mes, gracias a la llegada de Mercurio a Acuario en enero 7, seguido por el Sol en el mismo signo desde enero 20 en adelante, y la luna llena de enero 22 en Leo. Incluya viajes en sus planes, incluso una corta salida de fin de semana. Trate de hacerlo antes de que Mercurio se torne retrógrado en enero 28, o lleve a cabo un viaje mental en su librería preferida, por medio de la Internet o una clase divertida.

Relaciones personales

Las relaciones personales y comerciales serán un poco inestables, como probablemente lo han sido desde noviembre, cuando Marte se tornó retrógrado en Géminis, su séptima casa solar. La buena noticia es que el planeta rojo empieza a movilizarse en enero 30. Sin embargo, pequeñas confusiones y malentendidos todavía son posibles debido al retrógrado de Mercurio, así que asegúrese de confirmar fechas, horas y lugares.

Finanzas y éxito

¡Dinero! Su cuenta bancaria podría tener un empuje de la luna nueva de enero 8 en Capricornio, o más adelante este mes cuando Venus y Júpiter en el mismo signo se alinean favorablemente con Saturno en su décima casa solar de la profesión. Ahorre en lugar de gastar, y considere aumentar su contribución a su fondo de retiro.

Días favorables 4, 7, 8, 9, 10, 14, 15, 16, 24, 29, 31

Días desafiantes 1, 5, 6, 12, 13, 18, 19, 26

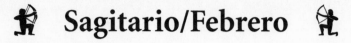 # Sagitario/Febrero

Puntos planetarios clave

Tal vez deba lidiar con una reparación doméstica u otro problema en la casa la tercera semana de febrero, cuando el Sol, que entrará a Piscis, su cuarta casa solar, en febrero 19, se alineará con Saturno y Plutón. Obtenga varias cotizaciones del trabajo si cree que puede llegar a ser costoso y no urgente.

Sucesos planetarios sobresalientes

Estará en continuo movimiento, yendo de un lugar a otro este mes cuando la luna nueva de febrero 6 en Acuario, su tercera casa solar, aumenta el ritmo cotidiano. Aunque se sentirá saturado en ocasiones, le encantará estar en medio de toda la acción. Escuche noticias que lo hagan sonreír, pero con Mercurio retrógrado en Acuario hasta febrero 18, deberá mantener al día su planificador diario —y remitirse a él—. También es posible que su reloj o auto necesiten una nueva batería.

Relaciones personales

Contratiempos familiares menores son posibles, pero las relaciones serán en su mayor parte alegres y fáciles de llevar, con Marte avanzando a través de Géminis, su séptima casa solar. También habrá aumentado el contacto con vecinos, hermanos y otros parientes. Algunos sagitarianos se enamorarán y otros unirán corazones para toda la vida.

Finanzas y éxito

Un golpe de suerte podría presentarse la primera semana de febrero, cuando Venus en Capricornio, su segunda casa solar de recursos personales, se alineará con Júpiter y Urano. Esta combinación afortunada también podría generar un aumento, bonificación o regalo sorpresa. Sentirá el deseo de ostentar, probablemente en muebles o aparatos electrónicos. Recuerde cuál es su presupuesto.

Días favorables 3, 4, 5, 6, 7, 15, 19, 21, 23, 29

Días desafiantes 2, 9, 10, 13, 14, 22, 28

Sagitario/Marzo

Puntos planetarios clave

La acción se centrará en la casa durante todo marzo, cuando los planetas entran y salen de Piscis, su cuarta casa solar. La mayoría de sucesos serán positivos, incluso emocionantes y estimulantes. Si está buscando casa, la luna nueva de marzo 7 en Piscis podría guiarlo al lugar ideal para comprar o alquilar. Las alineaciones planetarias también favorecerán la remodelación, redecoración y compras domésticas importantes. Pero vaya con calma si necesita pedir prestado para financiar lo anterior. Compre con moderación, y trate de no excederse en sus compras sin una visión realista de sus finanzas en general.

Sucesos planetarios sobresalientes

La primera semana de marzo será inspirativa. Mercurio y Venus en Acuario, su tercera casa solar, entrará en contacto con Neptuno en el mismo signo. Use esta influencia creativa para un hobby, o lea un libro de autoayuda para activar su forma de pensar.

Relaciones personales

Podría tener una discusión con un amigo o su pareja alrededor de la luna llena de marzo 21 en Libra, su undécima casa solar. Podría cortar sus lazos cuando los valores chocan. Por encima de todo, evite los compromisos financieros con estas personas. Las relaciones familiares serán generalmente positivas, aunque los seres queridos podrían decir que necesita descansar un poco de su trabajo.

Finanzas y éxito

Se sentirá un poco exigido en ocasiones en su intento de mantener todo bajo control en casa y en el trabajo. Eso podría incitar ideas de una empresa casera. Es algo magnífico como actividad suplementaria, pero no si debe hacer una inversión inicial considerable, con alineaciones planetarias difíciles que involucran a Plutón y Marte en su segunda y octava casa solar.

Días favorables 2, 3, 4, 9, 11, 16, 22, 23, 27, 31

Días desafiantes 1, 6, 8, 12, 19, 21, 26, 29

Sagitario/Abril

Puntos planetarios clave

Sea moderado con su presupuesto este mes. Tendrá la tendencia a ostentar cuando varios planetas entran en contacto con Júpiter y Plutón en Capricornio y Marte en Cáncer, su segunda y octava casa solar. Sin darse cuenta, podría contraer una considerable deuda de consumidor acompañada de un alto interés.

Sucesos planetarios sobresalientes

Éste es uno de los mejores meses del año si quiere ponerse en forma o perder unas libras. Aproveche la energía de la luna nueva de abril 5 en Aries para iniciar un programa de ejercicios por su cuenta o en el gimnasio. Aprenda un nuevo deporte, tal como el tenis o el racquetball. Puede complementar exitosamente su nueva rutina de ejercicios con una dieta más saludable alrededor de la luna llena de abril 20 en Escorpión.

Relaciones personales

Abril es un mes diseñado para diversión con toda su gente preferida: amigos, pareja, hijos y otros seres queridos. Realice actividades al aire libre, haga viajes de un día, vaya de excursión o a pasear en bicicleta. Su vida social cobrará vida mientras llega la primavera y el Sol, Mercurio y Venus avanzan en Aries, su quinta casa solar de recreación y romance.

Finanzas y éxito

Disfrute la diversión mientras dure. Cuando los planetas empiecen a cambiar su enfoque de Aries a Tauro —Mercurio en abril 17, el Sol en abril 20 y Venus en abril 30—, estará más dedicado al trabajo. ¡Eso es bueno! Las muchas alineaciones planetarias favorables podrían generar un ascenso u oferta de trabajo, además de un buen aumento de sueldo. Por lo menos, llamará la atención.

Días favorables 1, 9, 13, 14, 15, 18, 23, 24, 25, 26, 28

Días desafiantes 2, 3, 4, 6, 12, 17, 19, 22, 29

Sagitario/Mayo

Puntos planetarios clave

Mayo presentará la segunda luna llena del año en Escorpión en mayo 19, su duodécima casa solar, dándole una segunda oportunidad de comprometerse o involucrarse más con un estilo de vida más saludable. También dé énfasis al sueño y la relajación diaria para contrarrestar el estrés que genera la energía lunar.

Sucesos planetarios sobresalientes

Marte entrará a Leo, su novena casa solar, en mayo 9. Esto significa que es un buen momento para planear vacaciones. Tal vez deba esperar hasta junio para terminar los planes y hacer reservaciones, pero este mes es ideal para investigar posibles destinos en verano.

Relaciones personales

Las relaciones serán acentuadas parte del mes cuando tres planetas pasen a Géminis, su séptima casa solar —Mercurio en mayo 2, el Sol en mayo 20, y Venus en mayo 24—. Serán más que todo positivas, pero sea especialmente discreto y hable con claridad en los días cercanos y las tres semanas siguientes del cambio de Mercurio a movimiento retrógrado en mayo 26.

Finanzas y éxito

Si abril no produjo los resultados profesionales deseados —o si ése fue el caso—, la luna nueva de mayo 5 en Tauro, su sexta casa solar, brinda otra oportunidad. También están de su lado el Sol, Mercurio y Venus en Tauro, que forman contactos principalmente favorables durante las tres primeras semanas del mes. Pero después de que los tres pasan a Géminis, chocarán con Saturno en Virgo, su décima casa solar de la profesión. Eso aumentará la posibilidad de conflicto con el jefe o un colaborador, además de la necesidad de cumplir a fondo con sus responsabilidades. Revise bien los detalles varias veces.

Días favorables 3, 9, 10, 15, 16, 20, 25, 26, 28, 30, 31

Días desafiantes 5, 6, 8, 11, 19, 21, 22, 27, 29

Sagitario/Junio

Puntos planetarios clave

Dos eventos planetarios lo tendrán en el escenario central este mes: Plutón reentrará en su signo en junio 13 —regresará permanentemente a Capricornio en noviembre—, y la luna llena de junio 18 también estará en Sagitario. Con todo este poder planetario de su lado tendrá que tomar algunas decisiones. Puede usarlo para un cambio positivo autoiniciado o dejar que el universo le dé lo que tiene previsto, que podría ser o no ser de su agrado.

Sucesos planetarios sobresalientes

Marte seguirá avanzado en Leo, su novena casa solar de viajes y aprendizaje. Tendrá el deseo de alejarse de todo alrededor de junio 21, cuando Marte chocará con Neptuno en Acuario, su tercera casa solar de viajes rápidos. Sin embargo, ése no es el mejor tiempo para salir de la ciudad. Más bien, hágalo en el fin de junio, cuando Marte entrará en contacto con Plutón favorablemente.

Relaciones personales

Las relaciones serán un tema importante todo el mes. Algunas lo inspirarán, mientras otras serán estresantes. Su mejor decisión es seguir el flujo de las cosas y aceptar el acuerdo cuando la luna nueva de junio 3, el Sol, Mercurio y Venus en Géminis, su séptima casa solar, se alinean con varios planetas. También recuerde pensar antes de hablar y suavice sus palabras porque Mercurio, que estará retrógrado hasta junio 19, podría generar malentendidos.

Finanzas y éxito

Venus entrará a Cáncer en junio 18, seguido por el Sol dos días después. Ambos podrían beneficiar su cuenta bancaria. Un beneficio extra de la compañía también es posible. Si tiene dinero disponible, invierta en su ropero. Compre nueva ropa de trabajo en noviembre 21 ó 24.

Días favorables 3, 7, 8, 11, 12, 13, 21, 22, 27

Días desafiantes 2, 4, 10, 15, 16, 17, 18, 23, 30

Sagitario/Julio

Puntos planetarios clave

Julio empezará con la llegada de Marte a Virgo, su décima casa solar de la profesión. Desde entonces hasta mediados de agosto tendrá múltiples oportunidades de aumentar su estatus. Pero no espere que esto llegue sin obstáculos. Este mes podrían ofrecerle un proyecto o trabajo como una forma de probar sus habilidades. Dé todo de su parte porque es probable que el resultado final ponga más dinero en su bolsillo.

Sucesos planetarios sobresalientes

Un viaje de verano por negocios o placer está en el pronóstico. Si todavía no ha hecho planes de vacaciones, hágalo la última semana de julio, cuando el Sol, Mercurio y Venus estarán en Leo, su novena casa solar. Sin embargo, antes de decidir un lugar, investíguelo en la Internet, las fotos pueden ser engañosas.

Relaciones personales

Mercurio estará en Géminis, su séptima casa solar, en junio 1–9, donde entrará en contacto con Urano, Neptuno y Plutón. Algunas relaciones serán animadas, pero otras, principalmente la familia, serán frustrantes en ocasiones. En cuestión estará quien está a cargo además de la discusión acerca de cambios domésticos. Llegar a un acuerdo lo llevará más lejos.

Finanzas y éxito

Las finanzas sobresalen gracias a la luna llena de julio 18 en Capricornio y la luna nueva de julio 2 en Cáncer, el eje de su segunda-octava casa solar. Usted, su pareja o ambos podrían beneficiarse de un aumento o bonificación. Éste también es un buen mes si quiere solicitar un préstamo o hipoteca o negociar un interés más bajo en la tarjeta de crédito. Pero recuerde, sólo porque el dinero está fluyendo en su dirección, no significa que será así para siempre. Pida prestado lo menos posible, y pague las deudas.

Días favorables 1, 4, 7, 9, 11, 14, 15, 20, 23, 24, 26

Días desafiantes 5, 6, 8, 10, 13, 21, 25, 28, 29

🏹 Sagitario/Agosto 🏹

Puntos planetarios clave

Tenga cuidado con lo que cree alrededor de la luna llena de agosto 16 en Acuario, su tercera casa solar de comunicación. Las personas exagerarán la verdad y alguien podría deliberadamente tratar de llevarlo a conclusiones erróneas. Si tiene parientes lejos, puede recibir sólo la mitad de la historia. Escuche su intuición y haga preguntas. Sea cauteloso en la carretera durante este tiempo, y vaya a fiestas con un conductor designado.

Sucesos planetarios sobresalientes

Si puede tomar unos días libres, salga de paseo mientras la luna nueva de agosto 1° en Leo despierta su espíritu aventurero. Un viaje de fin de semana le dará una nueva perspectiva y la oportunidad de relajarse antes de entrar en un mes atareado en el trabajo. Conduzca con cuidado.

Relaciones personales

Los amigos serán el centro de la atención más adelante en agosto, cuando Marte, Mercurio y Venus estarán en Libra, su undécima casa solar. Es el tiempo perfecto si quiere hacer una reunión de fin de semana. Organice citas en septiembre, un mes que presentará socialización y oportunidades románticas para parejas y solteros.

Finanzas y éxito

Agosto tiene dos lunas nuevas este año. La segunda es en agosto 30, en Virgo, su décima casa solar de la profesión y el estatus, que estará acentuada todo el mes. El Sol, Mercurio, Venus y Marte se unen con Saturno en Virgo en diferentes tiempos para aumentar la probabilidad de éxito y un empuje financiero. Pero deberá tener cuidado con lo que dice. Las alineaciones planetarias indican la posibilidad de conflicto con el jefe, además de conflictos de poder. Proteja su puesto y trate de no tomar decisiones precipitadas, en especial a mediados de mes.

Días favorables 1, 2, 3, 5, 7, 12, 13, 15, 20, 21, 28

Días desafiantes 4, 6, 11, 17, 18, 19, 23, 24, 25, 27, 29

🏹 Sagitario/Septiembre 🏹

Puntos planetarios clave

Recientes problemas familiares o domésticos llegarán a un punto decisivo alrededor de la luna llena de septiembre 15 en Piscis, su cuarta casa solar. El cambio será la causa y la solución, así que deberá mantener una mente abierta y escuchar lo que otros dicen. Parte de lo que oye puede no agradarle, pero con reflexión verá la sabiduría en las palabras.

Sucesos planetarios sobresalientes

Septiembre será un mes atareado. Eso significa que estará doblemente contento cuando Venus entre en Escorpión, su duodécima casa solar, en septiembre 23. El ritmo mermará lo suficiente para que pueda relajarse, y los sagitarianos comprometidos se deleitarán en momentos románticos diseñados para los dos.

Relaciones personales

Éste es uno de los mejores meses del año para socializar. Con cuatro planetas y la luna nueva de septiembre 29 en Libra, su undécima casa solar, tendrá muchas noches y fines de semana llenos de diversión con amigos. Tendrá su mayor encanto a mediados de mes, cuando Mercurio, Venus y Marte, todos en Libra, unirán sus energías. Eso podría traer un nuevo interés amoroso o contacto comercial. No se preocupe si toma un tiempo para que las cosas se desarrollen. Con Mercurio retrógrado hasta septiembre 24, eso debe esperarse.

Finanzas y éxito

El trabajo será más estresante, al menos durante las primeras tres semanas de septiembre. El Sol en Virgo, su décima casa solar, chocará con varios planetas, lo cual requerirá un esfuerzo adicional para complacer a un jefe exigente. También estará frustrado por demoras y lo que parecerá cambio constante. Tenga paciencia, en medio de todo eso habrá una oportunidad para superar a los demás.

Días favorables 1, 3, 4, 6, 10, 11, 12, 17, 21, 29, 30

Días desafiantes 7, 8, 9, 14, 15, 20, 23, 24, 25

🏹 Sagitario/Octubre 🏹

Puntos planetarios clave

Marte quedará atrás en su vida cuando entre a Escorpión, su duodécima casa solar, en octubre 3, también el signo de la luna nueva de octubre 28. Con el Sol y Venus en Escorpión parte del mes, éste es su tiempo en el año para mirar en su interior, revisar el pasado y prepararse para el mes siguiente cuando el Sol entrará a su signo. Pero con el enérgico Marte podría ser difícil tener el descanso que necesita, así que trate de relajarse todas las noches antes de acostarse. La lectura ligera podría ayudarlo a aquietar su cerebro.

Sucesos planetarios sobresalientes

Su aura brillará con nivel adicional de encanto mágico una vez que Venus entre a su signo, en octubre 18. Sin duda será una ventaja no sólo para su vida sentimental, sino también en los negocios, donde la gente se sentirá naturalmente atraída a usted y a sus ideas ingeniosas. Este período será muy favorable para reuniones y citas importantes.

Relaciones personales

Es afortunado. Octubre es otro mes social, gracias a Mercurio en Libra, su undécima casa solar, todo el mes, y el Sol ahí hasta octubre 21. Disfrute este período popular de amistad y oportunidades para ampliar su círculo alrededor de la luna llena en Aries, su quinta casa solar.

Finanzas y éxito

Puede tener una ganancia personal o económica este mes, posiblemente a través de un amigo. Tal vez no sea el negocio para usted. Deje que las cosas fluyan hasta fin de mes. Mientras tanto, haga su propia investigación y, si es necesario, busque una opinión profesional. También sea cauteloso con las inversiones. Apueste a la lotería la primera y última semana de octubre, cuando el Sol y Mercurio se alinearán con Júpiter en Capricornio, su segunda casa solar de recursos personales.

Días favorables 3, 7, 9, 14, 17, 21, 22, 23, 26, 27, 31

Días desafiantes 4, 5, 8, 13, 15, 18, 19, 25

🏹 Sagitario/Noviembre 🏹

Puntos planetarios clave

Júpiter formará una alineación exacta con Saturno y Urano este mes. Por sí solo, eso es una ventaja para las finanzas, adelantos profesionales y su vida doméstica. Pero Saturno y Urano también entrarán en contacto entre sí, y eso podría incitarlo a hacer un cambio profesional repentino y tal vez imprudente. Piense con cuidado si su mente está puesta en una empresa casera, en una mudanza o en un negocio empresarial. El éxito es incierto cuando Urano, planeta de lo inesperado, está involucrado.

Sucesos planetarios sobresalientes

Noviembre tiene que ver con usted. Tendrá más energía, y estará listo para desarrollar cada día, cuando Marte entre a su signo, en noviembre 16. Es seguido por el Sol en noviembre 21 y Mercurio en noviembre 23. Esta combinación dinámica alimentará su iniciativa y ambición, pero también puede animarlo a presionar a otros demasiado. La paciencia será su aliado en casa, en el trabajo, en las relaciones y en la toma de decisiones.

Relaciones personales

Excepto por el primer fin de semana de noviembre, cuando Mercurio estará en Libra, su undécima casa solar de amistad, puede esperar que su vida social tenga un corto receso. Estará más inclinado a socializar con compañeros de trabajo y disfrutar de noches tranquilas con su pareja y familia.

Finanzas y éxito

Además de la influencia de Saturno-Urano, el trabajo tomará más de su tiempo y talentos en las dos semanas que siguen después de la luna llena de noviembre 13 en Tauro, su sexta casa solar. Es probable que tenga un estímulo económico más adelante en el mes cuando Venus en Capricornio, su segunda casa solar, formará contactos favorables con varios planetas. Es posible un ascenso.

Días favorables 2, 5, 7, 10, 16, 17, 18, 20, 22, 24, 27

Días desafiantes 1, 3, 4, 6, 8, 13, 14, 15, 28

🏹 Sagitario/Diciembre 🏹

Puntos planetarios clave

Podría tener la tendencia a ser demasiado enérgico a comienzos de diciembre cuando el Sol, Mercurio y Marte en su signo choquen con Saturno y Urano. Eso creará tensión en el trabajo y en el hogar si lo permite. Con fáciles alineaciones planetarias también en juego, puede escoger ser comprensivo, compasivo y paciente. Un problema mecánico doméstico también es posible.

Sucesos planetarios sobresalientes

A partir de diciembre 7 tendrá facilidad con las palabras, cuando Venus está en Acuario, su tercera casa solar de comunicación. Eso hará fácil hacer aceptar sus ideas y convencer a otros para que vean su punto de vista. Ponga en práctica su encanto y hable.

Relaciones personales

Las dos últimas semanas de diciembre deberá reservar tiempo suficiente para su pareja y seres queridos. Con la luna llena de diciembre 12 en Géminis, su séptima casa solar, estas relaciones serán muy significativas. Haga lo que más pueda para limitar las horas extras en el trabajo, aunque algunos días será inevitable.

Finanzas y éxito

Los días alrededor de la luna nueva de diciembre 27 en Capricornio, su segunda casa solar, traerán una alineación increíble e inusual de planetas también en Capricornio —el Sol, Mercurio, Marte, Júpiter y Plutón—. Esto tiene toda la capacidad para una considerable ganancia económica a través de su trabajo —un buen aumento o prima de fin de año—, una herencia, un pago de seguro o un golpe de suerte. Únase a un grupo para comprar la lotería en su lugar de trabajo —u organice uno— y entre a algunos concursos. Gaste y derroche sólo después de que tenga el dinero en la mano.

Días favorables 1, 2, 3, 7, 8, 11, 15, 16, 20, 24, 28

Días desafiantes 5, 6, 10, 12, 13, 18, 19, 23

Tabla de Acciones de Sagitario

Estas fechas reflejan los mejores —pero no los únicos— días para el éxito en dichas actividades, según su signo solar.

	ENE	FEB	MAR	ABR	MAY	JUN	JUL	AGO	SEP	OCT	NOV	DIC
Mudanza	9, 10		15-18	1-4, 30	1				11, 12			
Iniciar un curso		29, 29	4, 5						20, 21			
Ingresar a un club	8	23			15, 16			5				
Pedir un aumento	17							12-14				1
Buscar trabajo				25, 30	1, 5			21, 22				
Buscar ayuda profesional				9, 10	6	30	28			17		11
Buscar un préstamo			15		8, 9		2, 3	26, 27				
Ver un doctor			24, 25		5		11	22		28		
Iniciar una dieta						28					13	
Terminar una relación						26	23, 24		16	14		
Comprar ropa			8, 9	6			23, 24				11	8
Cambio de estilo, imagen	4	29	24							31		
Nuevo romance							13	13	6	31	1, 27	
Vacaciones				13, 14			26-31	26-31				

La Cabra
Diciembre 21 a Enero 20

VB

Elemento:	Tierra
Cualidad:	Cardinal
Polaridad:	Yin/Femenino
Planeta regidor:	Saturno
Meditación:	Conozco la fuerza de mi alma
Piedra preciosa:	Granate
Piedra de poder:	Peridoto, diamante, cuarzo, obsidiana negra, onyx
Frase clave:	Yo utilizo
Símbolo:	Cabeza de la cabra
Anatomía:	Esqueleto, rodillas, piel
Color:	Negro, verde bosque
Animal:	Cabras, animales de coraza gruesa
Mitos/Leyendas:	Cronos, Vesta, Pan
Casa:	Décima
Signo opuesto:	Cáncer
Flor:	Clavel
Palabra clave:	Ambicioso

Fortalezas y retos

Nacido bajo el signo más práctico del zodiaco, tiene la iniciativa y perseverancia para alcanzar sus metas. Sin embargo, con Saturno, planeta de retrasos, como su regidor, podría estar en sus treintas o cuarentas antes de establecer un camino firme hacia el éxito. Por eso muchos capricornianos están en su mejor etapa tarde en la vida, cuando otros ya han llegado a la cumbre. Demorarse en iniciar tiene sus ventajas, porque tiene el beneficio de muchos años más de conocimiento y experiencia.

Sobresale en planificación y organización, que se benefician de su enfoque práctico y razonable de la vida, la toma de decisiones y la solución de problemas. Desarrollar un plan es su primer paso preferido, porque le da la confianza para tomar el control y estar a cargo, aunque otros a veces lo vean como mandón. Cuando es necesaria una respuesta rápida, tiene la capacidad de actuar en ese instante.

Generalmente conservador, cauteloso y paciente, de vez en cuando se sale de su esquema y corre riesgos calculados. También tiene la capacidad de saber cuándo presionar y con qué intensidad, así que cuando la impaciencia llega, siempre ve las posibles consecuencias con el objetivo a largo plazo en mente. Incluso lo que parecen ser acciones espontáneas, ya las ha pensado de antemano. Ésa es su naturaleza responsable entrando en juego.

Relaciones personales

Para observadores casuales, usted es sólo trabajo, sin tiempo para el romance, pero no conocen su verdadero ser; el corazón tierno que emerge cuando está con su pareja. Es posesivo en las relaciones amorosas, pero no tanto cuando vive con su pareja; el compromiso hace toda la diferencia. Es fácil que se acomode en una relación a largo plazo sin que vaya realmente a ninguna parte. Pero eso cambia rápidamente cuando conoce su alma gemela, alguien que comparte su deseo de una familia y seguridad. Un nativo de Escorpión o Piscis podría ser su pareja ideal, y está en sincronía con los otros signos de tierra, Tauro y Virgo, además de otros capricornianos. Sus poderes de atracción podrían traer amor con alguien nacido bajo su signo opuesto, Cáncer; pero, deberá caminar con cuidado antes de involucrarse con un Aries o Libra.

Mantiene lazos cercanos con su familia, en parte porque es una persona formal, porque respeta a sus padres y porque tiene un vínculo inseparable con ellos, a menudo tácito. Sin embargo, también decide establecer una vida independiente tan pronto como sea posible, y la mantiene después de tener su propia familia. Como padre o madre, es muy cariñoso y afectuoso con sus hijos. También tiene una actitud práctica y fija un nivel firme pero justo de disciplina y expectativas, mientras les brinda todas las oportunidades para aprender y crecer como individuos.

Tiene varios amigos que son en cierto modo poderosos —a nivel profesional, finanzas y conexiones—. Otros son amistades de mucho tiempo que tienen un vínculo emocional profundo, o personas que conoce a través de su profesión. Estos grupos son segmentados y cada uno ignora los otros; en ciertos aspectos, es casi como si tuviera amigos "secretos" de todas las edades y condiciones sociales.

Profesión y dinero

En una palabra, sus metas profesionales pueden ser definidas como ambición. Ningún otro signo puede igualar su nivel de compromiso de elevarse muy por encima del resto. También planea cada paso y usualmente —pero no siempre— tiene la paciencia de esperar hasta el momento apropiado. Cuando está listo para dar el siguiente paso, es difícil que se contenga, aunque sepa que no es la mejor elección. Necesita mucha variedad y comunicación en su trabajo cotidiano, lo cual ayuda a evitar el aburrimiento, asi como también el dedicarse a múltiples tareas. Muchos capricornianos prosperan en el mundo corporativo, en especial después de que empiezan a ascender posiciones.

Su enfoque cauteloso se extiende a asuntos de dinero. Ve el dinero como un símbolo de estatus, al igual que su posición profesional, y se enorgullece de sus habilidades de manejo económico. Aunque las inversiones fluctúan en valor, basa sus decisiones en hechos y cifras y de este modo usualmente sale adelante. Al gastar, va y viene entre el ahorro y el derroche. Los últimos aparatos electrónicos, una casa y los artículos costosos lo atraen más que nada y reflejan su éxito mundano.

Su lado más brillante

Pocas personas ven su otro lado —el más blando y fácil que incluso puede ser frívolo, al menos por su definición—. Este aspecto privado de su personalidad es reservado para los más cercanos a usted y para personas en quienes tiene la mayor confianza. Ellos lo liberan debido a la seguridad que traen a su vida.

Afirmación del año

¡Oportunidad!

Capricornio: el año venidero

Para usted, 2008 será un año increíble y memorable con nuevas direcciones, optimismo, oportunidades y perspectivas cambiantes. Acentuando esto hay una alineación inusual de Júpiter, Saturno y Urano, además de la llegada de Plutón a su signo.

¡Júpiter! Este planeta afortunado está en Capricornio durante todo 2008, haciendo la visita a su signo que hace una vez cada doce años. Con buena suerte, confianza y entusiasmo de su lado, verá posibilidades —no problemas— y oportunidades —no obstáculos—. Comience el año decidiendo, en general, lo que espera lograr este año. ¿Ganancias profesionales? ¿Educación? ¿Finanzas? ¿Hogar y familia? ¿Relaciones? Luego puede enfocar sus energías en esas direcciones y dejar que esas cosas se desarrollen a lo largo del año y nuevas oportunidades se le presenten. En muchos aspectos éste es un año receptivo y de espíritu libre porque Júpiter le da un cierto nivel de protección para que se esfuerce en nuevas direcciones, intente otras cosas y descubra más habilidades y talentos. Corra riesgos calculados y vea a dónde lo conducen. Con Júpiter en su signo, todo se trata de crear su propia suerte.

Sin embargo, hay un posible lado negativo de este generoso planeta. Sin siquiera darse cuenta, podría encontrarse haciéndose cargo de demasiadas cosas porque tendrá muchas oportunidades irresistibles. Sea selectivo. Limítese a lo mejor de lo que hará avanzar sus objetivos de 2008. También es fácil volverse demasiado optimista, a pesar de su notable sentido común. Diga "no" más a menudo que "sí", cuando todos quieren que haga todo. Sólo puede hacer una parte en un día.

Júpiter se alineará con Urano en Piscis, su tercera casa solar, en marzo, mayo y noviembre. Esta influencia favorable puede tenerlo en el lugar y en el momento indicado para aprovechar un encuentro casual que podría conducir a lo mejor de las oportunidades del año. Socialice, haga contactos y conozca personas. Nunca sabe quién podría ser su conexión afortunada. Júpiter-Urano también abre su mente a cosas nuevas y diferentes, y tendrá el don para ideas innovadoras y nuevas formas de enfocar los mismos retos y trabajos anteriores, con un nivel adicional de creatividad imaginativa. Ponga atención cuando tenga un destello de conocimiento, lo cual ocurrirá más a menudo este año. Es su intuición hablando.

Un repentino deseo de un auto nuevo llamativo podría tentarlo a gastar mucho dinero. Cómprelo si puede pagarlo, pero asegúrese de que es lo que en realidad quiere y no sólo un impulso. De otra manera, podría lamentar el desenfreno a fin de año. Ya sea que lo compre o no, se encontrará en las carreteras bastante durante el año —entre mandados y salidas de fin de semana—. También estará atraído por los últimos aparatos de alta tecnología para mantenerse en contacto con el mundo y todos los que conoce.

Júpiter también se alinea favorablemente con Saturno en Virgo, su novena casa solar de educación, viajes y espiritualidad. Tal vez deba pensar seriamente en volver a estudiar para completar una maestría u obtener una certificación avanzada, o incluso como un primer paso hacia una nueva profesión. Podría tomar clases o seminarios para perfeccionar sus habilidades en un área específica. Lo que aprenda en este año y el siguiente le ayudará a avanzar en sus propósitos profesionales cuando Saturno entre a Libra, su décima casa solar, en 2010.

Es probable que viajes por trabajo o placer se presenten en enero, septiembre y noviembre, cuando el contacto Júpiter-Saturno es exacto. Podría disfrutar unas vacaciones de aprendizaje, tales como un viaje al otro lado del mundo o uno enfocado en sitios históricos, o a una escuela de alta cocina durante una semana. Otra forma estupenda de satisfacer su sed de conocimiento es aprender otro idioma o profundizar en un tema que siempre le ha interesado, estudiando por su cuenta o a través de la Internet.

También será un poco filosófico este año, viendo sucesos y situaciones dentro del contexto de una experiencia de aprendizaje acerca de sí mismo, el mundo y la naturaleza humana. Esto puede ser muy positivo porque abrirá su mente a diferentes perspectivas y posiblemente otras culturas. A través de eso tendrá un nivel más profundo de autoentendimiento, casi por ósmosis, y verá emerger su lado espiritual.

Si está involucrado en un asunto legal, es posible que se logren resultados en los meses que Júpiter entra en contacto con Saturno, pero la decisión final puede o no ser a su favor. Urano se alineará exactamente con Saturno en noviembre a través del eje de su tercera-novena casa solar. Así que puede haber un cambio de última hora en lo que creía que estaba concluido. Podría ver que algo similar sucede con otras situaciones importantes en las que ahora está involucrado. Sea precavido si viaja en noviembre o diciembre o, mejor aun, permanezca cerca de casa.

Significado de los eclipses

Neptuno continúa avanzando en Acuario, su segunda casa solar de recursos personales. Desde 1998, cuando entró a este signo, sin duda ha tenido unos años financieros fantásticos y otros que preferiría olvidar. Este año podría ser uno o el otro, o un poco de ambos. Todo depende de cómo maneje los sucesos desencadenados por este planeta a veces místico y a veces engañoso. Es doblemente importante estar atento a los asuntos económicos en 2008, porque hay dos eclipses en Acuario —un eclipse solar en febrero 6, y uno lunar en agosto 16—. El eclipse lunar es el más fuerte de los dos porque contacta directamente a Neptuno, y de este modo intensifica su energía. Así que financieramente deberá ser más cauteloso que lo usual en lo referente a compras e inversiones. También tenga precauciones adicionales para proteger información financiera esencial, y revise sus informes de crédito —y los de su familia— para ver si hay errores. Con el segundo eclipse solar del año en Leo en agosto 1°, en su octava casa solar de recursos comunes, tiene una gran probabilidad de terminar 2008 con un buen balance bancario.

2008 es un año de transición para Plutón. Este poderoso planeta entra a Capricornio en enero 25, retrocede a Sagitario en junio 13, y regresa a Capricornio en noviembre 26 para completar su viaje de 17 años a través de este signo. Durante el período en que Plutón está en Sagitario, deberá resolver cosas relacionadas con preocupaciones y temores de mucho tiempo y profundamente arraigados liberados por su subconsciente en los últimos 13 años. Tendrá que estar listo para realizar su máximo potencial mientras Plutón avanza a través de su signo durante los siguientes 17 años.

La transformación personal —especialidad de Plutón— será un tema fuerte durante los años de este planeta en Capricornio. Se encontrará viendo el mundo de manera distinta mientras aclara prioridades en la vida y abraza plenamente sus ambiciones con toda la resolución implacable por la que es célebre este planeta. Con esto llegará una sensación de poder personal que, cuando se usa positivamente, es un maravilloso estimulante de confianza. Desafortunadamente, algunos se vuelven ansiosos de poder y obsesivos, lo cual conduce finalmente a su ruina. Si cree —o alguien cercano a usted se lo dice— que va en esa dirección, haga lo necesario para encontrar un punto de vista más objetivo y liberar la tensión a través del ejercicio o un pasatiempo. Esto le ayudará a lograr todo lo que puede durante esta experiencia que se presenta una vez en la vida.

Si nació entre diciembre 22 y enero 13, puede cosechar todos los beneficios de la alineación favorable de **Saturno** con su Sol. Considere este año como un regalo del universo porque Saturno trae oportunidades para crecimiento personal y profesional. Abra su mente al conocimiento y nuevas experiencias, y aprenda todo lo que pueda de la vida, la gente, usted mismo y los detalles prácticos que pueden promover sus ambiciones profesionales. Piense seriamente en estudiar —a través de la Internet o de la forma tradicional— para completar su educación, lograr una certificación o destreza especializada, u obtener una maestría. También puede tomar una serie de cursos o seminarios cortos para alcanzar el mismo objetivo.

A nivel personal, logrará lo mejor de la influencia estabilizadora y creadora de confianza de Saturno. Estará en su actitud más práctica, pero también recibirá nuevos conocimientos, de los cuales algunos podrían sorprenderlo, y tendrá la visión de conjunto, además de la atención necesaria a los detalles. A fin de año tendrá un concepto del mundo ampliado y una imagen mucho más clara de su lugar en el plan general de las cosas. Con esto vendrá una mayor confianza en sí mismo para que tenga un impacto significativo sobre las personas que lo rodean y sobre su entorno.

Si nació entre el 22 y el 24 de diciembre, su experiencia será enfocada en abril y mayo, mientras Saturno activa el eclipse lunar de febrero 20 en Virgo, que contactará directamente su Sol. Si nació entre el 25 y el 29 de diciembre, Saturno entrará en contacto con su Sol dos veces —primero en enero, febrero y marzo, y de nuevo en el verano—. Si su cumpleaños es entre diciembre 30 y enero 13, Saturno se alineará con su Sol entre agosto y diciembre, y en 2009, si nació entre el 5 y el 13 de enero.

Si nació entre el 5 y el 13 de enero, la estimulación mental será una parte esencial de su vida cuando **Urano** entre en contacto con su Sol desde Piscis, su tercera casa solar. La curiosidad despertará su interés en nuevos conceptos y está seguro de tener algunos destellos de conocimiento que desencadenan ideas innovadoras. De repente verá lo que siempre fue obvio pero no era tan evidente a su persepción. Urano también lo anima a ejercer su independencia. Está muy familiarizado con la independencia en control de Saturno, pero lo que Urano promueve es más espíritu libre. Practique la espontaneidad; podría sorprenderse de cuánto le gusta y la forma en que libera su alma. Haga lo mismo con el trabajo en equipo y las actividades en grupo. No hay razón para que haga todo usted mismo, y Urano facilita adaptarse y adoptar esta nueva filosofía, al menos parte del tiempo. También deberá pasar más tiempo con amigos, es un año estupendo para que se conozca más con los vecinos y organice un evento comunal o grupo de acción. Si está interesado en la política, considere ser candidato para un cargo a nivel local.

Si nació entre el 9 y el 15 de enero, deberá ser muy cauteloso con los asuntos económicos. Aunque es el epítome del sentido común, con **Neptuno** contactando su Sol, en ocasiones no será tan práctico. Eso es a la vez positivo y negativo. Puede acceder más fácilmente a la creatividad inspirativa, pero sería igual de fácil pasar por alto un detalle importante. Nunca se sienta tentado a firmar un contrato o documento financiero sin leer toda la letra menuda, sin importar cuánto confíe en la otra persona o institución involucrada. Asegúrese de mantener en orden los registros financieros y, si es necesario, adicionar un recordatorio a su calendario para pagar las cuentas. También revise los estados de cuentas para ver si hay errores tan pronto como lleguen, en lugar de ignorar el correo electrónico o poner el sobre en un montón de otros papeles. En ocasiones se sentirá como si el dinero desapareciera en el aire, pero también es probable que se beneficie de la reputación de Neptuno para suministrar el dinero que necesita cuando lo necesita.

Neptuno también lo anima a pensar en lo que valora. ¿Dinero? ¿Profesión? ¿Amigos? ¿Familia? ¿Relación amorosa? ¿Tiempo libre? ¿Seguridad? ¿Salud? Haga una lista de lo que llegue a su mente y luego establezca prioridades, pensando bien en cada cosa. Podría descubrir que lo que consideraba importante no lo es tanto, y que otras cosas son mucho más relevantes. Este año enfóquese en las tres o cuatro primeras. Los sueños pueden ser intuitivos. Tome nota de los más significativos para analizarlos a medida que avanza el año.

Si nació entre el 17 y el 19 de enero, Plutón entrará en contacto con su Sol desde Sagitario, su duodécima casa solar. Esta influencia será más evidente en sus sueños cuando libere su subconsciente para desatar recuerdos olvidados hace mucho tiempo, además de imágenes intuitivas que podrían indicarle nuevas direcciones. Es una mezcla del pasado, presente y futuro que puede renovar su espíritu y abrirlo a nuevos horizontes. Deberá cuidarse mucho este año porque la duodécima casa también gobierna la salud. Hágase un chequeo médico y duerma bastante, e inicie un programa de ejercicio físico y nutrición si su estilo de vida no es tan sano como debería.

Si nació entre el 22 y el 24 de diciembre, estará entre los primeros de su signo en tener a Plutón en Capricornio contactando su Sol. Tendrá la resolución, fortaleza interior y fuerza de voluntad para hacer casi cualquier cosa de su lista de deseos. Pero trate de no concentrarse tanto hasta el punto en que todo lo demás en su vida sea dejado a un lado. Se beneficiará del encanto magnético e hipnotizante de Plutón, pero también puede ser tan intenso en ocasiones, que la energía abruma a otras personas. Luche por un término medio que le dé lo mejor de Plutón mientras minimiza sus efectos potencialmente negativos. Sea paciente consigo mismo y con las personas cercanas a usted.

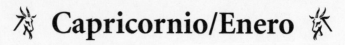

Capricornio/Enero

Puntos planetarios clave

Este mes necesitará paciencia en el trabajo, con Marte retrógrado en Géminis hasta enero 29. Hasta entonces, será difícil hacer progresos. No deje que la tensión lo abrume. El estrés puede debilitar su sistema inmune y hacerlo más susceptible a un resfriado o la gripe. También debería aplazar proyectos domésticos importantes hasta febrero o marzo, porque es muy probable que lo dejen frustrado.

Sucesos planetarios sobresalientes

Con Marte a un lado, estará en su mejor momento, optimista y seguro de sí mismo, gracias a la luna nueva de enero 8 en su signo. Y las buenas noticias siguen llegando: Venus entrará a Capricornio en enero 24 para estimular sus poderes de atracción, seguido por la llegada del poderoso Plutón a su signo el día siguiente. Fije una agenda ambiciosa para el mes y el año mientras Júpiter, también en Capricornio, se alinea maravillosamente con Saturno. Amplíe sus horizontes.

Relaciones personales

El fin de mes traerá un contacto Venus-Saturno favorable que es ideal para unas vacaciones o un fin de semana romántico con su pareja. Si está buscando una relación, el mismo tiempo podría conectarlo con un nuevo interés amoroso u originar una reunión con alguien del pasado.

Finanzas y éxito

Aunque los proyectos en espera empezarán a activarse cuando Marte reanude el movimiento directo en enero 30, no trate de apresurarse dejando a un lado los detalles. Dé a las cosas y a sí mismo la oportunidad de fluir. En asuntos económicos, encontrará grandes ofertas en las tres semanas después de enero 28, la fecha en que Mercurio se torna retrógrado en Acuario, su segunda casa solar de recursos personales. Asegúrese de que todas las cuentas sean pagadas a tiempo, o mejor aun, páguelas por adelantado.

Días favorables 2, 7, 8, 16, 17, 21, 24, 27, 29

Días desafiantes 5, 6, 12, 13, 18, 19, 26

☆ Capricornio/Febrero ☆

Puntos planetarios clave

Si planea viajar este mes, trate de evitar la semana de la luna llena de febrero 20 en Virgo, su novena casa solar. Una demora o cancelación es posible. Un problema mecánico podría surgir inesperadamente alrededor del mismo tiempo, con un vehículo, aparato, computador o dispositivo electrónico. Tenga cuidado con su teléfono, podría perderlo.

Sucesos planetarios sobresalientes

Febrero presentará la vida como le gusta la mayor parte del tiempo —previsible y productiva—. Pero eso no significa que no habrá una sorpresa ocasional. Puede estar afortunado la primera semana del mes cuando Venus en su signo entrará en contacto con Júpiter y Urano. Esa combinación puede tenerlo en el lugar indicado en el momento indicado para aprovechar una oportunidad maravillosa.

Relaciones personales

Las personas estarán atraídas a su aura encantadora mientras Venus está en su signo, y podrá convencer casi a todo el mundo para que vean las cosas desde su perspectiva. Pero también sepa cuándo detenerse, porque en ocasiones las personas no estarán dispuestas a ceder, ni siquiera un poco. Si necesita programar una charla o presentación importante, hágalo en la última semana del mes.

Finanzas y éxito

Disfrutará un mes activo con alto rendimiento, gracias a Marte que avanza en Géminis, su sexta casa solar de trabajo cotidiano. Haga todo lo que pueda porque marzo será aun más atareado. El dinero empezará a fluir hacia usted bajo la luna nueva de febrero 6 en Acuario, su segunda casa solar, y podría estar muy bien de efectivo a fin de mes. Continúe revisando los estados de cuentas en busca de errores y pague las cuentas con tiempo porque Mercurio estará retrógrado hasta febrero 18.

Días favorables 1, 3, 4, 5, 7, 8, 12, 17, 21, 23, 25

Días desafiantes 2, 9, 13, 15, 16, 18, 22, 28

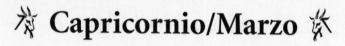

Capricornio/Marzo

Puntos planetarios clave

Deberá controlar su tiempo este mes. El trabajo, la familia, responsabilidades domésticas y relaciones personales competirán por su atención. Aunque estará optimista y listo para aprovechar una oportunidad, es importante tener en cuenta a las personas que lo rodean. Los seres queridos podrían sentirse descuidados porque su atención está enfocada en otra parte.

Sucesos planetarios sobresalientes

Estará ocupado y activo desde la mañana hasta la noche todo el mes y disfrutándolo la mayor parte del tiempo. Además de un énfasis en la vida cotidiana, la luna nueva de marzo 7 en Piscis, su tercera casa solar, acentuará los viajes rápidos y la comunicación. Si tiene unos días libres, planee una salida de fin de semana con amigos, la familia o su pareja. Incluso un par de noches en un hotel de lujo cercano brindaría un buen descanso.

Relaciones personales

Marte entrará a Cáncer, su séptima casa solar de relaciones en marzo 3. Marte por sí solo no es necesariamente propenso a conflictos. Pero debido a que chocará con el Sol y Plutón, puede esperar controversia y frustración de vez en cuando todo el mes, principalmente en el trabajo y las relaciones familiares. La buena noticia es el apoyo de planetas en su tercera casa solar. Sus fáciles alineaciones lo ayudarán a resolver las cosas por medio de una comunicación abierta y el acuerdo.

Finanzas y éxito

Los asuntos económicos se beneficiarán de dos planetas en Acuario, su segunda casa solar de recursos personales: Mercurio hasta marzo 11 y Venus hasta marzo 13. Deberá ser cauteloso financieramente porque ambos planetas entrarán en contacto con el ilusivo Neptuno —también en Acuario—.

Días favorables 2, 3, 7, 10, 11, 16, 20, 24, 25, 30

Días desafiantes 1, 6, 8, 12, 21, 26, 29

⚕ Capricornio/Abril ⚕

Puntos planetarios clave

Tendrá algunos retos persistentes en las relaciones que debe enfrentar, pero sin mucha ayuda de las alineaciones planetarias favorables. En general, las relaciones familiares serán positivas con la luna nueva de abril 5; y el Sol, Mercurio y Venus avanzan en Aries, su cuarta casa solar. Continúe acentuando la comunicación y el acuerdo. Es posible que necesite programar una reparación o reemplazar un aparato doméstico.

Sucesos planetarios sobresalientes

A diferencia del mes pasado, Marte en Cáncer, su séptima casa solar de relaciones, lo pondrá en contacto con personas fascinantes. Entre ellas podría estar un magnífico contacto que conduce su pensamiento en nuevas direcciones.

Relaciones personales

Los amigos influirán en su vida en forma extraordinaria durante las dos semanas después de la luna llena de abril 20 en Escorpión, su undécima casa solar. La energía lunar, junto con el Sol y Mercurio en Tauro, su quinta casa solar de romance y recreación, lo mantendrán en el círculo social durante todo abril. Si es soltero y en busca del amor, esté alerta. Alguien que conoce este mes podría convertirse en un interés romántico en mayo.

Finanzas y éxito

Las finanzas y su vida laboral serán en su mayor parte status quo. Si quiere o necesita comprar muebles o aparatos para la casa, trate de hacerlo a mediados de mes, cuando tal vez pueda hacer un mejor negocio o encontrar lo que quiere en promoción. Si su pareja desea una cosa y usted otra, hagan un arreglo que los satisfaga a ambos.

Días favorables 3, 7, 8, 14, 15, 16, 18, 21, 25, 26, 27

Días desafiantes 2, 4, 5, 6, 12, 17, 19, 22

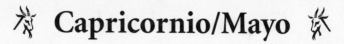

Capricornio/Mayo

Puntos planetarios clave

El comienzo y final de mayo será desfavorable para viajes. Si necesita hacer un viaje de negocios o quiere planear unas vacaciones, opte por mediados de mes. Lo mismo se aplica si va a hacer un examen de admisión o presentar papeles para ingreso —o para una beca o préstamo— en una universidad o una escuela comercial o técnica.

Sucesos planetarios sobresalientes

Verá más posibilidades que problemas dondequiera que mire este mes. Por eso agradezca a la segunda alineación Júpiter-Urano exacta del año. Esta influencia afortunada también le da facilidad con las palabras además de ideas ingeniosas, creativas e innovadoras. Verá lo que otros ignoran.

Relaciones personales

Mayo es uno de sus mejores meses sociales en el año. Comienza con la luna nueva de mayo 5, el Sol, Mercurio y Venus en Tauro, su quinta casa solar de recreación y romance. Eso es tan ideal para paseos, eventos sociales y reuniones con amigos como lo son las dos semanas después de la luna llena de mayo 19 en Escorpión, su undécima casa solar de amistad. Con la energía fluyendo todo el mes, tendrá muchas oportunidades de conocer más personas y ver viejos amigos. Si está buscando su alma gemela, pídale a un amigo que le presente una posible pareja.

Finanzas y éxito

Su carga laboral aumentará gradualmente cuando primero Mercurio y luego el Sol y Venus entren a Géminis, su sexta casa solar. Dedique tiempo para revisar bien todo lo que hace en los días cercanos y las tres semanas siguientes de mayo 26, la fecha en que Mercurio se tornará retrógrado. Marte entrará a Leo, su octava casa solar en mayo 9, pero obtendrá el beneficio económico más grande de esta influencia en junio.

Días favorables 1, 4, 5, 9, 12, 14, 15, 18, 23, 24, 28

Días desafiantes 2, 11, 17, 19, 21, 25, 27, 29

🜍 Capricornio/Junio 🜍

Puntos planetarios clave

Se sentirá presionado al máximo en ocasiones. Ésa es una consecuencia natural de su naturaleza ambiciosa. Con la luna llena de junio 18 en Sagitario, su duodécima casa solar, tal vez debe dedicar al menos un poco de tiempo cada día para relajarse, tener un buen sueño nocturno y alimentar su cuerpo con comida nutritiva. Eso le ayudará a prevenir un resfriado de verano.

Sucesos planetarios sobresalientes

Marte avanzará en Leo, su octava casa solar, todo el mes. Eso es positivo si quiere solicitar —o refinanciar— un préstamo o hipoteca. Espere hasta después de que Mercurio se torne directo, en junio 19, para firmar documentos. Podría obtener un aumento o bonificación a comienzos de junio, cuando varios planetas entran en contacto con Marte.

Relaciones personales

Las relaciones con los colaboradores serán agradables y de apoyo, lo cual hace del trabajo en equipo una elección excelente para proyectos y generar ideas este mes. Las relaciones personales serán todo eso y más, porque se sentirá más cerca de los seres queridos que en los meses recientes. Venus entrará a Cáncer, su séptima casa solar, en junio 18, seguido por el Sol en junio 20. Nada podría ser mejor que eso. Algunos nativos de Capricornio comprometerán sus corazones para toda la vida.

Finanzas y éxito

La luna nueva de junio 3 en Géminis, su sexta casa solar, lo hará sobresalir en el trabajo. Estará ocupado, principalmente porque parecerá que nunca podrá terminar ningún proyecto. Los cambios serán la norma cuando las decisiones y planes se inviertan mientras Mercurio está retrógrado. La risa y el saber que esto no durará para siempre lo ayudarán.

Días favorables 3, 5, 6, 8, 9, 12, 13, 14, 19, 20, 28, 29

Días desafiantes 4, 10, 15, 16, 17, 18, 23, 25, 30

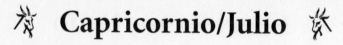

Capricornio/Julio

Puntos planetarios clave

Julio tendrá un despegue rápido cuando Marte entre a Virgo, su novena casa solar de viajes y aprendizaje. Sin embargo, los viajes están propensos a retrasos e incluso cancelaciones alrededor de julio 10, cuando Marte entrará en contacto con Saturno. Si puede esperar hasta julio 26, tendrá el beneficio de una alineación Marte-Júpiter afortunada. El mismo tiempo es magnífico si quiere tomar un curso por diversión o para mejorar sus destrezas laborales.

Sucesos planetarios sobresalientes

Brillará tan fuerte como la luna llena de julio 18 en su signo. Con esto vendrá otro estímulo en optimismo, entusiasmo contagioso y una actitud emprendedora que adelantará sus propósitos. También aprenderá mucho con sólo escuchar y observar a las personas. El conocimiento será de ayuda el mes siguiente.

Relaciones personales

Su enfoque estará en otras personas este mes, y puede hacer mucho para estimularlas, apoyarlas y capacitarlas con sus palabras y acciones. Todo eso es gracias a la luna nueva de julio 2, el Sol, Mercurio y Venus en Cáncer, su séptima casa solar. Si tiene una pareja, sorprenda a su ser amado con una merienda una tarde de fin de semana o una noche hermosa bajo las estrellas. El compromiso está en el pronóstico para algunos capricornianos, mientras otros redescubren todas las razones por las que se enamoraron.

Finanzas y éxito

Las finanzas mejorarán notablemente más adelante en julio cuando el Sol, Mercurio y Venus pasarán a Leo, su octava casa solar de recursos compartidos. Podría oír noticias económicas maravillosas a fin de mes, pero sea cauteloso si está listo para hacer una compra importante, porque un contacto Venus-Neptuno podría generar remordimientos. Extender una garantía sería una buena idea para proteger su inversión.

Días favorables 2, 3, 7, 9, 11, 12, 16, 17, 22, 26, 30

Días desafiantes 5, 6, 8, 10, 13, 15, 21, 28, 29

🐐 Capricornio/Agosto 🐐

Puntos planetarios clave

Su novena casa solar en Virgo estará acentuada todo el mes, mientras el Sol, Mercurio, Venus y Marte se unen ahí a Saturno en diferentes tiempos. Aunque querrá viajar, éste no es el mejor mes para hacerlo debido a alineaciones planetarias difíciles. Si es imprescindible, mediados de agosto es quizás la mejor elección. Planee con anticipación por si hay un retraso, cancelación o equipaje perdido. Si su objetivo es la enseñanza superior, el mejor momento será a mediados de agosto.

Sucesos planetarios sobresalientes

Piense en acción, energía, ambición y profesión. Es la combinación perfecta para Marte, que entrará en Libra, su décima casa solar, en agosto 19. Ahora es el tiempo de acelerar, identificar y planear para los triunfos de septiembre. Si está interesado en un ascenso o un nuevo empleo, envíe su currículum en agosto 30, cuando Mercurio y Venus también estarán en Libra.

Relaciones personales

Dondequiera que esté y haga lo que haga este mes, estará rodeado por personas optimistas que brindan apoyo. Aunque suele hacerse cargo por sí mismo de las cosas, se beneficiará de la ayuda de otros. Pídala; estarán complacidos cuando usted regrese el favor algún día.

Finanzas y éxito

Agosto será un mes de dinero. La luna nueva de agosto 1° en Leo y la luna llena de agosto 16 en Acuario acentuarán su octava y segunda casa solar, aumentando la posibilidad de ganancia económica. Pero todo no será claro como el cristal, porque Neptuno estará en la mezcla. Sea más precavido si necesita firmar un contrato o documentos de un préstamo. Si hizo una compra importante en julio, es posible que necesite usar la garantía este mes.

Días favorables 1, 3, 7, 8, 12, 13, 14, 20, 21, 22, 30

Días desafiantes 4, 9, 10, 11, 18, 19, 23, 25, 27

⚸ Capricornio/Septiembre ⚸

Puntos planetarios clave

Viajar seguirá siendo un punto conflictivo hasta que el Sol pase a Libra en septiembre 22. Mientras esté en Virgo, el Sol chocará con varios planetas, lo cual podría de nuevo generar una demora o cancelación. Sea cauteloso en la carretera en los días alrededor de la luna llena de septiembre 15 en Piscis, su tercera casa solar de viajes rápidos. Ése será un tiempo propenso a accidentes.

Sucesos planetarios sobresalientes

Septiembre presentará la segunda alineación Júpiter-Saturno del año, uniendo las energías de su primera casa solar —Capricornio— y su novena casa solar —Virgo—. La alineación podría generar un contacto prometedor con alguien en la distancia, o más adelantos en un asunto legal o de seguros. Pero con las otras influencias de la novena casa del mes, el progreso será lento y la conclusión improbable.

Relaciones personales

Tendrá un anticipo de lo que será una vida social activa el mes siguiente, cuando Venus pasará a Escorpión, su undécima casa solar, en septiembre 23. Descanse un poco del trabajo. Planee una salida con amigos el último sábado del mes.

Finanzas y éxito

Todos los ojos están sobre usted durante este mes orientado a la profesión, uno de sus favoritos del año. Marte en Libra, su décima casa solar, seguirá guiando el camino, presentando oportunidades de ganancia además de suficiente actividad profesional para mantenerlo en continuo movimiento hasta la luna nueva de septiembre 29, también en Libra, y en el mes siguiente. Deberá ser paciente. Con Mercurio en Libra volviéndose retrógrado en septiembre 24, tal vez no vea el potencial máximo de estas influencias planetarias hasta más adelante en octubre.

Días favorables 1, 2, 3, 4, 10, 12, 13, 18, 19, 26, 27

Días desafiantes 7, 8, 9, 14, 15, 20, 23, 28

🜄 Capricornio/Octubre 🜄

Puntos planetarios clave

En conjunto, octubre será un mes fácil que alegrará su vida; pero deberá evitar la tendencia a abarcar demasiado. No puede hacerlo todo, a pesar de su deseo de dejar atrás a todos. Hacer menos de lo que puede socavará exactamente lo que espera alcanzar.

Sucesos planetarios sobresalientes

El hogar y los asuntos domésticos lo atraerán durante las dos semanas que siguen después de la luna llena de octubre 14 en Aries, su cuarta casa solar. Planee noches familiares especiales y considere hacer una reunión el segundo fin de semana de octubre. Reciba a todos en casa o muestre su talento culinario para un grupo selecto.

Relaciones personales

Marte activará su vida social entre octubre 3, cuando entrará en Escorpión, y mediados de noviembre. Con el Sol, Venus y la luna nueva de octubre 28 también visitando a Escorpión, su undécima casa solar, se deleitará en noches y fines de semana llenos de diversión con amigos. Los mejores eventos serán a comienzos y finales del mes, así que escoja ese tiempo para salidas y reuniones. También haga hincapié en socializar con colegas; podría hacer algunos contactos valiosos.

Finanzas y éxito

Octubre tiene todo el potencial de ser otro mes maravilloso para la profesión. Con el Sol en Libra, su décima casa solar, hasta octubre 21, y Mercurio ahí todo el mes, deberá estar en su mejor momento y listo para aprovechar las oportunidades. El único inconveniente es Mercurio, que estará retrógrado hasta octubre 15. Así que no se preocupe si toma más tiempo del que espera para que los planes se desarrollen o reciba un ascenso u oferta de trabajo.

Días favorables 1, 6, 7, 11, 12, 16, 24, 28, 29

Días desafiantes 4, 5, 13, 15, 18, 19, 25

🦌 Capricornio/Noviembre 🦌

Puntos planetarios clave

Gran parte de la acción estará entre bastidores este mes, en Sagitario, su duodécima casa solar, que también es el signo de la luna nueva de noviembre 27. Puede estar involucrado en negocios confidenciales que incluyen una gestión profesional, un asunto legal o de seguros, o alejarse temporalmente del mundo debido a compromisos en el trabajo o estudio. A fin de mes estará listo para seguir nuevas direcciones personales cuando Plutón regrese a su signo.

Sucesos planetarios sobresalientes

Escuche lo que se dice a su alrededor los primeros días de noviembre cuando Mercurio esté en Libra, su décima casa solar de la carrera y el estatus. Si tiene la oportunidad, socialice con colegas ese fin de semana, y hable con alguien que toma decisiones en noviembre 3. Podría enterarse de una oportunidad que tal vez será suya a fin de año.

Relaciones personales

Noviembre es otro mes diseñado para socializar. Liderando el desfile a través de su undécima casa solar, estará Marte en Escorpión hasta noviembre 15. Aproveche al máximo este planeta enérgico para ver amigos y ampliar su círculo social y comercial. Incluso podría reconectarse con un viejo amigo o ex colaborador durante el tiempo en que el Sol y Mercurio están en Escorpión. Su vida sentimental también será acentuada mientras la luna llena de noviembre 13 en Tauro ilumina su quinta casa solar de recreación y romance.

Finanzas y éxito

Las finanzas serán status quo este mes, aunque un amigo podría pedirle un préstamo o donativo a mediados de mes, cuando el Sol y Mercurio entren en contacto con Neptuno en Acuario, su segunda casa solar. Haga lo que es mejor para usted, pero no espere que le paguen. También proteja objetos de valor cuando esté en público durante ese tiempo.

Días favorables 2, 7, 10, 11, 12, 16, 20, 21, 24, 25, 30

Días desafiantes 1, 3, 6, 8, 9, 13, 14, 15, 28

🐐 Capricornio/Diciembre 🐐

Puntos planetarios clave

Debido a que el Sol y Marte pasarán gran parte del mes en Sagitario, su duodécima casa solar, debería hacer del descanso, sueño y relajación una prioridad. Será difícil debido a las agitadas vacaciones, pero definitivamente está en sus mejores intereses.

Sucesos planetarios sobresalientes

Éste será un mes para recordar. Una reunión inusual de planetas en su signo en unos días de la luna nueva de diciembre 27 podría darle muchas razones para celebrar en 2009. Obtendrá el máximo beneficio de esta alineación en Capricornio del Sol, Mercurio, Marte, Júpiter y Plutón si su cumpleaños es en diciembre 21-29 o enero 12-19. Pero todos los capricornianos experimentarán la explosión de energía y el poder personal asociados con esta alineación estelar. Sin embargo, sea cuidadoso; no querrá terminar 2008 con un accidente.

Relaciones personales

Aunque el ritmo social disminuirá un poco este mes, rápidamente compensará la tregua cuando los planetas empiecen a entrar a Capricornio. También será un invitado popular en el círculo social con Venus en su signo hasta diciembre 6. Active su encanto, conozca gente, atraiga exactamente lo que quiere.

Finanzas y éxito

La luna llena de diciembre 12 en Géminis, su sexta casa solar, aumentará su carga laboral las dos últimas semanas del año. Es una buena razón para programar tiempo en las noches y fines de semana para usted y su gente preferida. Una vez que Venus pase a Acuario, su segunda casa solar, el dinero empezará a fluir en su camino. Con todo eso sucediendo en su signo este mes, vale la pena apostarle a la lotería en los días cercanos a la luna nueva.

Días favorables 1, 4, 9, 14, 17, 21, 22, 24, 27, 28, 31

Días desafiantes 5, 6, 10, 12, 13, 18, 19, 23, 26

Tabla de Acciones de Capricornio

Estas fechas reflejan los mejores —pero no los únicos— días para el éxito en dichas actividades, según su signo solar.

	ENE	FEB	MAR	ABR	MAY	JUN	JUL	AGO	SEP	OCT	NOV	DIC
Mudanza	14, 15		8-10	6-16			23, 24					
Iniciar un curso			15-18	30	1						7, 8	
Ingresar a un club	2, 3		24				11				1-21	
Pedir un aumento	9	7	4, 5						11, 12			30, 31
Buscar trabajo	18	15		9, 10		3-17				17		
Buscar ayuda profesional							2, 3, 11	26, 27			17	
Buscar un préstamo				14			23, 24, 28			21		
Ver un doctor	4			9, 10		30	29			31		
Iniciar una dieta							28, 29					12
Terminar una relación								26, 27			16	
Comprar ropa		13			4, 5	28		21, 22				
Cambio de estilo, imagen		3	29, 30					12-14				1, 27, 28
Nuevo romance		13			4, 5							
Vacaciones								12-27			20, 21	

El Portador de Agua
Enero 20 a Febrero 19

Elemento:	Aire
Cualidad:	Fija
Polaridad:	Yang/Masculino
Planeta regidor:	Urano
Meditación:	Soy una fuente de creatividad
Piedra preciosa:	Amatista
Piedra de poder:	Aguamarina, perla negra, crisocola
Frase clave:	Yo se
Símbolo:	Corrientes de energía
Anatomía:	Sistema circulatorio, tobillos
Color:	Tonalidades de azul, violeta
Animal:	Aves exóticas
Mitos/Leyendas:	Ninhursag, Juan el Bautista, Deucalión
Casa:	Onceava
Signo opuesto:	Leo
Flor:	Orquídea
Palabra clave:	Inconvencional

Fortalezas y retos

Es un individuo de contrastes: amigable y reservado, fácil de llevar y terco, calmado e intenso, tradicional y progresista. Esto lo hace misterioso e intrigante, y la gente nunca sabe qué esperar de usted. Lo que no saben es que mientras los mantiene pensando sobre su última actividad, también puede ser una sorpresa para usted. Es su mente rápida y curiosa que está trabajando, y cuando algo despierta su interés, llega hasta el final.

Los acuarianos son humanitarios. Tal vez está involucrado como voluntario en actividades, clubes y organizaciones, porque el suyo es el signo de la "unión". Pero no todos los acuarianos dirigen su espíritu humanitario a estas áreas; algunos están más interesados en ayudar a las personas una por una.

Tiene una fuerte naturaleza independiente, y una filosofía de "vivir y dejar vivir" basado en su creencia de que cada persona tiene derecho a seguir su propio camino, junto con los frutos y las consecuencias. Tal vez por eso le parece muy lógico pedir consejos y opiniones y luego ignorarlos, o así parece para los demás. En realidad, está buscando otro punto de vista para compararlo con sus propias conclusiones.

Su signo, regido por Urano, es a menudo descrito como excéntrico, y aunque algunos acuarianos lo confirman por medio de su vestimenta y comportamiento, una expresión sutil es más frecuente. Esto también es una señal de su espíritu libre e independiente. Es diferente en varias formas: sus intereses, trabajo o profesión, estilo de vida, el auto que conduce, amigos, o la decoración de su casa. Le agradad ser diferente porque la vida de esa forma es interesante y sobresale de la multitud.

Es intuitivo, auque no en un sentido estrictamente psíquico. Más bien, tiene destellos de sabiduría cuando los pensamientos pasan rápido por su mente, y con frecuencia está en lo correcto. Estos momentos memorables a menudo se enfocan en el futuro, a veces varios años después. También tiene discernimientos sobre nuevas modas y tendencias, y de este modo puede obtener beneficios.

Relaciones personales

Disfruta mucho de la gente, cuando está en disposición de socializar, lo cual es probable que ocurra con menos frecuencia de lo que la mayoría se imagina. También es alguien muy reservado y revela poca información personal, haciendo que otros a veces lo describan como alguien difícil de conocer. Esto sólo aumenta su aura mística e intrigante.

Mantener su independencia podría ser el escollo más grande para el compromiso. Pero con la persona indicada, alguien que también sea su mejor amigo, la ventaja favorece su corazón en lugar de su mente vacilante. Sin embargo, es importante establecer desde el principio su necesidad de libertad y espacio para explorar sus propios intereses y disfrutar de sus muchas amistades. Aunque permanecer juntos siete días a la semana no es para usted, el tiempo de separación no cambia sus sentimientos; en realidad, probablemente los profundiza. Podría ser atraído magnéticamente hacia Leo, su signo opuesto, y un nativo de Sagitario o Aries compartirá su perspectiva de espíritu libre. Sus intereses se mezclan con otro acuariano o los otros dos signos de aire, Géminis y Libra, pero podría encontrar a Tauro y Escorpión demasiado posesivos para su naturaleza independiente.

Se siente a gusto con su familia, donde el cariño y el afecto se expresa con libertad. La mayoría de acuarianos tienen una familia estable durante la infancia que brinda una base excelente para la vida. En esta área es sorprendentemente tradicional, y prefiere sentar raíces y permanecer en el mismo lugar todo lo posible. Los nacidos bajo su signo usualmente tienen familias pequeñas, y con posibilidad de gemelos. La conexión más fuerte con sus hijos es en un nivel mental mientras los inspira a desarrollar la curiosidad acerca del mundo que los rodea. Sin embargo, recuerde que ante todo es padre o madre y después un amigo, al menos hasta que lleguen a la edad adulta.

Los amigos tienen un lugar especial en su vida porque su signo es el regidor universal de la amistad. Hombres y mujeres, vienen de diversos niveles y condiciones de vida, y acepta a cada uno como individuo, basado únicamente en sus cualidades. Todos tienen un rasgo en común: son diferentes de algún modo —fuera de la norma—. Las personas "normales" lo aburren; aquellos que son fascinantes lo intrigan y se deleita cada vez que una de ellas entra a su vida.

Profesión y dinero

Es esencial que su campo profesional sea mentalmente desafiante, con muchas oportunidades para expresar su originalidad e ideas. Es improbable que algo mundano le interese por mucho tiempo. También le gusta iniciar el cambio y de este modo necesita la libertad de hacer todo, desde reorganizar políticas y procedimientos, hasta comenzar la revisión de un proyecto, departamento o incluso la empresa por completo. Un ambiente de trabajo tranquilo aumenta su productividad, y desarrolla una lealtad firme con su empleador y sus colaboradores. Pero esto puede hacer difícil cortar lazos y ponerse en camino cuando le conviene hacerlo.

Puede tener éxito económicamente si hace énfasis en la planificación, organización y presupuesto. De otra manera, el dinero puede deslizarse entre sus dedos y desaparecer en el aire. Pero también tiene el don de atraer lo que necesita cuando lo necesita. Las inversiones son lucrativas si pone atención a los detalles, hechos y cifras, y usa un enfoque moderado para el largo plazo. Los bienes raíces pueden ser rentables.

Su lado más brillante

Le gustan los aparatos de todo tipo, especialmente los electrónicos. Los implementos de cocina y lo último en tecnología son sus preferidos. Algunos son de mucho uso, otros los tiene ahí sólo porque le gusta tenerlos, y cada uno fascina su mente inventiva.

Afirmación del año

Valoro mis recursos.

Acuario: el año venidero

Para usted, Acuario, 2008 es un año de consolidación y preparación, mientras prepara los cimientos para el 2009, cuando emprenderá un nuevo viaje personal para realizar sus sueños. Mucho de esto se relaciona con una alineación planetaria inusual de Júpiter, Saturno y Urano, y con la llegada de Plutón a Capricornio.

Júpiter avanza en Capricornio, su duodécima casa solar de auto-renovación, donde lo estimula a mirar interiormente. Piense donde se encontraba hace doce años, cuando Júpiter estuvo por última vez en este signo, y reflexione en todo lo que ha aprendido y obtenido. Durante los once años siguientes, este planeta generoso influyó en cada área de su vida, desde la profesión hasta las relaciones, el dinero, el hogar y la familia. Lo motivó a buscar oportunidades y ampliar su visión del mundo. Ahora puede unir todo e identificar nuevas direcciones personales en preparación para un gran lanzamiento en 2009, cuando Júpiter entrará a su signo.

Cuando avanza en la duodécima casa, Júpiter tiene la reputación bien merecida de ser una influencia protectora, un ángel guardián que vela por usted. Aquí, puede representar la suerte máxima, llegando en el último minuto para salvarlo. Pero Júpiter no puede hacerlo todo por usted, así que no se habitúe a depender de él para que lo ayude todas las veces.

Este año Júpiter le otorga una ración extra de suerte —al igual que usted— gracias a su alineación con Urano en Piscis, su segunda casa solar de recursos personales. ¡Eso significa dinero! Es muy posible que el universo le dé un golpe de suerte en un concurso o una lotería, un hallazgo afortunado, o lo sitúe en el lugar y momento indicado para aprovechar una oportunidad de ganar dinero en marzo, mayo o noviembre. Con Urano, planeta de lo inesperado, casi todo es posible, y una vez que sueñe con una posible fuente de dinero, es seguro que Urano lo sorprenderá con algo que nunca consideró. Su sexto sentido estará activo este año con la colocación de Júpiter, más aun con Urano. Aquiete la mente y escuche su voz interior. ¡Un presentimiento podría guiarlo a la olla de oro al final del arco iris de Júpiter-Urano!

Por sí solo, Urano en la segunda casa indica fluctuación financiera, con altibajos imprevistos. De este modo, a pesar de la fabulosa posibilidad de Júpiter y Urano, podría experimentar la otra cara de la moneda —gastos inesperados—. Téngalo presente si se siente tentado a correr un gran riesgo, y haga el esfuerzo de tener una reserva para usarla si es necesario. Puede necesitarla posteriormente en el año.

Júpiter también hará una alineación favorable con Saturno en Virgo, su octava casa solar de recursos comunes, en enero, septiembre y noviembre. Es el dinero de otras personas —el de su pareja y su empleador— además de seguros, impuestos, herencia, préstamos, hipotecas y deudas. Tener a Saturno en su sector financiero no necesariamente limita el dinero. Saturno aquí quiere que asuma responsabilidad por sus finanzas. Si tiene deudas diferentes a una hipoteca, limítese a un presupuesto estricto y páguelas. También aumente los ahorros, contribuya a su cuenta de retiro y haga inversiones moderadas a largo plazo. Este énfasis también es reflejado en el eclipse lunar de febrero 20 en Virgo, que mantiene su influencia durante unos seis meses.

El contacto Júpiter-Saturno hará mucho más fácil poner en práctica lo anterior, reforzando su fortaleza interior y resolución para realizar lo que es correcto. Y si la deuda es un problema, el factor suerte de Júpiter encontrará una forma de recompensar su esfuerzo diligente. También es posible que reciba una herencia o descubra que le llega dinero perdido hace mucho tiempo. Revise la lista de fondos sin reclamar publicada por su comunidad, tal vez su nombre está en ella este año.

Urano y Saturno formarán una alineación exacta a través del eje de su segunda-octava casa en noviembre. Como resultado, deberá ser muy prudente con los gastos y la información financiera los últimos tres meses del año. Aquí es cuando podría surgir un gasto inesperado. Pero un golpe de suerte también es posible, con Júpiter adicionando su influencia. Asegúrese de que los impuestos y primas de seguros estén al día y que su propiedad esté cubierta adecuadamente.

Neptuno está libremente conectado con la alineación Júpiter-Saturno-Urano debido a su condición como el planeta regente de Piscis, su segunda casa solar. Continuando en Acuario, el signo al que entró en 1998, Neptuno representa inspiración y confusión. Para obtener lo mejor de este planeta en asuntos económicos, deje que lo motive a quedar libre de deudas y a lograr seguridad financiera. La visualización creativa lo ayudará a hacer realidad sus planes prácticos.

Durante el largo tránsito de Neptuno a través de su signo, probablemente se ha sentido "perdido en el espacio" en ocasiones, y en otras, totalmente sintonizado con el mundo en general. Su sexto sentido sin duda se ha vuelto más fuerte, y a veces simplemente "sabe" el resultado preciso de una situación o suceso, o cuándo no puede confiar en alguien. El místico Neptuno también aumenta la fe y la espiritualidad, así que podría encontrarse pensando en el significado más profundo de la vida y cómo encaja en el plan general de las cosas.

Significado de los eclipses

Neptuno tiene un rol más grande en su vida y sus relaciones este año debido a dos eclipses en Acuario —febrero 6 y agosto 16— y uno en Leo —agosto 1°—. Cada uno activará a Neptuno y el eje de su primera-séptima casa solar para ponerlo en contacto con muchas personas y todas las facetas de la naturaleza humana durante todo el año —el efecto de un eclipse dura de seis a doce meses—. Algunas personas lo decepcionarán y confundirán, mientras otras lo inspirarán y motivarán. La parte difícil con Neptuno está en saber quién es quién, así que deberá ser muy prudente al entrar en una relación romántica o comercial. La mejor elección sería examinar las posibilidades pero aplazar el compromiso hasta al menos 2009. Incluso alguien que cree que conoce bien, podría resultar ser diferente cuando la niebla de Neptuno se disipe y regrese la claridad. Y existe la posibilidad de que alguien trate de engañarlo deliberadamente. Mientras avanza el año, tendrá muchas oportunidades para enriquecer las vidas de las personas y motivarlas a ser lo mejor que pueden ser. Éste es el Neptuno inspirativo en su mejor efecto —dando sin pensar en retribución—.

Plutón hace un cambio importante este año, haciendo transición entre Sagitario y Capricornio. Durante el tiempo que está en Sagitario —enero 1-24 y junio 13-noviembre 25—, su undécima casa solar, podría involucrarse más en una actividad en grupo, club u organización. También podría facilitar la salida de un grupo, sintiendo que su interés ha cambiado y simplemente es tiempo de ponerse en camino hacia otras aventuras. Lo mismo puede ocurrir con una amistad o un compañero de trabajo de hace mucho tiempo por un cambio de empleo o reubicación.

Experimentará la influencia doble de Júpiter y Plutón en Capricornio parte del año. Mientras Júpiter es amante de la diversión y extrovertido, Plutón es profundo e intenso. Aunque los planetas no se contactarán exactamente entre sí este año, sus energías mezcladas lo animarán a aquietar su mente para llevar su subconsciente a la esfera consciente. Reserve 15 ó 30 minutos cada día para meditación, o siéntese en una silla, cierre los ojos y deje que su mente divague. Durante los próximos 17 años que Plutón avance a través de Capricornio, se beneficiará de la fuerza interior que representa este poderoso planeta, y se encontrará cambiando lenta y sutilmente en el nivel más profundo mientras redefine su lugar en el mundo.

Si nació entre enero 20 y febrero 11, éste es el año para realizar una estrategia financiera revisada que puede asegurar su presente y su futuro. Con **Saturno** entrando en contacto con su Sol desde Virgo, su octava casa solar, probablemente tenga preocupaciones económicas —demasiada deuda, muy pocos ahorros, o ingresos por debajo de las expectativas—. Trate de no pensar mucho en esto. ¡Acepte lo que pasa y tome las medidas necesarias!

Haga una evaluación del estado financiero en enero y ponga en marcha planes para remediar esos problemas. Empiece con un presupuesto mensual y anual, y luego diseñe planes de cinco y diez años enfocados hacia los ingresos, fondos de retiro e inversiones. Dependiendo de su nivel de deuda y disposición a reducirla para finalmente pagarla, podría ver un progreso significativo para el tiempo en que Saturno se aleje de su Sol. Éste también es el momento apropiado para buscar consejo financiero profesional si necesita ayuda en asuntos económicos. Pero escoja bien, no se deje convencer por alguien cuyo único interés sea ganarse una comisión a costa suya. También trate de aumentar los ahorros a comienzos del año para que después tenga una reserva.

Si nació entre el 20 y el 28 de enero, Saturno entrará en contacto con su Sol durante los primeros siete meses del año —desde enero hasta comienzos de agosto—. Si cumple años es entre el 20 y el 23 de enero, podrían surgir gastos inesperados en abril o mayo, cuando Saturno reanude el movimiento directo en el mismo punto que el eclipse de febrero 20. Es muy importante que ahorre durante los tres primeros meses del año.

Si nació entre enero 29 y febrero 11, tendrá más tiempo para poner en práctica una estrategia financiera revisada, porque Saturno entrará en contacto con su Sol entre agosto y diciembre. La crisis económica, si la hay, es probable que se presente en octubre, noviembre o diciembre a consecuencia de la alineación exacta en noviembre 4 de Saturno con Urano. Si cumple años entre el 6 y el 9 de febrero, sea muy prudente con la información financiera durante este período, revise su informe de crédito para ver si hay errores y proteja objetos de valor cuando esté en público.

Si nació entre el 3 y el 11 de febrero, Urano entrará en contacto con su Sol desde Piscis, su segunda casa solar de recursos personales. Debido a que también tendrá a Saturno alineado con su Sol, debería poner mucha atención a los asuntos económicos todo el año. Gastos moderados, ahorro, atención a los detalles, responsabilidad financiera y cautela general le traerán beneficios. Debido a que Urano es su planeta regente, le será más fácil —y tendrá la determinación— de adaptarse a los cambios necesarios.

Urano también lo anima a aceptar el hecho de que usted mismo es su posesión más valiosa. Es probable que tenga talentos, habilidades e intereses que nunca ha tenido la oportunidad de explorar. Ponga en práctica uno o dos de ellos este año para que se beneficie en los ámbitos personal, profesional, o en ambos. Incluso podría encontrarlo tan edificante y estimulante, que decida regresar a estudiar en unos años para seguir un nuevo camino profesional.

Si nació entre el 8 y el 14 de febrero, su aura magnética y fascinante brillará con encanto y carisma, gracias a **Neptuno** contactando su Sol. Esta combinación mágica es maravillosa si está soñando con un romance. Alguien podría entrar a su vida en el momento menos esperado, y los meses más prometedores son enero, marzo, junio, julio, septiembre y diciembre. Disfrute todo momento y a la persona con quien está, pero todavía no se comprometa. Un nuevo interés amoroso puede sentirse como una unión espiritual, y puede o no ser lo que cree.

Además de sus poderes de atracción, Neptuno estimulará su sexto sentido y creatividad, los cuales debería alimentar este año. En ocasiones sentirá que el tiempo pasa rápidamente, desapareciendo en los espacios celestes, como si no estuviera seguro de lo que está sucediendo. Éste es el universo preparándolo para una nueva dirección personal. De esto llegará el autoentendimiento que renueva su espíritu y lo inspira a buscar una nueva meta. Tome nota de sus sueños este año; podrían ser tan intuitivos como sus observaciones en vigilia.

Si nació entre el 16 y el 20 de febrero, Plutón en Sagitario entrará en contacto con su Sol antes de enero 25 y de junio 13 a noviembre 25. Encontrará nuevos amigos y dirá adiós a otros cuando Plutón se mueva a través de su undécima casa solar, y hará contacto con personas poderosas que podrían ser vínculos de trabajo valiosos. Si pertenece a un club u otro grupo, podría ser elegido para un puesto de liderazgo, o ser el que organiza a otros para apoyar una causa humanitaria.

Plutón también lo anima a evaluar las metas de su vida, sus esperanzas, deseos y sueños. Con este planeta brindándole la confianza, puede lograr casi todo lo que se proponga, incluyendo cambios personales en los que ha estado pensando, tales como un estilo de vida más saludable.

Si nació entre el 20 y el 23 de enero, estará entre los primeros de su signo en tener a Plutón contactando su Sol desde Capricornio —enero 25-Junio 12, y de noviembre 26 en adelante—. Ubicado en su duodécima casa solar de autorenovación, Plutón lo incitará a mirar interiormente. Descubra qué lo habilita y qué lo detiene, y luego tome medidas para resolver los asuntos que le impiden maximizar su potencial. Plutón también aumentará su intuición, y podría despertar un interés más profundo en la metafísica como otra forma de descubrir su máxima capacidad.

Acuario/Enero

Puntos planetarios clave

Una amistad o relación amorosa podría ser incierta este mes. Incluso si está seguro de que quiere cortar lazos, espere hasta después de que Marte en Géminis, su quinta casa solar de romance y recreación, reanude el movimiento directo en enero 30. Para entonces, Venus habrá salido de Sagitario, su undécima casa solar de amistad, donde chocará con varios planetas. Es posible que cambie de parecer.

Sucesos planetarios sobresalientes

Con la luna nueva de Capricornio en enero 8, su duodécima casa solar de autorenovación, es un mes ideal para relajarse, holgazanear y disfrutar su propia compañía algunas noches y fines de semana. Además, es bueno para su salud hacerlo de vez en cuando; al menos hasta que el Sol llegue a su signo en enero 20. Luego estará listo para lanzarse al mundo en búsqueda de nuevas aventuras.

Relaciones personales

La luna llena de enero 22 en Leo acentuará su séptima casa solar de relaciones. Habrá una atracción mutua con las personas. Con Mercurio tornándose retrógrado en su signo en enero 28, hay posibilidad de malentendidos, así que escoja bien sus palabras. También confirme fechas, horas y lugares para que no pierda ninguna oportunidad de interactuar y conocer más personas.

Finanzas y éxito

Probablemente tendrá que estirar su presupuesto las tres primeras semanas de enero. Ése también es un buen momento para comprometerse con un enfoque financiero cauteloso para 2008. Ahorre un porcentaje de su ingreso cada mes para cubrir gastos inesperados que surgen a lo largo del año. La buena noticia es que podría tener un golpe de suerte al final de enero —un obsequio, un hallazgo afortunado o un aumento—.

Días favorables 4, 7, 8, 9, 10, 14, 21, 27, 28, 29, 31

Días desafiantes 5, 6, 12, 13, 18, 19, 22, 23, 26

Acuario/Febrero

Puntos planetarios clave

La luna nueva de febrero 6 en Acuario lo animará a fijar metas personales y profesionales para los siguientes doce meses, pero con Mercurio retrógrado en su signo hasta febrero 18, es bueno dejar que sus ideas se desarrollen hasta entonces. Mientras tanto, sueñe en grande y déle a sus deseos más profundos la oportunidad de emerger. Luego ponga por escrito sus metas y revíselas cada mes.

Sucesos planetarios sobresalientes

No se sorprenda si llama aun más la atención este mes. Por eso agradezca a Venus, que entrará a su signo en febrero 17. Además de estimular su encanto y carisma, tendrá mayores poderes de atracción. Visualice el éxito y crea que merece todo lo que quiere.

Relaciones personales

Febrero es un mes magnífico para las relaciones, con el Sol, Mercurio y Venus en su signo, y el apasionado Marte en Géminis, su quinta casa solar de recreación y romance. Pero deberá ser un poco cauteloso respecto a invitar a alguien nuevo —amigo o amante— a su vida. El Sol y Mercurio entrarán en contacto con Neptuno, también en su signo. Podría descubrir que alguien cercano a usted tiene otra faceta que nunca ha visto. Lo mismo se aplica a las consultas profesionales; revise credenciales.

Finanzas y éxito

La luna llena de febrero 20 en Virgo, su octava casa solar, enfocará su atención en los recursos compartidos: finanzas familiares, inversiones, cuentas de retiro, seguros y deudas. Haga un análisis financiero. Sume su activo y pasivo. Si tiene deudas, diseñe un plan de pago estableciendo fechas. También ahorre regularmente.

Días favorables 1, 4, 5, 6, 7, 10, 11, 15, 19, 23, 25

Días desafiantes 2, 9, 12, 13, 14, 16, 22, 26, 28

Acuario/Marzo

Puntos planetarios clave

Su espíritu aventurero tendrá un empuje de la luna llena de marzo 21 en Libra, su novena casa solar de viajes y aprendizaje. Sin embargo, viajar no es la mejor idea este mes, debido a las alineaciones planetarias difíciles que también aconsejan prudencia en la carretera. Más bien, haga un viaje mental; aumente su conocimiento.

Sucesos planetarios sobresalientes

El encanto y carisma continuarán destacándolo del montón este mes, gracias a Venus en su signo hasta marzo 11 y Mercurio hasta marzo 13. Use este dúo todos los días en todo lo que haga. Las personas estarán especialmente abiertas a sus peticiones. Intercambie favores.

Relaciones personales

Deberá escoger bien sus palabras alrededor de marzo 21 y marzo 30. Ahí es cuando el Sol en Aries —su tercera casa solar de comunicación— chocará con Plutón y Marte. Trate de permanecer al margen de cualquier conflicto que surja, y piense con tranquilidad en lugar de decir algo que después lamentará. Aunque lo más probable es que ocurra en el trabajo, también podría afectar sus relaciones familiares.

Finanzas y éxito

La luna nueva de marzo 7 en Piscis acentuará su segunda casa de recursos personales. Con el Sol, Mercurio y Venus en el mismo signo parte del mes, podría recibir un aumento merecido, pero también tendrá deseos de ostentar. Sea prudente; ahorre primero. Tal vez necesite cubrir gastos inesperados. Su carga laboral empezará a aumentar en marzo 4, cuando Marte entra a Cáncer, su sexta casa solar. Esta influencia, que continuará hasta comienzos de mayo, hace doblemente importante manejar su tiempo.

Días favorables 4, 5, 9, 10, 11, 16, 22, 23, 24, 27, 31

Días desafiantes 1, 6, 8, 12, 19, 21, 26, 29

Acuario/Abril

Puntos planetarios clave

Continúe siendo cauteloso y esté alerta cuando conduce su auto. Las alineaciones planetarias de este mes podrían generar un accidente. Aunque un viaje de fin de semana no sea lo más prudente, puede explorar en la Internet destinos para vacaciones en verano.

Sucesos planetarios sobresalientes

Si su objetivo es una nueva casa, empiece a buscar después de que el Sol entre a Tauro, su cuarta casa solar. Aunque tal vez no encuentre lo que quiere hasta mayo, puede mirar posibilidades, tener una idea de los costos, y prepararse para una hipoteca si piensa comprar. Si está contento con su actual vivienda, empiece a pensar en proyectos de decoración y remodelación en el verano.

Relaciones personales

De nuevo este mes, la comunicación será el principal asunto en las relaciones personales mientras la luna nueva de abril 5 en Aries acentúa su tercera casa solar. El Sol, Mercurio y Venus estarán en el mismo signo en diferentes tiempos y formarán contactos planetarios fáciles y difíciles. Espere desacuerdos durante los primeros diez días de abril y a fin de mes cuando choquen egos e ideas. Algunos serán simples malentendidos.

Finanzas y éxito

Abril será un mes atareado en el trabajo mientras Marte avanza en Cáncer, su sexta casa solar. Se alineará maravillosamente con Júpiter y Urano alrededor de la luna llena de abril 20 en Escorpión, su décima casa solar de la profesión. Un ascenso es posible, pero más probable es una oportunidad de tomar el liderazgo en un proyecto especial o manejar tareas adicionales. Lo más importante: haga todo lo que pueda para impresionar a quienes toman las decisiones. Las medidas tomadas ahora influirán en sucesos en el otoño.

Días favorables 1, 7, 9, 10, 13, 14, 18, 21, 23, 24

Días desafiantes 2, 5, 6, 12, 17, 22, 27, 29

Acuario/Mayo

Puntos planetarios clave

Sus hijos, las actividades de ellos y su propia diversión podrían presionar su presupuesto más adelante este mes, después de que el Sol, Mercurio y Venus pasen a Géminis, su quinta casa solar. Los tres chocarán con Saturno en Virgo, su octava casa solar de dinero complicará la situación. El cambio a movimiento retrógrado de Mercurio en mayo 26. Eso significa que los efectos persistentes de los eventos de este mes se extienden a junio. Ahorre donde pueda con actividades gratis y de bajo costo.

Sucesos planetarios sobresalientes

Deseará estar en el hogar bajo la luna nueva de mayo 5 en Tauro, su cuarta casa solar. Es el momento indicado para comenzar un proyecto doméstico. Si espera hasta más adelante en mayo, podría tropezar con dificultades cuando Mercurio se acerque a su período retrógrado. El primero y el último fin de semana son los mejores para recibir amigos.

Relaciones personales

Las relaciones familiares están en su mejor momento con el énfasis de mayo en su cuarta casa solar, y tendrá muchas oportunidades de ver amigos cuando los planetas empiecen a pasar a Géminis. Junto con Marte entrando a Leo, su séptima casa solar, en mayo 9, los planetas en Géminis podrían despertar un nuevo interés romántico, pero podría ser el mes siguiente antes de que pueda conectarse de nuevo para conocerse mejor.

Finanzas y éxito

Podría encontrar el lugar perfecto si está buscando casa, pero asegúrese de firmar documentos antes de que Mercurio se torne retrógrado —o el mes siguiente después de que se torne directo—. Sea cauteloso con las inversiones; piense a largo en lugar de corto plazo. Será el centro de atracción en su profesión durante las dos semanas después de la luna llena de mayo 19 en Escorpión, su décima casa solar. Deje su huella y sobresalga en todo lo que hace.

Días favorables 3, 4, 7, 9, 15, 16, 20, 26, 30, 31

Días desafiantes 8, 11, 12, 14, 17, 19, 21, 22, 25, 27

Acuario/Junio

Puntos planetarios clave

Las finanzas, aunque en territorio más positivo este mes, presentarán de nuevo algunos retos. La mayoría será la continuación de los eventos del mes pasado, aunque es posible un gasto inesperado, posiblemente relacionado con un problema mecánico. Si necesita reemplazar un computador o aparato doméstico, considere comprar una mayor garantía porque, Mercurio estará retrógrado hasta junio 19.

Sucesos planetarios sobresalientes

La buena suerte definitivamente estará de su lado a comienzos de junio, cuando la luna nueva de junio 3 y un contacto Sol-Mercurio-Venus-Marte, todos en Géminis, podrían tenerlo en el lugar indicado. Amor, romance y ganancias son posibles; apuéste a la lotería. Si tiene hijos, o espera tenerlos, podría tener una razón para celebrar.

Relaciones personales

Las personas lo asombrarán, frustrarán, encantarán e inspirarán a medida que avanza el mes. También es posible que se encuentre en medio de una lucha de poder en el trabajo, o con amigos o un interés romántico alrededor de la luna llena de junio 18 en Sagitario, su undécima casa solar. Trate de evitar esos días si necesita programar una charla, cita o presentación importante. Si una relación amorosa no está funcionando como esperaba, tal vez es tiempo de tomar otro camino. La luna llena también traerá momentos divertidos con amigos y la oportunidad de conocer mejor a sus compañeros de trabajo en un ambiente informal.

Finanzas y éxito

El trabajo será satisfactorio y en su mayor parte sin inconvenientes, aunque atareado, cuando Venus entre a Cáncer, su sexta casa solar, en junio 18, seguido por el Sol en junio 20. Incluso podría beneficiarse de un pequeño aumento o bonificación, o un nuevo beneficio de la empresa.

Días favorables 2, 6, 7, 11, 12, 13, 21, 22, 27, 28, 29

Días desafiantes 1, 2, 4, 15, 16, 18, 23, 25, 30

Acuario/Julio

Puntos planetarios clave

Marte entrará a Virgo, su octava casa solar de recursos comunes, en julio 1°. Ésa es una influencia favorable para las finanzas familiares y la posibilidad de un mayor sueldo, además del incentivo de reducir sus deudas. Pero también tendrá la tendencia a comprar impulsivamente, lo cual no contribuirá con este último propósito. Deberá controlar especialmente los gastos de diversión. No deje que la generosidad ciegue su sentido común.

Sucesos planetarios sobresalientes

La luna llena de julio 18 en Escorpión, su duodécima casa solar, es una de las mejores del año si quiere perder unas libras. Sin embargo, omita la dieta intensiva. Más bien, modifique gradualmente su alimentación hasta que se sienta bien con una más saludable. Puede complementarla con un programa de ejercicios que despegará bien la primera semana de julio, cuando Mercurio estará en Géminis, su quinta casa solar de recreación.

Relaciones personales

Las relaciones cercanas serán aun más estrechas después de que Venus entre a Leo, su séptima casa solar, en julio 12, seguido por el Sol en julio 22 y Mercurio en julio 26. Sumérjase en el amor si es parte de una pareja, pero si está pensando en compromiso, tal vez deba dejar que las cosas fluyan hasta el mes siguiente. Un contacto Venus-Neptuno es ideal para un romance quimérico, pero no tan maravilloso para asegurar el futuro.

Finanzas y éxito

Tendrá un mes magnífico en el trabajo, gracias a la luna nueva —julio 2— en Cáncer, su sexta casa. Las personas apoyarán sus esfuerzos y tendrá muchas oportunidades para sobresalir. Use su iniciativa y talento para el trabajo en equipo, que será más eficaz alrededor de julio 14 y julio 20.

Días favorables 1, 4, 9, 13, 17, 19, 20, 23, 24, 26, 27

Días desafiantes 5, 6, 8, 10, 15, 21, 25, 28, 29

Acuario/Agosto

Puntos planetarios clave

Mire el cielo nocturno en agosto 16. Verá la luna llena grande y hermosa, que iluminará su signo y su vida. Esta luna llena contactará directamente a Neptuno —también en Acuario—. Eso es positivo y negativo. Definitivamente aumentará su aura fascinante y estimulará su sexto sentido, pero también estará más expuesto a la mentira, y algunos tratarán de aprovecharse de su naturaleza humanitaria. Sea escéptico y use su sentido común.

Sucesos planetarios sobresalientes

Sus pensamientos se dirigirán a lugares distantes cuando Marte en Libra, su novena casa solar, active su curiosidad y espíritu de aventura. Explore los destinos de vacaciones y trate de programar un viaje antes de octubre, cuando Marte pase a Escorpión y usted se enfoque en su profesión.

Relaciones personales

La primera luna nueva de este mes en agosto 1° en Leo acentuará su séptima casa solar de relaciones. Estará atraído hacia otras personas y ellas hacia usted, lo cual es ideal para el apoyo mutuo y la cooperación. Durante la primera semana de agosto, y de nuevo alrededor de agosto 20, podría conocer a alguien que pueda convertirse en un amigo de toda la vida.

Finanzas y éxito

La segunda luna nueva de agosto el día 30 en Virgo, su octava casa solar, dará más énfasis al enfoque del dinero en este mes. El Sol, Mercurio, Venus y Marte, que avanzan a través de Virgo, harán alineaciones planetarias fáciles y difíciles. Las positivas pueden aumentar los ingresos y generar algunas oportunidades afortunadas; pero las otras pueden traer gastos adicionales. Naturalmente, esto hace al ahorro y el enfoque financiero cauteloso la mejor elección.

Días favorables 1, 2, 3, 5, 7, 14, 15, 20, 21, 28, 30

Días desafiantes 4, 6, 10, 11, 17, 18, 19, 23, 25, 27, 29

Acuario/Septiembre

Puntos planetarios clave

Éste es el mes para viajar, aunque deberá ser selectivo en las fechas. Opte por los primeros días o alrededor de la luna nueva de septiembre 29 en Libra, su novena casa solar. Si viajar es imposible ahora o prefiere estar cerca de casa, haga un viaje mental. Tome un curso por diversión o inscríbase en uno que refuerce sus habilidades laborales. El aprendizaje a distancia podría ser una buena opción. Ya sea que viaje o aprenda, o ambas cosas, espere algunos contratiempos porque Mercurio se tornará retrógrado en Libra en septiembre 24.

Sucesos planetarios sobresalientes

Tendrá una idea de cómo será el próximo mes a partir de septiembre 23, cuando Venus entre a Escorpión, su décima casa solar de la profesión. No se sorprenda si empieza a llamar más la atención y otros envidian su creciente estatus como uno de los pocos favorecidos. Aunque los sucesos relacionados con la profesión son improbables este mes, actúe lo mejor posible porque los que toman decisiones estarán observando.

Relaciones personales

Posiblemente escuchará de amigos y parientes lejanos. Algunos darán buenas noticias y lo inspirarán con sus palabras de sabiduría; pero a otros será mejor evitarlos. Eso hace necesario filtrar las llamadas, especialmente alrededor de septiembre 20.

Finanzas y éxito

Los asuntos económicos requieren atención de nuevo este mes. Tome nota de la luna llena de septiembre 15 en Piscis, su segunda casa solar de recursos personales. Se acentúa la necesidad de administración financiera, incluyendo hábitos de consumo, presupuesto y un plan de ahorros. Tendrá motivación adicional del Sol en Virgo, su octava casa solar, que chocará con varios planetas pero también pondrá la suerte de su lado cuando se alinee con Júpiter a comienzos de septiembre.

Días favorables 1, 2, 6, 11, 12, 13, 16, 17, 21, 29, 30

Días desafiantes 7, 8, 9, 14, 15, 20, 23, 28

Acuario/Octubre

Puntos planetarios clave

Estará en continuo movimiento 24 horas al día, cuando su ritmo cotidiano se acelere en las dos semanas que siguen después de la luna llena de octubre 14 en Aries, su tercera casa solar de comunicación y viajes rápidos. Con Mercurio tornándose directo un día después, su auto podría necesitar una reparación o una nueva batería, así que planee con anticipación, esté preparado, y deje tiempo adicional para llegar a donde se dirige. No conduzca a alta velocidad.

Sucesos planetarios sobresalientes

Si no pudo programar unas vacaciones el mes pasado —o incluso si lo hizo—, considere una o dos noches en un hotel de lujo o un spa cercano para liberarse del estrés. O, trátese como un rey por un día en un spa en octubre 13 ó 14. Se sentirá fantástico y, más importante aun, se lo merece.

Relaciones personales

Deberá dedicar tiempo para ver amigos una vez que Venus entre a Sagitario, su undécima casa solar, en octubre 18. Programe salidas y reuniones en el mes siguiente y considere invitarlos a su casa en noviembre o diciembre mientras se dirige a lo que será una estación social activa. Lo mejor de todo, será uno de los invitados más populares.

Finanzas y éxito

La crisis presupuestal finalmente se aliviará cuando los asuntos económicos pasen a territorio positivo. Con suerte, podría incluso obtener un aumento de salario o bonificación que lo ayudarán a encaminarse de nuevo. Una mejor noticia este mes tiene que ver con su profesión. Marte entrará a Escorpión, su décima casa solar, en octubre 3. Señalará el comienzo de un período de seis semanas agitado, pero potencialmente fructífero durante el cual podría conseguir un ascenso o un nuevo trabajo, si ese es su objetivo. Envíe su currículum la primera semana del mes o en la luna nueva de octubre 28 en Escorpión.

Días favorables 1, 3, 9, 12, 14, 17, 21, 23, 26, 27

Días desafiantes 4, 5, 6, 10, 15, 18, 25

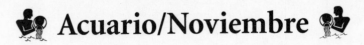 Acuario/Noviembre

Puntos planetarios clave

La configuración planetaria importante del año de Júpiter, Saturno y Urano culminará este mes. Para usted, el énfasis estará en la suerte y el dinero. Son posibles más ingresos, pero con Urano, planeta de lo inesperado, en juego, nada es seguro. Podría ganar por un golpe de suerte o tener gastos adicionales —o ambas cosas—. Arriésguese en la lotería y entre a concursos en los días alrededor de noviembre 10. Luego cruce los dedos.

Sucesos planetarios sobresalientes

Si tiene una pareja, planee unas noches especiales en casa en las dos semanas siguientes después de la luna llena de noviembre 13 en Tauro, su cuarta casa solar. El tiempo es perfecto porque Venus entrará a Capricornio, su duodécima casa solar el día anterior. Ésa es una receta magnífica para el romance.

Relaciones personales

Diversión, amistad y las vacaciones son la mezcla perfecta, y la luna nueva de noviembre 27 en Sagitario llevará la energía social a diciembre. Deberá ser selectivo respecto a dónde y cuándo ir. Piénselo dos veces si va a planear un evento el primer fin de semana del mes. Será costoso y, más importante aun, no vale la pena el gasto. Si quiere ver amigos, invite a unos a su casa para una noche informal. El fin de semana de acción de gracias será el mejor, cuando algunos solteros se conectarán con un nuevo interés romántico.

Finanzas y éxito

Su vida profesional será agitada todo el mes con Marte en Escorpión, su décima casa solar, hasta noviembre 15, y Mercurio en el mismo signo, en noviembre 4-22, pero no en exceso. Estará listo para un ascenso; haga que se dé si eso es lo que quiere.

Días favorables 5, 7, 10, 11, 17, 18, 20, 22, 23, 24, 27

Días desafiantes 1, 4, 6, 8, 9, 13, 14, 15, 28

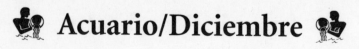

Acuario/Diciembre

Puntos planetarios clave

Su año de suerte del ángel guardián Júpiter culminará en la luna nueva de diciembre 27 en Capricornio, su duodécima casa solar. Con esto podrían venir noticias fabulosas cuando seis planetas —el Sol, la luna, Mercurio, Marte, Júpiter y Plutón— forman una alineación increíble en Capricornio. Es muy posible que tenga un golpe de suerte o un gran triunfo en la profesión para celebrar. Piense positivo y en grande.

Sucesos planetarios sobresalientes

Su carisma atraerá a muchos desde diciembre 7 en adelante, cuando Venus entrará a su signo. Con esto vendrán mayores poderes de atracción que pueden traer exactamente lo que desea. Ponga a funcionar su encanto en entornos sociales y en el trabajo, donde las personas acogerán su aporte y le concederán sus peticiones con mayor frecuencia.

Relaciones personales

Su vida social continuará con un alto ritmo la mayor parte de diciembre mientras el Sol, Mercurio y Marte avanzan en Sagitario, su undécima casa solar de amistad. La luna llena de diciembre 12 en Géminis, su quinta casa solar de recreación y romance, lo mantendrá en el círculo social, y despertará un romance apasionado para algunos. Deberá tener cuidado al conducir y designar a alguien para manejar porque unas alineaciones planetarias de este mes podrían generar un accidente.

Finanzas y éxito

Estará tentado a hacer ostentación en obsequios para seres queridos y amigos, pero estará más feliz en enero si refrena el gasto, al menos en el caso de amigos y compañeros de trabajo. Los regalos creados por usted son más valorados y apropiados para muchos. También controle su presupuesto de diversión. Con una vida social tan activa este mes, revise precios antes de ir a algún lado, y también tome precauciones para evitar perder objetos de valor.

Días favorables 2, 3, 7, 8, 11, 16, 20, 24, 29, 30

Días desafiantes 5, 6, 10, 12, 13, 18, 23, 26

Tabla de Acciones de Acuario

Estas fechas reflejan los mejores —pero no los únicos— días para el éxito en dichas actividades, según su signo solar.

	ENE	FEB	MAR	ABR	MAY	JUN	JUL	AGO	SEP	OCT	NOV	DIC
Mudanza	14		11, 12		4, 5, 8, 9	28, 29						
Iniciar un curso				7-16						31		
Ingresar a un club	4	28					13, 14		6		28	8
Pedir un aumento			7	4								
Buscar trabajo			15, 16		8, 9		2, 3, 7, 11	26, 27			16, 17	
Buscar ayuda profesional		20		14			27-31	1, 2		21		
Buscar un préstamo	24				16			12, 22, 27, 30			20	
Ver un doctor							3	12, 26, 27				
Iniciar una dieta								26, 27				
Terminar una relación	22									21	18	16
Comprar ropa				9, 10	6	3	28	1				
Cambio de estilo, imagen	9		4, 5			21			11, 12			31
Nuevo romance		15		9		3, 7, 12						
Vacaciones	27, 28				25-31	1-16						

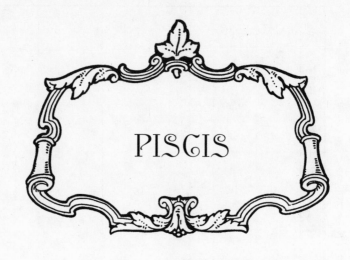

El Pez
Febrero 19 a Marzo 20

≈

Elemento:	Agua
Cualidad:	Mutable
Polaridad:	Yin/Femenino
Planeta regidor:	Neptuno
Meditación:	Navego con éxito los mares de mis emociones.
Piedra preciosa:	Aguamarina
Piedra de poder:	Amatista, piedra de sangre, turmalina
Frase clave:	Yo creo
Símbolo:	Dos peces nadando en direcciones contrarias
Anatomía:	Pies, sistema linfático
Color:	Verde marino, violeta
Animal:	Pez, mamíferos marinos
Mitos/Leyendas:	Afrodita, Buda, Jesús de Nazareth
Casa:	Doceava
Signo opuesto:	Virgo
Flor:	Lirio de agua
Palabra clave:	Trascendencia

Fortalezas y retos

Es muy perceptivo y receptivo, sintonizado con las vibraciones sutiles de la vida, personas, lugares y cosas. Aunque esto le da una ventaja en muchas situaciones, también hace fácil que absorba la energía que lo rodea. Absorbe influencias positivas además de negativas, y por eso debería protegerse de los que tratan de aprovecharse de su naturaleza amable y compasiva. Siga el liderazgo de Neptuno, su planeta regente, y ponga su fe y confianza en quienes lo merecen, resístase a la presión de grupo y permita que otros lo ayuden tanto como los ayuda a ellos.

Sus sentimientos son heridos fácilmente y a su alma sensible evita el conflicto. Aunque rechaza la controversia, nada contra la corriente cuando es necesario y cuando sus principios son desafiados. Aquí deja a un lado su adaptabilidad para defender sus ideales. Escoja sabiamente. El mundo es un lugar imperfecto, a pesar de sus deseos, y lleno de sacrificios y personas que son menos honorables que usted.

Exteriormente tranquilo y sosegado, su reto es lograr lo mismo en su interior. El tiempo y la experiencia son sus mejores aliados para desarrollar esta paz interior, que también llega con la sabiduría y aceptación de las realidades prácticas de la existencia mientras sigue el camino de su vida ayudando a otros. También es guiado por un fuerte sexto sentido e impulsos creativos que son extraordinarios, como quiera que los use.

Relaciones personales

Piense en las personas importantes en su vida. La mayoría son quizás mucho más prácticas y materialistas que usted. Además, su energía receptiva atrae las personas que necesita cuando las necesita.

Es un romántico que recuerda cada aniversario y evento especial. Se sentirá incompleto sin una pareja porque no le gusta estar solo y necesita la felicidad, alegría y seguridad que obtiene del compromiso. Pero, cuando está en una relación, puede insistir en mantenerla aún cuando ya han tomado caminos separados. Una vez que encuentra su alma gemela, la vida es encantadora y el amor es mágico.

Tiene mucho en común con los otros signos de agua, Cáncer y Escorpión, pero el amor con un Virgo, su signo opuesto, podría cumplir sus sueños. El romance con un Capricornio, Tauro u otro Piscis puede mantener la vida interesante, aunque la vida con un nativo de Géminis o Sagitario podría desafiar su alma sensible.

Los lazos familiares son más intelectuales que emocionales y, aunque tiene una buena relación con los hermanos, el contacto es más esporádico que regular. Uno o más de ellos tal vez fueron influyentes en su infancia, que probablemente tuvo muchas mudanzas y actividad doméstica constante.

Si tiene hijos, está muy involucrado en sus vidas, con un fuerte deseo de cuidarlos, protegerlos y darles todas las ventajas, pero puede llevarlo hasta el extremo, lo cual hace difícil desapegarse cuando afirman su independencia durante la adolescencia o se van de la casa.

Toma la amistad seriamente y es probable que tenga uno o dos amigos íntimos de toda la vida que también son almas gemelas. Puede aprender mucho de ellos, y ellos de usted. Sus muchos conocidos pueden ser en su mayor parte de contactos de trabajo.

Profesión y dinero

Es más feliz en un campo profesional que brinde muchas oportunidades de aumentar su conocimiento y su esfera de influencia, y que no lo mantenga atado a un escritorio. Pero sin un esfuerzo concertado, puede ir de un lado a otro en búsqueda de lo ideal —que no existe—. Lo más importante, necesita una profesión y un trabajo que le dé la libertad de expresar su creatividad. Como mínimo requiere de ambientes laborales agradables, pero lo que en realidad desea es un lugar de trabajo elegante. La productividad está directamente relacionada con elogios y reconocimiento, y se siente mejor en un entorno libremente estructurado donde pueda ser un pez grande en un estanque pequeño.

Las finanzas pueden ser un reto, pero no en términos de su capacidad de ingreso —porque definitivamente la tiene— sino en las áreas de gasto y crédito. Lo que quiere, lo quiere ahora, y lo hace propenso a comprar impulsivamente —y a utilizar crédito—. Tome medidas a tiempo para establecer un plan financiero sólido que incluya presupuesto, ahorros, inversiones a largo plazo y pautas de gasto.

Su lado más brillante

Como un camaleón, se adapta a su entorno. Este talento resalta su carisma y lo ayuda a mezclarse con casi todo el mundo en cualquier situación. Es un talento especialmente valioso en los negocios, además de su vida social, los cuales se benefician de su encantadora personalidad.

Afirmación del año

Las personas enriquecen mi vida.

Piscis: el año venidero

El año venidero tiene que ver con personas —amigos, seres queridos, colegas, su pareja y usted—, junto con cambio, el status quo y nuevos horizontes. Todos están entretejidos en un año influenciado por una inusual alineación Júpiter-Saturno-Urano y la llegada de Plutón a Capricornio.

Júpiter en Capricornio es un factor clave en los sucesos y oportunidades del año. Es el centro principal que une las energías planetarias de 2008. Ubicado en su undécima casa solar, Júpiter aumenta su vida social y lo invita a recibir nuevas personas en su círculo de amistades. Amplíelo, junto con los contactos de trabajo, y considere involucrarse —o comprometerse aún más— en un club u organización profesional, u otro grupo con intereses similares. Muchos de los que conoce este año tendrán un impacto extraordinario porque lo animan a expandir su pensamiento y despertar su espíritu de aventura. Entre ellos podría estar un alma gemela, un amigo o amante, o alguien que toca su corazón y mente en formas que nunca imaginó posibles.

La undécima casa también es asociada con metas y objetivos, así que deberá pensar en lo que espera lograr en los años siguientes. Sin embargo, Júpiter puede hacer que esto sea un reto. Debido a que Júpiter es el planeta de posibilidades, tendrá tantas ideas y opciones que serán difíciles de escoger. No se apresure. Sus prioridades en enero pueden ser muy diferentes de sus deseos de diciembre.

La alineación favorable de Júpiter con Urano en marzo, mayo y noviembre también hace fácil y difícil este proceso de fijar objetivos. Juntos, estos planetas representan oportunidad en incluso más posibilidades. Y, con Urano en su signo, muchas de éstas se centran en usted y su creciente necesidad de independencia y expresión. Su espíritu será más alegre y amante de la diversión este año, y el optimismo será clave en su vida. Entre más alimente este sentimiento, más atraerá oportunidades para la expansión y el crecimiento personal. Sin embargo, en sus manos está llevarlas hasta el final para aprovechar al máximo lo que el universo le brinda.

Júpiter es de buena suerte; Júpiter-Urano es aun más favorable. Es suyo con sólo pedirlo; un don planetario que se enfoca en usted y en las personas que encontrará a medida que avanza el año. Su buena fortuna de 2008 está directamente ligada a otros, así que salga al mundo, conozca y hable con personas, invítelas a su vida; son su amuleto de la suerte. Un encuentro casual podría cambiar su vida, o tal vez haga una conexión muy importante a través de un amigo, el amigo de un amigo, o alguien que conoce por medio de un grupo al que pertenece. Las posibilidades son interminables y diseñadas sólo para usted.

Júpiter también se alinea favorablemente con Saturno en Virgo, su séptima casa solar de asociación. El enfoque está en los vínculos comerciales y románticos, junto con todas las personas que ama —familia y amigos íntimos—. Si está buscando una pareja, 2008 podría cumplir su deseo, trayendo a alguien que será también su mejor amigo. Hay mayor probabilidad si cumple años entre el 19 y el 23 de febrero, porque el eclipse lunar de febrero 20 en Virgo contactará directamente su Sol.

Si ya tiene una relación de mucho tiempo, Saturno puede profundizar su amor y compromiso. Pero también se encontrará alejándose —por impulso subconsciente o elección deliberada— de algunas personas que en el pasado fueron muy importantes para usted. Todavía pueden serlo, pero por una u otra razón, poner cierta distancia es esencial para su crecimiento personal.

Sin embargo, una o más relaciones cercanas presentan un obstáculo los últimos tres meses del año a consecuencia de la alineación exacta de Urano con Saturno en noviembre a través del eje de su primera-séptima casa solar. Urano representa independencia y el deseo de libertad, mientras Saturno representa prudencia y responsabilidad. Cuando los dos chocan, es difícil resolver las energías en conflicto. Llegar a un acuerdo es la solución, y para eso debería contar con Júpiter, que se alinea con ambos planetas. Regrese al tema de los objetivos que abordó inicialmente en enero. ¿Qué ha aprendido y experimentado en los meses intermedios? ¿Cómo quiere que sea su vida en un año, en cinco años, o diez años? Piense a largo plazo en lugar de enfocarse en el momento. También recuerde que los cambios hechos cuando Urano está activo rara vez son reversibles.

Debido al contacto Saturno-Urano, éste no es el tiempo para precipitarse a una relación romántica; podría cambiar de parecer. Considere esperar hasta finales del año siguiente, cuando esta difícil energía ha quedado atrás. Lo mismo se aplica a una sociedad comercial y posiblemente con mayor énfasis. Incluso si está listo para formar una alianza con su mejor amigo o alguien que ha conocido durante años, pronto descubrirá que tienen diferentes objetivos y filosofías en los negocios. Use este año para examinar las opciones y desarrollar un plan de trabajo. Luego reevalúe en 2009. Sea similarmente precavido si necesita consultar a un abogado, un contador público o contratista licenciado; revise sus credenciales.

Plutón también tiene un papel en los sucesos del año mientras hace su transición de Sagitario a Capricornio. En Sagitario, su décima casa solar, Plutón concentra la energía en su profesión. Éste es el año para buscar ganancias tales como un ascenso o un nuevo puesto que lo rete y maximice sus talentos. Ese progreso puede llegar entre junio 13 y noviembre 25, los últimos días de Plutón en Sagitario. Eso también le da el beneficio del eclipse solar de agosto 1° en Leo, su sexta casa de trabajo cotidiano. Su mejor tiempo es a comienzos de agosto, octubre y noviembre.

Plutón en Sagitario y el eclipse en Leo pondrán su atención en las relaciones en el lugar de trabajo. Aunque es generalmente positivo, experimentará tensión con un colaborador o supervisor durante los meses de verano y en septiembre. Pero eso podría ser el impulso que necesita para buscar otro trabajo.

Plutón está en Capricornio de enero 25 a junio 12, y a partir de noviembre 26 en adelante, cuando empieza su tránsito de 17 años en su undécima casa solar. Este poderoso planeta refuerza la influencia de Júpiter, con un énfasis en el aprendizaje. Este año aprenderá mucho de sí mismo y de la naturaleza humana, además de cómo relacionarse con otras personas. En los años venideros seguirá haciendo nuevas amistades y conocidos, de los cuales algunos serán muy influyentes en su vida.

Significado de los eclipses
Neptuno, su planeta regente, continúa su largo tránsito a través de Acuario, el signo al que entró en 1998. Avanzando en su duodécima casa solar, Neptuno estimula su sexto sentido y desencadena imágenes oníricas vívidas, que pueden ser edificantes e intuitivas. Este año Neptuno tiene un papel especialmente importante en su vida debido a dos eclipses en Acuario: un eclipse solar en febrero 6 y un eclipse lunar en agosto 16. Ambos activan a Neptuno, aunque el de agosto es el más influyente de los dos. Puede esperar que su voz interior esté más activa que lo usual, al igual que sus sueños. Debido a que la duodécima

casa también gobierna la salud, deberá hacerse un examen médico, y si el estrés es un problema, éste es un año maravilloso para ensayar la meditación. También puede tener éxito con la visualización creativa; úsela para hacer realidad sus sueños.

Neptuno también estimulará su subconsciente, así que sin duda descubrirá más acerca de las esperanzas y deseos más profundos cuando estos pensamientos y sentimientos empiecen a emerger en la conciencia. Algunos lo sorprenderán, y reconocerá otros como recuerdos lejanos cobrando vida.

Si nació entre febrero 19 y marzo 13, **Saturno** entrará en contacto con su Sol desde Virgo, su séptima casa solar de asociación. Experimentará todas las facetas de las relaciones personales este año. Algunas serán muy positivas, mientras otras pondrán a prueba su paciencia y comprensión. De cada una tendrá una nueva perspectiva si abre sus ojos, oídos y mente y en realidad escucha lo que otras personas dicen. También podría sorprenderse al descubrir que lo que le disgusta en alguien es un rasgo que desearía cambiar en sí mismo.

Es posible que necesite brindar atención adicional o manejar los asuntos de un pariente, o que sienta la presión de la responsabilidad en una relación o asociación cercana. Parte de esto será la situación; y otra parte será usted mismo. Con Saturno en su séptima casa solar, es fácil caer en la trampa de hacer todo por alguien más, pero poco por sí mismo. Invierta esa tendencia y deje que los demás manejen sus propias responsabilidades, en lugar de aceptar el papel de mediador universal.

Conocerá personas fascinantes este año y debería estar alerta por posibles contactos de trabajo. También deberá mantenerse en comunicación con ellos, porque podrían ser de gran ayuda en siete u ocho años cuando Saturno llegue a su décima casa solar de profesión y estatus.

También deberá dormir mucho durante el tiempo en que Saturno contacta a su Sol, porque su sistema inmune y vitalidad general pueden estar disminuidos. Haga del descanso, relajación y tiempo libre una prioridad. También trate de resolver remordimientos persistentes de los últimos siete años, de modo que se libere para seguir adelante en el camino indicado.

Si nació entre el 24 y el 28 de febrero, Saturno se alineará con su Sol en enero, febrero y marzo, y de nuevo en junio y julio. Lo que ocurre durante el primer marco de tiempo, será concluido en el segundo.

Por ejemplo, si una relación es inestable a comienzos del año, podrá dejar atrás las diferencias este verano y regresar a un camino armonioso. Sin embargo, si cumple años entre el 19 y el 23 de febrero, su experiencia será comprimida en abril y mayo, cuando Saturno entre en contacto con su Sol y el eclipse lunar de febrero 20 en Virgo. Saturno contactará su Sol entre agosto y diciembre si nació entre febrero 29 y marzo 13.

Si nació entre el 4 y el 12 de marzo, **Urano** lo animará a liberarse del pasado cuando se encuentre con su Sol en Piscis. Ahora es tiempo de cambiar su apariencia, su dirección y su estilo de vida —dentro de lo razonable—. La tentación de lograr la independencia a cualquier precio podría ser fuerte, pero deténgase y piense bien antes de hacer cambios irreversibles. Lo que está sintiendo y lo que necesita es una forma de expresar su individualidad. Puede hacer esto de muchas maneras, tales como a través de un pasatiempo o talento creativo, o motivando a otros para que se dediquen a una causa humanitaria. Es probable que este deseo de libertad tenga un impacto sobre sus relaciones cercanas a un mayor o menor grado, especialmente si cumple años entre el 7 y el 10 de marzo, cuando la alineación Saturno-Urano de noviembre será más fuerte. Marzo tendrá discernimientos respecto a la dirección que sigue, aunque será noviembre antes de que los eventos se desarrollen.

En general, un año con Saturno contactando su Sol puede ser muy emocionante, con nuevas personas y oportunidades que aparecen como por arte de magia. Algunas serán duraderas, otras serán fugaces. Lo que ganará de cada una será un concepto nuevo y expandido de sí mismo y su lugar en el mundo. Éste es el año para esforzarse, para correr riesgos calculados que pongan a prueba sus límites —con seguridad en mente si de repente tiene un impulso temerario—. Principalmente experimentará pensamientos, sentimientos y deseos ocultos que emergen como nunca antes, y pronto estará listo para dar un paso audaz en su futuro. Escoja sabiamente. Pasarán muchos años antes de que tenga la oportunidad de cambiar de dirección otra vez.

Si nació entre el 9 y el 14 de marzo, **Neptuno** entrará en contacto con su Sol desde Acuario, su duodécima casa solar. Ésta es una influencia sutil pero muy importante debido a los dos eclipses en Acuario, que también unen su energía con su Sol. Experimentará un creciente sentimiento de insatisfacción consigo mismo y con su lugar en el mundo, junto con un creciente deseo de hacer cambios. Sin embargo, saber qué hacer y cuándo, será un reto porque será difícil identificar exactamente qué es lo que quiere. La mejor elección es dejar que el año y los eventos se desarrollen en forma natural. A medida que pase el tiempo, empezará a ver un panorama más claro, especialmente si Urano también entra en contacto con su Sol este año. Se trata de descubrir —o redescubrir— su verdadero ser en preparación para cumplir sus sueños.

La duodécima casa también gobierna la salud, así que programe un examen médico a comienzos del año. También podría aprender más sobre medicina alternativa y preventiva, además de nutrición y cómo crear un ambiente positivo y relajante con el uso de técnicas del feng shui. Dormir bien será esencial para su salud y bienestar, así que acuéstese a la misma hora incluso si debe dejar cosas para otro día.

Si nació entre el 17 y el 20 de marzo, Plutón entrará en contacto con su Sol durante los últimos meses en Sagitario, su décima casa solar de profesión —enero 1°–24 y junio 13, noviembre 25—. Piense en lo que ha evolucionado en su profesión en los trece años pasados. Eso le dirá hasta dónde ha llegado y qué debe realizar antes de que pase esta influencia. Ponga en marcha sus planes y ponga a Plutón a trabajar para usted. Pero deberá mantener las cosas en perspectiva mientras este poderoso planeta lo presiona a hacer más y más. La intensidad y la falta de visión pueden convertirse en un problema, así que adopte un estilo de vida equilibrado que incluya tiempo para trabajar, diversión y personas. También esté atento a lo que sucede a su alrededor, pues Plutón-Sol puede desencadenar un juego de poder incluso si simplemente está haciendo lo que se le pide. Tenga cuidado de no hacer algo que ofenda o avergüence a alguien este año.

Si nació entre el 19 y el 21 de marzo, estará entre los primeros de su signo en experimentar a Plutón en Capricornio, su undécima casa solar. Este contacto favorable será una influencia estabilizante que puede habilitarlo para que haga casi todo lo que quiere lograr este año. Sólo conéctese con la determinación de Plutón y úsela para mejorar su posición y su vida. Es probable que amigos y grupos sean parte de este proceso y brinden el ímpetu y refuerzo para hacer cambios personales que mejoren su estilo de vida.

Piscis/Enero

Puntos planetarios clave

Las alineaciones planetarias de enero lo mantienen en movimiento, precipitándose de una cosa a otra en un intento por ir al paso de todo. Esto producirá estrés y tensión, lo cual puede afectar su profesión, vida de hogar y relaciones. Su mejor decisión es tratar de permanecer centrado; maneje una situación a la vez y tenga presente que la última semana del mes será mucho más tranquila.

Sucesos planetarios sobresalientes

La socialización llenará sus noches y fines de semana con diversión y amistad, gracias a la luna nueva de enero 8 en Capricornio, su undécima casa solar. Ésta es una buena oportunidad para recibir más personas en su vida, en especial desde enero 24 en adelante, cuando Venus estará en el mismo signo. Si es soltero y en busca de amor, pídale a un amigo que arregle una cita a fin de mes, cuando podría conocer su alma gemela.

Relaciones personales

Las relaciones inestables se acentuarán mientras Venus en Sagitario hasta enero 23 choca con varios planetas. El acuerdo ayudará, pero la mejor opción quizás es dejar que las cosas sigan su curso. Las relaciones familiares serán mucho más armoniosas después de que Marte reanude el movimiento directo en enero 30. Con Mercurio tornándose retrógrado dos días antes, deberá escoger bien sus palabras mientras allana dificultades.

Finanzas y éxito

Espere frustración, condiciones variables y retrasos en el trabajo este mes. Aunque podría ser tentador decir lo que piensa o actuar impulsivamente, no es la mejor idea. Trate de apartarse de la situación y permanezca al margen de las decisiones en lugar de trabajo las primeras tres semanas. Luego descanse el fin de semana y prepárese cuando la luna llena de enero 22 en Leo aumenta su carga laboral.

Días favorables 2, 4, 7, 8, 11, 16, 20, 21, 24, 29, 31

Días desafiantes 1, 5, 6, 12, 13, 18, 19, 27

Piscis/Febrero

Puntos planetarios clave

Después de un enero agitado, apreciará un mes tranquilo y la oportunidad para relajarse un poco. Disfrútelo ahora porque el resto del año será atareado. El tiempo es ideal porque la luna nueva de febrero 6 de este mes está en Acuario, su duodécima casa solar de autorenovación. Dedique tiempo para sí mismo; duerma, descanse y reléjese. Consuma comida saludable.

Sucesos planetarios sobresalientes

Su vida social tiene un empuje de Venus en Capricornio, su undécima casa solar de amistad, especialmente la primera semana del mes. Haga una reunión o planee una salida el primer fin de semana, y vea otros amigos la semana siguiente. Uno de ellos podría ser un vínculo para la suerte, y tal vez hará un contacto valioso.

Relaciones personales

Las relaciones serán generalmente positivas y animadas este mes, y encontrará personas estimulantes e interesantes. La excepción es el tiempo alrededor de la luna llena de febrero 20 en Virgo, su séptima casa solar de relaciones, cuando usted y alguien cercano podrían estar en desacuerdo. Opte por un acuerdo que al menos satisfaga en parte las necesidades de ambos, y trate de ver la situación como una buena experiencia de aprendizaje.

Finanzas y éxito

Su vida laboral será en su mayor parte rutina este mes. Aproveche el tiempo extra para ponerse al día y conocerse más con los colaboradores y quienes toman las decisiones. El trabajo en equipo también es para su ventaja. Podría oír información confidencial que tal vez lo conducirá a una oportunidad de brillar más adelante en el año. Las finanzas están en un territorio positivo, pero si planea hacer una compra doméstica importante, espere hasta después de que Mercurio se torne directo en febrero 18, y preferiblemente hasta la última semana del mes.

Días favorables 3, 4, 5, 7, 12, 17, 19, 21, 25

Días desafiantes 1, 2, 8, 9, 15, 16, 22, 28

Piscis/Marzo

Puntos planetarios clave

Usted y un amigo podrían tener una diferencia de opinión que es suficientemente fuerte como para cortar lazos. Incluso si sucede a comienzos de marzo, experimentará una repetición a fin de mes. Las finanzas o inversiones pueden ser el problema, pero incluso la amistad no es una razón para poner sus recursos en riesgo o comprometer sus creencias.

Sucesos planetarios sobresalientes

Marzo es su mes para brillar. Inicie cada día con confianza en sí mismo, sabiendo que el Sol y la luna nueva —marzo 7— están en su signo. Esto solamente mejora el día 12, cuando Venus entra a Piscis, seguido por Mercurio el día 14. Ponga en práctica su encanto, relaciónese con personas y haga de cada día un ganador. Piense en lo que quiere lograr en los doce meses siguientes. Sueñe en grande y fije metas personales y objetivos profesionales ambiciosos.

Relaciones personales

Atraerá el interés de muchos este mes, y casi todos estarán felices de hacerle un favor y concederle sus deseos, si es posible. Su vida social se beneficiará de Marte en Cáncer, su quinta casa solar, desde marzo 4 hasta mayo 8, un período que promete muchos días llenos de diversión y posibilidades de conocer un alma gemela.

Finanzas y éxito

La luna llena —marzo 21— en Libra, su octava casa solar, acentuará la necesidad de hacerse cargo de sus finanzas. Si tiene deuda de consumidor, desarrolle un plan, incluyendo fechas límite, para pagarla en el menor tiempo posible. Haga lo mismo para aumentar los ahorros y los fondos de retiro. Tendrá motivación adicional más adelante este mes cuando el Sol en Aries choque con Marte y Plutón, creando una crisis en su presupuesto. Sea proactivo para el futuro.

Días favorables 2, 3, 7, 10, 11, 16, 24, 25, 30

Días desafiantes 1, 6, 8, 12, 21, 26, 29

Piscis/Abril

Puntos planetarios clave

Estará tan resuelto, tan concentrado en alcanzar una meta, que en ocasiones será difícil permanecer objetivo. Esto puede incitarlo a presionarse demasiado —y a otros— a comienzos y finales de abril, cuando Mercurio y Venus chocarán con varios planetas. Deténgase y deje que prevalezca su imagen relajada; esto lo conducirá al éxito.

Sucesos planetarios sobresalientes

Más adelante en este mes estará en continuo movimiento, con el deseo de ampliar sus horizontes y explorar un nuevo territorio. Ésa es la influencia de la luna llena de abril 20 en Escorpión, su novena casa solar de viajes y conocimiento. Un viaje de un día es bueno para renovar su espíritu; o, planee una salida de fin de semana con amigos, la familia o su pareja.

Relaciones personales

La primavera es tiempo de diversión mientras el enérgico Marte sigue avanzando en Cáncer, su quinta casa solar de recreación y romance. Tendrá oportunidades de amar y divertirse todo el mes, en especial la última semana completa de abril cuando Marte se alineará con Júpiter y Urano. ¿Sigue buscando el amor? Pídale a un amigo que le presente a una posible pareja esa semana. Si tiene hijos, se deleitará con ellos, ayudándoles a cultivar sus talentos mientras explora su propia energía creativa.

Finanzas y éxito

Los retos financieros surgirán de nuevo este mes, esta vez desde Aries, su segunda casa solar de recursos personales. Aunque las alineaciones planetarias generarán estrés, la luna nueva de abril 5 en el mismo signo le brindará una solución. Puede usar la energía lunar para primero evaluar y luego hacer un nuevo comienzo en los hábitos de consumo y el presupuesto. Haga un pacto consigo mismo y use la visualización para ayudar a alcanzar la meta de estabilidad y seguridad financiera.

Días favorables 3, 4, 7, 8, 11, 15, 16, 21, 25, 26, 30

Días desafiantes 2, 6, 12, 17, 19, 22, 27, 29

Piscis/Mayo

Puntos planetarios clave

Cuando los planetas empiecen a entrar en Géminis, su cuarta casa solar —Mercurio en mayo 2, el Sol en mayo 20 y Venus en mayo 24—, su interés se dirigirá hacia la escena doméstica. Con esto podrían venir ideas de redecorar y remodelar su casa. Este mes es magnífico para planear, pero no para acción, porque Mercurio se tornará retrógrado en mayo 26. Mientras tanto, vaya a las tiendas para observar diseños y técnicas e incorpore las ideas de su pareja con las suyas.

Sucesos planetarios sobresalientes

Estará motivado por una búsqueda de información y conocimiento mientras la luna nueva de mayo 5 en Tauro y la luna llena de mayo 19 en Escorpión acentúan el eje de su tercera-novena casa solar. Haga un par de viajes de un día o planee un fin de semana lejos si tiene tiempo. O, aprenda nuevas habilidades antes de seguir adelante con las renovaciones de la casa.

Relaciones personales

El Sol en Tauro y la luna nueva harán de la comunicación una fortaleza las primeras tres semanas de mayo, y, con Venus también en Tauro, podrá lograr bastante con sus palabras. Lleve la energía a la tercera semana completa de mayo, cuando el Sol y Venus, que estarán en Géminis, chocarán con Saturno en Virgo, su séptima casa solar. Las relaciones familiares y de pareja serán un reto entonces, pero pueden superarse con la conversación y el acuerdo.

Finanzas y éxito

Estará más interesado e involucrado en el trabajo desde mayo 9, cuando Marte entrará a Leo, su sexta casa solar. Esta influencia, que prevalecerá hasta el fin de junio, tiene todo el potencial de aumentar su probabilidad de éxito el mes siguiente. Dé todo en su trabajo y tenga un rendimiento excepcional todos los días.

Días favorables 1, 4, 5, 9, 15, 18, 23, 24, 28, 31

Días desafiantes 2, 6, 7, 11, 12, 19, 21, 22, 27

Piscis/Junio

Puntos planetarios clave

Con Mercurio retrógrado en Géminis, su cuarta casa solar, puede esperar confusiones y malentendidos familiares hasta que el planeta de la comunicación se torne directo en junio 19. Son posibles problemas mecánicos con un computador o aparatos domésticos. Aplace una reparación o reposición hasta el final de junio, si puede esperar. Ese tiempo también es ideal para redecoración u otros proyectos domésticos.

Sucesos planetarios sobresalientes

Su cuarta casa solar también brilla en junio. Alineaciones planetarias favorables acentúan la armonía, la risa y alegría familiar, y un ambiente general animado. Disfrutará el tiempo en casa la semana de la luna nueva de junio 3 en Géminis, que es excelente para recibir amigos.

Relaciones personales

Venus entrará a Cáncer, su quinta casa solar, en junio 18, seguido por el Sol en junio 20. El dúo dará un gran empuje a su vida social, además de estimular el tiempo de unión con su pareja y sus hijos. Si está buscando su alma gemela, esté alerta alrededor de junio 24, cuando una persona muy especial podría entrar en su vida.

Finanzas y éxito

Junio es un mes potencialmente poderoso para la profesión. Plutón regresará a Sagitario, su décima casa solar, en junio 13, cinco días antes de la luna llena en el mismo signo. Con Marte avanzando en Leo, su sexta casa solar de trabajo cotidiano, estará bien ubicado para impresionar a quienes toman las decisiones, especialmente a fin de mes. No permita que sea desplazado a un segundo plano; es probable que las cosas salgan mal.

Días favorables 3, 5, 6, 7, 13, 14, 19, 20, 24, 28, 29

Días desafiantes 2, 4, 10, 15, 16, 18, 23, 25, 30

Piscis/Julio

Puntos planetarios clave

La vida doméstica tendrá altibajos hasta que Mercurio salga de Géminis, su cuarta casa solar, y entre a Cáncer en julio 10. Más problemas mecánicos son posibles, y en ocasiones miembros de la familia estarán enojadizos. Deberá planear con anticipación su horario agitado, que se complicará a medida que avanza el mes.

Sucesos planetarios sobresalientes

La diversión de verano está en el pronóstico, gracias a la luna nueva de julio 2 en Cáncer, su quinta casa solar de recreación y romance. Planee paseos familiares o con la pareja a la playa, piscina, parque, zoológico o su área de recreación preferida. Con Venus en Cáncer hasta julio 11, un encuentro casual despertará un romance apasionado para algunos solteros, mientras las parejas se deleitan con lo mejor de la unión. También tendrá muchas oportunidades de socializar con amigos y conocer más personas mientras la luna llena de julio 18 acentúa su undécima casa solar. Esté alerta a contactos.

Relaciones personales

Otras personas tendrán su prioridad hasta mediados de agosto cuando Marte, que entra a Virgo en julio 1°, avanza en su séptima casa solar. Durante este período experimentará todas las facetas de las relaciones y la naturaleza humana. Algunos contactos serán optimistas, mientras otros harán que desee estar solo. Sin embargo, aprenderá un poco más acerca de la gente y de sí mismo. Haga hincapié en evitar personas difíciles alrededor de julio 10.

Finanzas y éxito

Su carga laboral empezará a aumentar un poco más adelante en julio cuando el Sol, Mercurio y Venus entren a Leo, su sexta casa solar. No obstante, en general encontrará su lugar de trabajo más agradable, en parte porque sus labores serán más satisfactorias.

Días favorables 2, 3, 7, 9, 11, 12, 16, 17, 22, 25, 26

Días desafiantes 1, 5, 6, 8, 10, 15, 21, 28, 29

Piscis/Agosto

Puntos planetarios clave

Observe su nivel de estrés este mes. Con la luna llena —agosto 16— en Acuario, su duodécima casa solar, es importante que dedique tiempo para sí mismo todos los días. Ensaye la meditación, dé una caminata a la hora del almuerzo, o relájese antes de acostarse con una agradable lectura. Mejor aun, trate de hacer que estas tres cosas sean parte de su rutina diaria.

Sucesos planetarios sobresalientes

Marte entrará a Libra, su octava casa solar de recursos compartidos, en agosto 19. Planee ahora para sacar el mayor partido de este período potencialmente lucrativo, que continuará hasta comienzos de octubre. Usted, su pareja o ambos podrían recibir un aumento o bonificación, o quizás tener un golpe de suerte. Enfóquese en la prosperidad.

Relaciones personales

Las personas pondrán a prueba su paciencia casi tan a menudo como lo inspiran y sorprenden a medida que avanza agosto. El Sol, Mercurio, Venus y Marte se unirán a Saturno en Virgo, su séptima casa solar, antes de la segunda luna nueva de este mes, en agosto 30 en Virgo. Aunque puede experimentar tensión en las relaciones personales, la mayor dificultad estará en el trabajo, con el jefe o un colaborador. El conflicto y las luchas de poder son probables cuando chocan egos y personas tercas que se niegan a escuchar razones. Permanezca al margen todo lo posible; deje que los demás resuelvan sus propias diferencias.

Finanzas y éxito

Los retos en el trabajo se presentarán más adelante en agosto, pero antes su vida laboral brillará debido a la luna nueva de agosto 1°, el Sol, Mercurio y Venus en Leo, su sexta casa solar. Aproveche el momento para mostrar sus habilidades y talentos. Piénselo bien si le ofrecen un ascenso o un nuevo puesto; podría no resultar como espera.

Días favorables 1, 2, 3, 7, 8, 12, 13, 14, 21, 22, 26

Días desafiantes 4, 6, 9, 10, 11, 17, 18, 19, 23, 25, 27

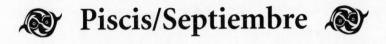 Piscis/Septiembre

Puntos planetarios clave

La luna llena de septiembre 15 en su signo puede ser algo positivo o negativo. Todo depende de cómo use la energía. Estará enfocado en sus propios intereses y se sentirá atípicamente independiente. Eso es positivo; pero trate de ignorar las necesidades y deseos de otros. Opte por el equilibrio y encuentre el acuerdo, el término medio que alegre a todos.

Sucesos planetarios sobresalientes

Venus entrará a Escorpión, su novena casa solar, en septiembre 23. Ésa una buena razón para planear un viaje romántico de otoño o invierno, o uno con amigos. Empiece a pensar a dónde le gustaría ir, de modo que esté listo para finalizar los detalles el mes siguiente.

Relaciones personales

Los problemas de personalidad en el lugar de trabajo del mes pasado continuarán las primeras tres semanas de septiembre cuando el Sol en Virgo, su séptima casa solar, choca con varios planetas. También experimentará parte de esto en un nivel personal, donde tendrá la mayor oportunidad de fortalecer vínculos.

Finanzas y éxito

Los asuntos económicos serán tan fáciles como difíciles. El potencial de ganancia es excelente. Desafortunadamente, así lo es la probabilidad de gastos adicionales. La tentación a ostentar será fuerte. Mercurio, que estará en Libra, nuestra octava casa solar, todo el mes, junto con Marte, chocará con varios planetas. Agregando otros obstáculos estará el cambio de Mercurio a movimiento retrógrado en septiembre 24. Pague las cuentas con tiempo y asegúrese de que los pagos se hagan completamente, y aplace compras importantes hasta finales de octubre o noviembre —si es imprescindible, considere una garantía prolongada—. Mercurio retrógrado es un tiempo excelente para buscar y comparar seguros y préstamos.

Días favorables 3, 4, 5, 6, 10, 13, 18, 19, 20, 26, 27

Días desafiantes 7, 8, 9, 14, 15, 17, 20, 23, 28

Piscis/Octubre

Puntos planetarios clave

Continúe siendo cauteloso con los asuntos económicos porque Mercurio estará retrógrado en Libra, su octava casa solar, hasta octubre 15. Los retos financieros persistentes de septiembre deben ser resueltos a fin de mes, pero esto puede extenderse hasta noviembre. Revise su informe de crédito —y el de la familia— en busca de errores a finales de octubre o comienzos de noviembre. Con un poco de suerte, podría obtener un aumento durante las dos semanas que siguen después de la luna llena de octubre 14 en Aries, su segunda casa solar de recursos personales.

Sucesos planetarios sobresalientes

Una maravillosa alineación de planetas en Escorpión, su novena casa solar, hace a octubre ideal para viajes —o planearlos si no puede hacerlo ahora—. Encabezando la lista está Marte, que iniciará su recorrido de seis semanas en Escorpión en octubre 3, seguido por el Sol en octubre 22 y la luna nueva en octubre 28. Venus en Escorpión hasta octubre 17 podría generar un romance para solteros viajeros o aquellos que asisten a una reunión o visitan amigos.

Relaciones personales

Estará sincronizado con casi todos este mes. Otros serán serviciales y apreciarán sus bondades, como usted las de ellos. Si necesita visitar a los suegros u otros parientes, o pedir un favor, éste es el mes para hacerlo.

Finanzas y éxito

Está a punto de ser el centro de atención, gracias a Venus, que entrará a Sagitario, su décima casa solar de la profesión y el estatus, en octubre 18. La energía se multiplicará el mes siguiente, así que es tiempo de que ponga la mirada en el lugar que le gustaría destacarse profesionalmente a fin de año.

Días favorables 1, 11, 16, 19, 20, 21, 23, 24, 28, 29

Días desafiantes 4, 5, 6, 8, 13, 15, 18, 25

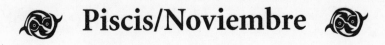 Piscis/Noviembre

Puntos planetarios clave

La importante alineación de 2008 de Júpiter, Saturno y Urano culminará este mes cuando hagan contactos finales entre sí. La energía planetaria unirá tres de sus casas solares: la primera —usted—, la séptima —relaciones— y la undécima —amigos y grupos—. Todo contribuirá a los sucesos que se desarrollarán este mes y en diciembre. Puede alinearse con nuevas personas o con alguien que presenta una oportunidad inusual, y alejarse de otros. Sólo tenga claro en su mente que es improbable que a las medidas tomadas ahora se les pueda dar marcha atrás, sin importar cual sea.

Sucesos planetarios sobresalientes

El Sol, Mercurio y Marte avanzarán en Escorpión, su novena casa solar, durante las primeras dos o tres semanas del mes. Eso hace de noviembre una buena elección para aprendizaje a corto plazo. Tome un curso o asista a un seminario diseñado para actualizarse rápidamente en las últimas técnicas laborales, o aprenda algo sólo por diversión.

Relaciones personales

Gran parte de la actividad en sus relaciones se acentuará este mes. También disfrutará una vida social activa cuando primero Venus, y luego Plutón, entren a Capricornio, su undécima casa solar. También tendrá todas las palabras correctas en cualquier evento que asista mientras la luna llena de noviembre 13 en Tauro ilumina su tercera casa solar de comunicación.

Finanzas y éxito

Su profesión estará marcada cuando los planetas empiecen a pasar a Sagitario, su décima casa solar, más adelante este mes. Con Marte entre ellos, puede esperar un ambiente agitado en el trabajo hasta fin de año, y una mayor probabilidad de reconocimiento alrededor de la luna nueva de noviembre 28, también en Sagitario.

Días favorables 2, 7, 11, 16, 17, 20, 24, 25, 29, 30

Días desafiantes 1, 4, 6, 8, 9, 13, 14, 15 19, 28

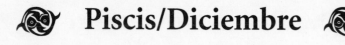

Piscis/Diciembre

Puntos planetarios clave

Diciembre presentará una alineación planetaria importante en los días alrededor de la luna nueva de diciembre 27 en Capricornio, su undécima casa solar. En este tiempo habrá seis planetas en Capricornio: el Sol, la Luna, Mercurio, Marte, Júpiter y Plutón. Los amigos serán su prioridad, al igual que su vida social, y podría conocer a alguien que genera una nueva dirección increíblemente afortunada y potencialmente transformadora de su vida para el nuevo año. Con toda esta actividad en su sector de amistad, es esencial que conduzca con cuidado y con un conductor designado.

Sucesos planetarios sobresalientes

Disfrutará muchos días y noches cálidas y acogedoras en casa, en su propio espacio, después de que la luna llena de diciembre 12 en Géminis active su cuarta casa solar. Tomará un poco de planificación aprovechar lo máximo de esta influencia porque también estará ocupado en el trabajo —lo cual es otra buena razón para relajarse y regocijarse de los momentos preciados con seres queridos—.

Relaciones personales

Además de su vida social activa y el tiempo con la familia, se deleitará en momentos románticos con su ser amado después de que Venus entre a Acuario, su duodécima casa solar de autorenovación, en diciembre 7. Planee una salida memorable alrededor de diciembre 27, cuando Venus entrará en contacto con Neptuno.

Finanzas y éxito

Las relaciones en el lugar de trabajo generarán tensión, en especial a mediados de mes cuando el Sol, Mercurio y Marte en Sagitario, su décima casa solar, entrarán en contacto con Saturno y Urano. Deberá proceder con cuidado en este momento y resistirse al impulso de hablar y actuar apresuradamente. Las decisiones apresuradas hechas entonces, lo dejarán con remordimientos. Haga lo que más pueda para evitar que el estrés del trabajo afecte sus relaciones personales.

Días favorables 1, 3, 4, 8, 9, 14, 17, 22, 27, 28

Días desafiantes 5, 6, 10, 12, 13, 18, 19, 23

Tabla de Acciones de Piscis

Estas fechas reflejan los mejores —pero no los únicos— días para el éxito en dichas actividades, según su signo solar.

	ENE	FEB	MAR	ABR	MAY	JUN	JUL	AGO	SEP	OCT	NOV	DIC
Mudanza		23-29					27-29					
Iniciar un curso				20-30	1	26		21-23				
Ingresar a un club	2-6	3, 4	30	25, 26				12				27, 28
Pedir un aumento	14			9, 10, 24							11	
Buscar trabajo				13, 14		27	26-31	1				
Buscar ayuda profesional								12,13,27,30	4, 5		20, 21	
Buscar un préstamo		23					28	1, 2		21		
Ver un doctor	22		4	14				1	11			2, 31
Iniciar una dieta								28				16
Terminar una relación	24	21							26	24	20, 21	17
Comprar ropa			15, 16, 24	3	8, 9	28	2	2				
Cambio de estilo, imagen			7, 15, 16, 24	4						11	7	
Nuevo romance			15, 16		8, 9		3, 4					
Vacaciones	2-4		24-26							1-3, 28-30	5-15	

Glosario astrológico

Aire: Uno de los cuatro elementos básicos. Los signos de aire son Géminis, Libra y Acuario.

Ascendente: Signo ascendente. El grado del zodiaco en el horizonte oriental en el momento y lugar para el cual es calculado el horóscopo. La cúspide de la primera casa.

Aspecto: La relación angular entre planetas, puntos sensibles o cúspides de las casas en un horóscopo. Las líneas trazadas entre los dos puntos y el centro de la carta, que representa la tierra, forman el ángulo del aspecto. Los aspectos astrológicos incluyen la conjunción (dos puntos con 0° de separación), oposición (dos puntos separados 180°), cuadrado (dos puntos separados 90°), sextil (dos puntos separados 60°) y trino (dos puntos separados 120°). Pueden indicar armonía o reto.

Astrología electiva: Rama de la astrología relacionada con la elección del mejor momento para iniciar una actividad.

Astrología mundana: Se relaciona con eventos políticos y económicos, y las naciones involucradas en los mismos.

Carente de curso: Un planeta está carente de curso después que ha hecho su último aspecto en un signo, pero antes de haber entrado a otro signo.

Carta natal: Carta de nacimiento de una persona. Es esencialmente una "fotografía" que muestra la localización de cada uno de los planetas en el momento exacto del nacimiento de una persona.

Casas: División del horóscopo en doce segmentos, empezando con el ascendente. La línea divisoria entre las casas es llamada cúspide de la casa. Cada casa corresponde a ciertos aspectos de la vida cotidiana, y está regida por el signo astrológico que gobierna la cúspide, o línea divisoria entre la casa y la anterior.

Conjunción: Un aspecto o ángulo entre dos puntos en una carta que está lo suficientemente cerca para que las energías se unan. Puede ser considerada armoniosa o desafiante, dependiendo de los planetas involucrados y la ubicación de éstos.

Cualidades: Además de categorizarlos por elemento, los astrólogos ubican los doce signos del zodiaco en tres categorías o cualidades adicionales: cardinales, mudables o fijos. Cada signo es considerado una combinación de su elemento y cualidad. Mientras el elemento describe su naturaleza básica, la cualidad señala su modo de expresión.

Eclipse: Cubrimiento total o parcial del Sol por parte de la Luna —vista desde la tierra—. Un eclipse lunar es el cubrimiento total o parcial que hace la propia sombra de la tierra sobre la Luna.

Efemérides: Una lista de las posiciones del Sol, la Luna y los planetas e información relacionada para propósitos astrológicos.

Elementos: Los signos zodiacales están divididos en cuatro grupos de tres, cada uno simbolizado por uno de los cuatro elementos de los antiguos: fuego, tierra, aire y agua. Se dice que el elemento de un signo expresa su naturaleza esencial.

Equinoccio: Punto de la órbita terrestre alrededor del Sol en el cual el día y la noche tienen la misma duración.

Fuego: Uno de los cuatro elementos básicos. Los signos de fuego son Aries, Leo y Sagitario.

Gobierno planetario: El signo en el cual un planeta se localiza más armoniosamente. Como ejemplo tenemos al Sol en Leo, Júpiter en Sagitario y la Luna en Cáncer.

Lagna: Término usado en la astrología hindú o védica para el ascendente, el grado del zodiaco en el horizonte oriental en el momento del nacimiento.

Nodo: Punto donde los planetas cruzan la eclíptica, o la aparente trayectoria de la tierra alrededor del Sol. El nodo norte es donde un planeta se mueve hacia el Norte, desde la perspectiva de la tierra, mientras cruza la eclíptica; el nodo sur es donde se mueve en esta dirección.

Planetas: Los planetas usados en astrología son Mercurio, Venus, Marte, Júpiter, Saturno, Urano, Neptuno y Plutón. Para propósitos astrológicos, el Sol y la Luna también son considerados planetas.

Planetas exteriores: Urano, Neptuno y Plutón. Debido a su distancia del Sol, duran mucho tiempo en completar una sola rotación.

Todos los nacidos dentro de unos pocos años a cada lado de una fecha dada, tendrán localizaciones similares de estos planetas.

Quirón: Cometa que viaja en órbita entre Saturno y Urano. Aunque aún no está completa la investigación sobre su efecto sobre las cartas natales, se cree que representa una clave o puerta, curación, ecología, y un puente entre los métodos tradicionales y modernos.

Sextil: Dos puntos en una carta separados 60 grados.

Signo cardinal: Una de las tres cualidades o categorías que describen cómo se expresa un signo. Aries, Cáncer, Libra y Capricornio son los signos cardinales, considerados como los que inician la actividad.

Signo solar: El signo del zodiaco en el cual se localiza el Sol en un momento dado.

Signos femeninos: Cada signo zodiacal es masculino o femenino. Los signos de tierra —Tauro, Virgo y Capricornio— son masculinos, y los de agua —Cáncer, Escorpión y Piscis— son femeninos.

Signos fijos: Fijo es una de las tres cualidades o categorías que describen cómo se expresa un signo. Los signos fijos son Tauro, Leo, Escorpión y Acuario. Se dice que estos signos están predispuestos a patrones existentes y son un poco resistentes al cambio.

Signos masculinos: Cada uno de los doce signos del zodiaco es "masculino" o "femenino". Los signos de fuego —Aries, Leo y Sagitario— y los de aire —Géminis, Libra y Acuario— son masculinos.

Signos mutables: Mutable es una de las tres cualidades o categorías que describen cómo se expresa un signo. Los signos mutables son Géminis, Virgo, Sagitario y Piscis. Se dice que se adaptan fácilmente y a veces son variables.

Tierra: Uno de los cuatro elementos básicos. Los signos de tierra son Tauro, Virgo y Capricornio.

Zodiaco tropical: El zodiaco tropical empieza en los cero grados de Aries, donde el Sol está localizado durante el equinoccio de primavera. Este sistema es usado por la mayoría de los astrólogos occidentales y en todo este libro.